中国健康政策与新医改研究丛书

编委会

总主编

方鹏骞　华中科技大学

编　委（按姓氏拼音排序）

陈迎春　华中科技大学

耿　力　华中科技大学

胡　明　四川大学

乐　虹　华中科技大学

李习平　湖北中医药大学

毛　靖　华中科技大学

沈　晓　武汉大学

孙　菊　武汉大学

唐昌敏　湖北中医药大学

吴清明　武汉科技大学

夏　冕　武汉大学

张新平　华中科技大学

编写秘书

陈　婷　武汉科技大学

湖北省学术著作出版专项资金资助项目
国家社会科学基金重大项目
中国健康政策与新医改研究丛书

丛书总主编 ◎ 方鹏骞

中国卫生法发展研究

Study on the Development of Health Law in China

主　编　乐　虹　赵　敏
副主编　刘炫麟　邓　虹　岳远雷
编　者　（以姓氏笔画为序）
邓　虹　昆明医科大学
乐　虹　华中科技大学
刘建利　东南大学
刘炫麟　中国政法大学
何国蕊　上海倍通健康管理咨询有限公司
沈梦雪　华中科技大学
陈　默　华中科技大学
岳远雷　湖北中医药大学
赵　敏　湖北中医药大学
贾红英　华中科技大学
高丽萍　昆明医科大学
陶思羽　华中科技大学
常非凡　国家发展和改革委员会国际合作中心

华中科技大学出版社
http://www.hustp.com
中国·武汉

图书在版编目(CIP)数据

中国卫生法发展研究/乐虹,赵敏主编. —武汉:华中科技大学出版社,2020.1
(中国健康政策与新医改研究丛书)
ISBN 978-7-5680-6062-2

Ⅰ.①中… Ⅱ.①乐… ②赵… Ⅲ.①卫生法-研究-中国 Ⅳ.①D922.164

中国版本图书馆 CIP 数据核字(2020)第 101819 号

中国卫生法发展研究

乐 虹 赵 敏 主编

Zhongguo Weishengfa Fazhan Yanjiu

策划编辑:	车 巍
责任编辑:	张 琳
封面设计:	原色设计
责任校对:	刘 竣
责任监印:	周治超

出版发行:华中科技大学出版社(中国·武汉)　　电话:(027)81321913
　　　　　武汉市东湖新技术开发区华工科技园　　邮编:430223

录　　排:华中科技大学惠友文印中心
印　　刷:湖北新华印务有限公司
开　　本:710mm×1000mm　1/16
印　　张:23.5　插页:2
字　　数:292千字
版　　次:2020年1月第1版第1次印刷
定　　价:168.00元

本书若有印装质量问题,请向出版社营销中心调换
全国免费服务热线:400-6679-118　竭诚为您服务
版权所有　侵权必究

内容提要
Summary

本书是"中国健康政策与新医改研究丛书"之一。

本书共八章,内容包括导论、中国卫生法律体系、公共卫生法发展研究、医疗服务法发展研究、药品管理法发展研究、食品安全法发展研究、国际卫生法律制度、健康中国与卫生法展望。本书全面总结了中国卫生法发展历程,系统梳理了中国卫生法发展现状,概括和解读了我国现行主要卫生法律制度,在学习和借鉴国际卫生法律制度的基础上,立足现状,对中国卫生法的发展进行了展望。

本书可供各级卫生健康行政人员、各级各类医疗机构管理人员、卫生专业技术人员、相关研究人员,以及各类高校相关专业的专家学者和研究生等学习与参考。

总序
Introduction

健康是人民最具普遍意义的美好生活需要。作为从事健康政策研究的专业人员，我们的主要工作目标是完善国民健康政策，将健康融入经济社会政策制定的全过程，为人民群众提供全方位、全生命周期的健康服务。

人民健康是民族昌盛和国家富强的重要标志。习近平总书记在党的十九大报告提出要"实施健康中国战略"。推进健康中国建设，是全面建成小康社会、基本实现社会主义现代化的重要基础，是全面提升中华民族健康素质、实现人民健康与经济社会协调发展的国家战略。将健康中国升级成为国家战略，是国家治理理念与国家发展目标的升华。

当前，人民健康正面临着经济发展、社会环境、自然环境、行为方式等因素带来的多重挑战，重大传染病防控形势依旧严峻，新发传染病频发且防控难度加大，对国家卫生健康服务体系治理现代化与危机应对能力提出了更高的要求。健康政策在卫生事务管理中发挥着分配健康资源、规范健康行为、解决健康问题、促进健康事业发展的重要作用。近年来，国家陆续出台多项健康领域的法律法规及政策，落实预防为主的方针，统筹解决当前人民健康的突出问题，持续推进健康中国建设工作。

深化医药卫生体制改革（简称新医改），全面建立中国特色基本医疗卫生制度是实施健康中国战略的重要组成部分。新医改笃行致远，攸关民生，主要聚焦如下四个方面：一是建立分级诊疗制度，推进多种形式医联体建设,构建优质、高效的医疗卫生服务体系;二是健全现代医院管理制度,提高医院经营管理水平,加快建立符合行业特点的人事薪酬制度;三是建立符合国情的全民医保制度,深化支付方式改革;四是健全药品供应保障制度,提高药品的质量和可及性,减轻群众用药费用负担。新医改的最终目标是以人民健康为中心,坚持保基本、强基层、建机制,落实预防为主,推进医疗、医保、医药联动改革,推动医改落地见效、惠及人民群众。

"中国健康政策与新医改研究丛书"基于推进健康中国战略,对国家健康政策与新医改的重大理论与实践问题进行了思考与探索,并为我国医药卫生体制改革提出了一系列的政策转化与咨询建议。本套丛书涵盖七个健康领域,包括《中国健康政策改革趋势与评价》《从医疗保险迈向健康保险》《家庭医生签约药学服务清单研究》《公立医院绩效管理与薪酬设计》《中国健康老龄化的趋势与策略》《中国卫生法发展研究》《中国中医药政策与发展研究》。

中国健康政策与新医改的理论与应用是新时代面向医药卫生体制改革、医疗卫生服务体系建设、健康环境与产业,聚焦当前人民群众面临的主要健康问题和影响因素,以人民群众健康需求与结局为导向的重要研究领域。开展此领域的研究对于加速健康政策转化、促进全民健康覆盖、推进全面建成小康社会具有重要的理论创新和现实意义;同时,也是加强重大疾病防控,完善对重大传染病的监测、预警、应急响应,充分践行人民健康优先发展的战略思想,顺应国际趋势,履行国际承诺的要求。

本套丛书是在来自华中科技大学、武汉大学、北京大学、四川大学、中国政法大学、东南大学、中南财经政法大学、湖北大学、武汉科技大学、南方医科大学、温州医科大学、昆明医科大学、湖北中医药大学、广西中医药大学、安徽中医药大学等多所高校及相关研究机构的专家和学者的共同努力下完成的,并得到了湖北省预防医学会的支持。团队成员长期从事我国健康政策与管理的各领域研究与探索工作,承担了多项健康政策与管理领域的国家重大、重点研究项目,众多研究学术成果在国内居于领先水平,同时为我国医药卫生事业改革提供了具有社会影响力的政策建议。本套丛书正是基于团队成员前期丰硕的研究成果和坚实的研究基础,以健康中国战略为导向,系统地阐述了我国健康政策与管理、医药卫生体制改革的重大理论与实践问题,并提出了切实、可行的对策建议,对深化医药卫生体制改革、推动健康中国建设将起到积极的影响。

本套丛书内容系统,兼具时代性、创新性、实践性,适合所有对国家健康政策、医药卫生体制改革感兴趣的读者阅读,可作为各级卫生行政管理部门、医疗机构、医保管理机构、公共卫生机构等部门管理者的参考用书,也可作为高等院校、研究机构有关研究领域的教师、研究人员及研究生教学与学习的参考书。

前言

卫生法是以保护和增进人体健康为宗旨,调整在卫生活动过程中所发生的社会关系的法律规范的总称。习近平总书记"没有全民健康,就没有全面小康"的观点深刻揭示了健康是促进人的全面发展的必然要求,是经济社会发展的基础条件。2016年8月19日至20日,全国卫生与健康大会在北京召开,习近平总书记强调"把人民健康放在优先发展的战略地位"。十九大报告顺势而为、站高望远,果断而响亮地提出"人民健康是民族昌盛和国家富强的重要标志"。2019年10月31日,中国共产党第十九届中央委员会第四次全体会议通过的《中共中央关于坚持和完善中国特色社会主义制度 推进国家治理体系和治理能力现代化若干重大问题的决定》提出"建设中国特色社会主义法治体系、建设社会主义法治国家是坚持和发展中国特色社会主义的内在要求"。健康中国国家战略的确立和推进,使得国民健康成为民族昌盛和国家富强的重要标志,而健康战略的实现必须有法制的同步发展。

编者欣喜地看到,在本书即将付梓之际,第十三届全国人大常委会第十五次会议表决通过了《基本医疗卫生与健康促进法》。这是我国卫生与健康领域第一部基础性、综合性的法律,凸显了"保基本、强基层、促健康"理念,这部法律的出台对于推进健康中国建设具有里程碑式的重要意义。目前我国卫生法律体系初步形成，包含 14 部法律、41 部法规、近 100 部部门规章及大量配套的规范性文件。但是，健康领域发展与经济社会发展的协调性有待增强，需要从国家战略层面统筹解决关系健康的重大和长远问题。习近平总书记多次强调要加强重要领域立法，确保国家发展、重大改革于法有据，把发展改革决策同立法决策更好结合起来。当前，随着医药卫生体制改革的不断深入，对卫生立法提出更高、更迫切的要求。

　　本书全面总结了中国卫生法发展历程，系统梳理了中国卫生法发展现状，概括和解读了我国现行主要卫生法律制度。在学习和借鉴国际卫生法发展经验的基础上，以健康权益保障和"将健康融入所有政策"为指导，立足我国法治社会建设、健康中国建设、医药卫生体制改革等现实状况，对中国卫生法的发展进行了展望。

目录

第一章 导论 ... 1
第一节 中国卫生立法的发展历史 ... 3
一、探索阶段(1949—1965年) ... 4
二、停滞阶段(1966—1976年) ... 6
三、快速发展阶段(1977—2013年) ... 7
四、深化发展阶段(2014年至今) ... 31

第二节 中国卫生法学的学术发展 ... 37
一、中国卫生法学学人与著作的发展 ... 37
二、中国卫生法学学术期刊的发展 ... 41
三、中国卫生法学学术组织的发展 ... 43

第三节 中国卫生法学教育的发展 ... 50
一、中国卫生法学教育二十年来的主要进步 ... 50
二、中国卫生法学教育发展中存在的主要问题 ... 53
三、未来的改革与展望 ... 55

第四节 中国卫生法学的国际交流 ... 58
一、中国卫生法学国际交流的发展阶段 ... 58
二、评价与展望 ... 67

70	**第二章　中国卫生法律体系**
71	第一节　法律体系概述
71	一、法律体系的基本概述
71	二、中国特色社会主义法律体系
72	三、卫生法在我国社会主义法律体系中的地位
75	第二节　卫生领域法的思考
75	一、领域法概述
77	二、卫生法律体系的适用
79	第三节　卫生法内部架构
80	一、卫生法的表现形式及纵向架构
83	二、卫生法的横向架构
87	第四节　中国卫生法律体系发展
87	一、"健康权"纳入法律,权益保障加强
89	二、健康促进成为法律要求
90	三、确立基本医疗卫生服务保基本、强基层、大健康的原则
91	四、坚持公共卫生产品的公益性,强化国家法律规制
92	五、明确医疗卫生事业定位,加强医疗卫生人员的培养和保障
93	六、建立医药卫生综合监管体系势在必行
98	**第三章　公共卫生法发展研究**
99	第一节　公共卫生法概述
99	一、基本概念与特征
101	二、公共卫生法律体系
105	三、公共卫生法评价
107	第二节　传染病防治法发展研究

107	一、传染病防治法概述
111	二、传染病防治法实施现状
112	三、传染病防治法主要制度
118	四、传染病防治法评价
120	第三节　职业病防治法发展研究
120	一、职业病防治法概述
123	二、职业病防治法实施现状
124	三、职业病防治法主要制度
126	四、职业病防治法评价
127	第四节　精神卫生法发展研究
127	一、精神卫生法概述
130	二、精神卫生法实施现状
132	三、精神卫生法主要制度
134	四、精神卫生法评价
135	第五节　母婴保健法发展研究
135	一、母婴保健法概述
138	二、母婴保健法实施现状
141	三、母婴保健法主要制度
142	四、母婴保健法评价
145	**第四章　医疗服务法发展研究**
146	第一节　医疗服务法概述
146	一、医疗服务法的概念与特征
147	二、医疗服务法律体系
149	三、医疗服务法评价

151	四、医疗服务法研究中的热点问题
158	第二节 医疗服务机构法发展研究
158	一、医疗服务机构法概述
166	二、医疗服务机构法主要制度
169	三、医疗服务机构法评价
170	第三节 卫生技术人员法发展研究
170	一、卫生技术人员法概述
175	二、卫生技术人员法主要制度
182	三、卫生技术人员法评价
183	第四节 医疗技术管理法发展研究
183	一、医疗技术管理法概述
192	二、医疗技术临床应用管理制度
200	三、医疗技术临床研究管理法
203	四、医疗技术管理法评价
203	第五节 医疗纠纷处理法发展研究
203	一、医疗纠纷处理法概述
211	二、医疗纠纷处理主要制度
216	三、医疗纠纷处理法评价

218	**第五章 药品管理法发展研究**
219	第一节 药品管理法概述
219	一、药品管理法的概念
219	二、药品管理法发展概述
222	三、药品管理法研究现状
222	四、药品管理立法现状

页码	内容
224	五、药品管理法的影响因素
225	第二节 药品研制注册法发展研究
225	一、药品研制注册法的概念
225	二、药品研制注册法发展概述
228	三、药品研制注册法实施现状
229	四、药品研制注册法评价
230	第三节 药品生产法发展研究
230	一、药品生产法的概念
230	二、药品生产法发展概述
231	三、药品生产法实施现状
233	四、药品生产法评价
233	第四节 药品流通法发展研究
233	一、药品流通法的概念
233	二、药品流通法发展概述
235	三、药品流通法实施现状
239	四、药品流通法评价
240	第五节 医疗机构药品管理法发展研究
240	一、医疗机构药品管理法的概念
240	二、医疗机构药品管理法发展概述和实施现状
246	三、医疗机构药品管理法评价
247	四、案例讨论——销售假药法律法规探讨
250	**第六章 食品安全法发展研究**
251	第一节 食品安全法概述
251	一、食品及食品安全的概念

252	二、食品安全法的概念
252	三、食品安全法的基本原则
254	四、食品安全监管体制
255	五、食品安全法研究现状
257	第二节 食品安全法律制度的发展历程
257	一、起步阶段(1949—1963年)
258	二、形成阶段(1964—1979年)
259	三、成熟阶段(1980—2008年)
260	四、充分发展阶段(2009年至今)
266	第三节 食品安全风险监测和评估制度
266	一、食品安全风险监测制度
268	二、食品安全风险评估制度
270	第四节 食品生产经营管理制度
270	一、食品生产经营的许可制度
271	二、食品安全全程追溯制度
272	三、食品安全责任保险制度
272	四、生产经营过程控制制度
275	第五节 食品安全法评价
276	一、制度设计缺陷与实施中存在的问题
277	二、进一步完善食品安全法律制度的建议与思考
280	**第七章 国际卫生法律制度**
281	第一节 国际卫生法概述
281	一、国际卫生现状对立法的挑战
282	二、国际卫生法的主要渊源

288	三、国际卫生法的主要特点
289	**第二节　国际卫生条例**
289	一、《国际卫生条例》的渊源
291	二、《国际卫生条例(2005)》的主要内容
295	三、《国际卫生条例(2005)》的意义
296	**第三节　美国卫生法律制度**
296	一、美国公共卫生法律制度
299	二、美国医疗卫生法律制度
304	三、美国卫生法律面临的主要挑战
305	**第四节　法国卫生法律制度**
305	一、法国公共卫生立法概况
306	二、法国医疗卫生立法概况
309	三、法国医疗法律制度存在的问题
309	**第五节　日本卫生法律制度**
309	一、日本医疗卫生状况概述
310	二、日本卫生法制的发展历史
317	三、日本卫生法律规制体系
320	四、日本卫生立法对我国的启示
324	**第八章　健康中国与卫生法展望**
325	**第一节　健康中国的解读**
325	一、健康中国建设上升为国家新战略
326	二、党的十九大明确了健康中国战略
328	**第二节　现行卫生法的特点**
328	一、现行卫生法的立法特点

331	二、现行卫生法的执法特点
335	三、现行卫生法的司法特点
340	第三节　健康中国建设在卫生法发展方面面临的挑战与机遇
340	一、健康中国建设在卫生法发展方面面临的挑战
343	二、健康中国建设在卫生法发展方面面临的机遇
345	第四节　卫生法的展望与建议
346	一、中国卫生法发展的展望
348	二、对中国卫生法发展的建议

CHAPTER

1

第一章

导论

卫生法学作为研究卫生法及其发展规律的一门新兴交叉学科,属于行业法的范畴,其研究领域横跨宪法、民商法、行政法、诉讼法等多个法律部门,在这个意义上,卫生法亦可称为跨部门法,具有复合性、交叉性、实践性等显著特征。通说认为,20世纪以来,自然科学和社会科学从分化逐渐走向融合、渗透,尤其是进入20世纪60年代以来,随着传统生物医学模式的日渐式微,取而代之的是生物-心理-社会全新医学模式的蓬勃发展,这为卫生法学这门新兴交叉学科提供了更有利的孕育环境和成长助力。关于卫生法学的名称,其自成立时起就处于争议之中,有的称之为"医事法学",有的称之为"医学法学",有的称之为"生命法学"。当前,"卫生法学"这一名称已经获得我国越来越多学者的认可,但这几个概念之间的关系却常常被忽略。实际上,我国所称的"卫生法学"大致相当于国外所称的"医学法学",其范围要远远广于"医事法学",因为"卫生法学"除了"医事法学"之外,还包括公共卫生法学、医疗服务法学、药事法学等其他不可或缺的内容。关于"卫生法学"和"生命法学"的关系,学界尚未达成一致意见,有的学者认为"卫生法学"能够涵盖"生命法学",有的学者认为"生命法学"能够涵盖"卫生法学"。例如,生命法学代表人物倪正茂教授认为,生命法的概念及其定义具有相当的广延性,不仅可以涵盖传统的医学法、医疗法、医药法、卫生法等,而且可以涵盖非传统的生命社会关系的法律调节,如关于器官移植的法律调节、安乐死的法律调节、基因技术的法律调节、人类辅助生殖技术的法律调节。但是当前卫生法学的学术研究和教材内容,几乎均对上述领域有所涉及。如果说生命法学不仅包括人的生命法,还包括动植物的生命法,则后者不能被卫生法学所涵盖,因为卫生法学主要还是关注人的健康权,但生命法学似乎也不能涵盖卫生法学所讨论的一些内容,如药事法学、医疗服务法学等。从这个意义上说,卫生法学和生命法学有交叉,亦有不同,任何一种学科研究内容上的"包含"与"被包含",至少在当前仍不能自圆其说。不过,随着"法治中国"和"健康中国"建设的全面推进,我国卫生法学亦有可能向健康法学过渡,从而形成一门涵盖健康产业法等的研究领域更为宽广的交叉学科。不管怎样,当前我国卫生法学正处于以平台搭建为主转向平台与内涵建设并重的转型期,是加速打造学科高地、构筑学术高峰的发力期,是全面融入国际、不断拓展、提升学术影响力的机遇期。我们相信,随着《中华人民共和国基本医疗卫生与健康促进法》(以下简称《基本医疗卫生与健康促进法》)的出台,中国卫生法学必将迎来新的时代,踏上新的征程。

第一节 中国卫生立法的发展历史

通说认为,我国古代卫生法可追溯至殷商时期。《韩非子·内储说上》《周易》《春秋》《周礼》《左传》等经典书籍上的相关文字记载,集中反映了中国古代对繁衍健康后代的认识与重视。周代建立了最早的医事制度。根据《周礼》上的相关记载,宫廷医生分为食医(负责饮食)、疾医(内科)、疡医(外科)和兽医四种。此外,周代还建立了世界上最早的病例记录与死亡报告制度。春秋战国后,我国进入了封建社会,卫生立法获得了迅速发展。从秦代起,我国出现了比较系统的法典,其中卫生法规逐渐增多,医疗管理制度和药品管理制度趋于规范化。1975年12月在湖北云梦睡虎地秦墓出土的云梦秦简记载,秦律不仅有《法经》六篇的内容,而且还有《田律》等内容,这在一定程度上说明,秦代对环境卫生比较重视。公元659年,唐朝颁布了《新修本草》,其比《佛罗伦萨药典》还要早800多年。宋、金、元时期,医药卫生制度在许多方面虽沿袭唐制,但均有发展。如宋朝建立了国家药品检验制度;《元典章》更是规定,禁止行医者出售剧毒药品和堕胎药品,禁止假医游街卖药,行医者治疗致人丧命必须酌情定罪等。明、清时期,我国更是通过立法对医家行医、考试录用、庸医处罚等做出了规定。辛亥革命之后,我国的卫生立法趋于专门化,如《传染病预防条例》《医师暂行条例》《助产士条例》等均为适例。1949年中华人民共和国成立后,我国卫生法进入了一个崭新的发展阶段,综合观之,其大致经历了探索、停滞、快速发展和深化发展四个阶段。

一、探索阶段(1949—1965年)

1949年9月21—30日,中国人民政治协商会议第一届全体会议选举了中央人民政府委员会,宣告了中华人民共和国的成立,并且通过了起临时宪法作用的《中国人民政治协商会议共同纲领》(以下简称《共同纲领》)。《共同纲领》明确指出,要推广卫生医药事业,并注意保护母亲、婴儿和儿童的健康。同年10月1日,中央人民政府政务院设立中央人民政府卫生部,主管中国的医疗卫生事业,并通过规章及以下层级的法律规范性文件细化卫生法律和卫生法规,支持和巩固医药卫生领域所取得的各项成果和经验。

1950年5月31日,劳动部公布试行《工厂卫生暂行条例(草案)》。同年10月15日,卫生部公布并施行《种痘暂行办法》。

1951年3月15日,卫生部发布并施行《医院诊所管理暂行条例》。

1954年9月20日,第一届全国人民代表大会第一次会议通过了《中华人民共和国宪法》(以下简称《宪法》),其第九十三条规定:中华人民共和国劳动者在年老、疾病或者丧失劳动能力的时候,有获得物质帮助的权利。国家举办社会保险、社会救济和群众卫生事业,并且逐步扩大这些设施,以保证劳动者享受这种权利。

1955年8月8日,为明确屠宰场及场内卫生和兽医工作的责任和监督主体,改善屠宰场经营管理,国务院发布了《国务院关于统一领导屠宰场及场内卫生和兽医工作的规定》,明确屠宰检验检疫由食品公司负责,屠宰场的肉品卫生工作由卫生部门监督和指导,屠宰场的兽医工作由农牧部门监督和指导,出口肉类由商检部门监督与检查。

1956年5月25日,国务院发布并施行《工厂安全卫生规程》。

1957年2月28日,卫生部发布并施行《职业病范围和职业病患者处理办法的规定》。同年7月15日,卫生部发布并施行《解剖尸体规则》。同年8月9日,卫生部、劳动部联合发布并施行《橡胶业汽油中毒预防暂行办法》。同年12月4日,农业部发布了《国内植物检疫试行办法》。同年12月23日,全国人民代表大会常务委员会第八十八次会议通过了《中华人民共和国国境卫生检疫条例》,这是我国第一个专门性的卫生法律,在防止传染病由国外传入或者由国内传出、保护人体健康等方面发挥了重要的作用。

1959年11月1日,农业部、卫生部、对外贸易部、商业部联合发布了《肉品卫生检验试行规程》。

1960年至1962年,我国并未颁布相关的卫生法律、行政法规和部门规章。

1963年10月15日,我国卫生部、化工部、商业部联合发布了《关于药政管理的若干规定》,这是我国药政管理领域第一个综合性法规文件。

1964年1月18日,最高人民法院发布了《最高人民法院关于处理医疗事故案件不应判给经济补偿问题的批复》,该司法解释指出:法院在处理医疗事故案件时,不宜判决医疗部门给予经济补偿。但对患者因医疗事故而死亡或残废,造成家庭生活困难的,可以采取其他救济办法来解决。同年4月20日,卫生部、商业部、化工部联合发布了《管理毒药、限制性剧药暂行规定》。同年12月7日,卫生部、商业部联合发布了《管理毒性中药的暂行办法》。

1965年5月10日,商业部、卫生部联合发布了《商业部、卫生部关于次鲜鸡蛋及发现肠道致病菌冰鸡蛋处理的暂行卫生规定》。

尽管这一阶段的卫生立法数量较少,层次较低,且几乎均被后续颁布的法律及规范性文件所取代,但在新中国建立初期,立足于缺医少药的现实情境,国家卫生行政部门等在卫生立法上均做出了积极的努力,尤其致力于公共卫生方面的立法,既是现实所需,也非常难能可贵。这一时期的卫生法学理论研究较为罕见,卫生法制方面的专业人才十分匮乏。

二、停滞阶段(1966—1976年)

由于受到"文化大革命"的影响,这一时期我国的卫生立法工作几乎停滞。不过,应当注意的是,这一时期仍有2个立法文件值得提及。

1974年10月18日,卫生部发布并实施《卫生部同意将接触炭黑引起的尘肺列入职业病范围的复函》。该复函指出:从上海市1971年以来的现场临床观察结果来看,工人接触炭黑引起的尘肺职业性明显,患者均有程度不同的症状,肺部X线表现也比较明显,根据1957年卫生部试行的《职业病范围和职业病患者处理办法的规定》,同意将接触炭黑引起的尘肺列入职业病范围,并且建议有关工厂认真做好防尘工作。要采取积极措施,加强劳动保护,对接触炭黑作业的工人要进行定期体检,已确诊的患者要积极治疗。

1975年1月17日,中华人民共和国第四届全国人民代表大会第一次会议通过了《中华人民共和国宪法》,第二十七条明文规定:公民有劳动的权利,有受教育的权利。劳动者有休息的权利,在年老、疾病或者丧失劳动能力的时候,有获得物质帮助的权利。可以说,这是对1954年宪法第九十三条的有效承继,也是公民健康权保障的重要法源。

三、快速发展阶段(1977—2013年)

这一阶段在我国卫生立法史上极其重要,仔细观之,又可分为起步、形成和完善三个阶段。

(一)起步阶段(1977—1993年)

1978年3月5日,中华人民共和国第五届全国人民代表大会第一次会议通过了宪法修正案并形成新宪法,第五十条规定:劳动者在年老、生病或者丧失劳动能力的时候,有获得物质帮助的权利。国家逐步发展社会保险、社会救济、公费医疗和合作医疗等事业,以保证劳动者享受这种权利。与1975年的《中华人民共和国宪法》相比,1978年的《中华人民共和国宪法》和1954年的《中华人民共和国宪法》除了规定公民的健康权之外,还侧重规定了公民健康权实现的国家义务。同年7月30日,国务院发布了《药政管理条例》。同年9月13日,国务院发布并施行《麻醉药品管理条例》。同年9月20日,卫生部发布并施行《中华人民共和国急性传染病管理条例》。

1979年2月20日,卫生部发布并施行《新药管理办法(试行)》。同年2月23日,卫生部发布并施行《卫生技术人员职称及晋升条例(试行)》。同年3月31日,卫生部、工商行政管理总局发布并施行《农村集市贸易食品卫生管理试行办法》。同年6月30日,卫生部、国家医药管理总局发布并施行《医疗用毒药、限制性剧药管理规定》。同年 8 月 28 日,国务院发布并施行《中华人民共和国食品卫生管理条例》。同年 12 月 6 日,教育部、卫生部发布并施行《中、小学卫生工作暂行规定(草案)》。同年 12 月 15 日,卫生部、农业部、财政部、国家医药管理总局、全国供销合作总社联合发布并施行《农村合作医疗章程(试行草案)》。

1980 年 6 月 15 日,卫生部发布并施行《妇幼卫生工作条例(试行草案)》。同年 8 月 2 日,卫生部发布并施行《进口食品卫生管理试行办法》。

1981 年 2 月 22 日,卫生部发布并施行《卫生技术人员职务试行条例》。同年 3 月 26 日,卫生部发布并施行《卫生标准管理办法》。同年 4 月 30 日,卫生部发布并施行《医院药剂工作条例》。

1982 年 1 月 12 日,卫生部发布并施行《全国医院工作条例》。同年 2 月 4 日,卫生部、交通部等部门联合发布并施行《中华人民共和国国境口岸卫生监督办法》。同年 3 月 18 日,国家医药管理总局、卫生部颁布并施行《麻醉药品生产管理办法(试行)》。同年 5 月 19 日,卫生部发布并施行《全国中医医院工作条例(试行)》。同年 5 月 20 日,卫生部发布并施行《关于加强生物制品和血液制品管理的规定(试行)》。同年 6 月 4 日,国务院颁布并施行《中华人民共和国进出口动植物检疫条例》。同年 6 月 9 日,卫生部颁布并施行《开展整顿生物制品、血液制品的实施办法》。同年 11 月 19 日,第五届全国人民代表大会常务委员会第二十五次会议通过《中华人民共和国食品卫生法(试行)》,将我国食品卫生法规上升为国家的法律,通过法制管理,有效地防止了部分食品污染,提高了食品卫生水平。

1983 年 3 月 10 日,卫生部发布《实施〈中华人民共和国国境口岸卫生监督办法〉的若干规定》。同年 12 月 5 日,卫生部发布《职业病报告办法》。同年12月15日,卫生部发布并施行《计划生育技术管理工作条例(试行)》。

1984年3月19日,卫生部发布并施行《职业病诊断管理办法》。同年5月23日,卫生部发布并施行《全国中医医院医疗设备标准(试行)》。同年7月20日,国家商检局、卫生部发布《中华人民共和国出口食品卫生管理办法(试行)》。同年9月20日,中华人民共和国第六届全国人民代表大会常务委员会第七次会议通过《中华人民共和国药品管理法》。同年10月31日,卫生部发布并施行《药品卫生检验方法》。

1985年3月23日,卫生部发布并施行《中国医学微生物菌种保藏管理办法》。同年7月1日,卫生部发布并施行了《流动人口疟疾管理暂行办法》《新药审批办法》和《新生物制品审批办法》。同年8月16日,卫生部发布《生活饮用水卫生标准》。同年8月20日,国家工商行政管理局、卫生部发布并施行《药品广告管理办法》。同年11月29日,国家医药管理局发布并施行《医疗器械产品质量管理办法》。同年12月7日,卫生部发布并施行《托儿所、幼儿园卫生保健制度》。

1986年4月20日,卫生部颁布并施行《妇幼卫生工作条例》。同年6月16日,卫生部发布了《辐照食品卫生管理暂行规定》。同年11月13日,卫生部发布并施行《进口寄售食品卫生注册暂行规定》。同年11月14日,卫生部发布并施行《食品营养强化剂卫生管理办法》。同年11月25日,卫生部、公安部、国家核安全局发布并施行《放射性同位素及射线事故管理规定》。同年12月2日,第六届全国人民代表大会常务委员会第十八次会议通过《中华人民共和国国境卫生检疫法》。同年12月6日,卫生部、国家医药管理局发布并施行《关于安钠咖、强痛定、氨酚待因片、复方樟脑酊等精神药品的暂行管理办法》。同年12月9日,卫生部发布并施行《食品容器过氯乙烯内壁涂料卫生管理办法》

《汽酒卫生管理办法》等。同年12月31日,卫生部发布并施行《食用菌卫生管理办法》《糕点类食品卫生管理办法》《麦乳精(含乳固体饮料)卫生管理办法》《食用煎炸油卫生管理办法》等。

1987年1月22日,卫生部发布并施行《肝炎诊断试剂管理规定(试行)》。同年3月24日,卫生部发布了《药品监督员工作条例》和《关于新药保护及技术转让的规定》。同年4月1日,国务院发布了《公共场所卫生管理条例》。同年4月20日,卫生部发布并施行《全国城市围产保健管理办法(试行)》。同年6月29日,国务院发布了《医疗事故处理办法》。同年7月9日,卫生部等部门发布了《乡镇企业劳动卫生管理办法》。同年8月5日,卫生部发布并施行《假药、劣药报告制度》。同年8月18日,卫生部发布并施行《食品新资源卫生管理办法》。同年9月18日,卫生部发布了《消毒管理办法》。同年10月28日,卫生部发布并施行了《中药保健药品的管理规定》。同年11月28日,国务院发布并施行《麻醉药品管理办法》。同年12月2日,卫生部发布并施行《食品卫生检验单位管理办法》。同年12月3日,国务院发布并施行《中华人民共和国尘肺病防治条例》。

1988年1月11日,卫生部发布了《熟制鱼糜灌肠卫生标准》《熟制鱼丸(半成品)卫生标准》《虾酱卫生标准》《鱼露卫生标准》《虾油卫生标准》《蚝油、贻贝油卫生标准》《蟹糊(蟹酱)卫生标准》《咸鲳鱼卫生标准》《咸鳗鱼卫生标准》《咸带鱼卫生标准》《咸鲫鱼卫生标准》《咸鲅鱼卫生标准》《咸黄鱼卫生标准》《干明太鱼卫生标准》《猪油卫生标准》《香肠(腊肠)、香肚卫生标准》《火腿卫生标准》《板鸭(咸鸭)卫生标准》《鲜(冻)鸭、鹅肉卫生标准》等。1988年1月14日,卫生部、公安部、国家教育委员会等发布并施行《艾滋病监测管理的若干规定》。同年1月20日,卫生部发布并施行《关于新药审批管理的若干补充规定》。同年

2月10日,卫生部发布并施行《医院消毒供应室验收标准(试行)》。同年3月30日,卫生部发布并施行《医疗事故分级标准(试行)》。同年4月20日,卫生部发布《放射工作人员健康管理规定》。同年4月25日,卫生部发布并施行《混合消毒牛乳的卫生管理办法》。同年8月20日,卫生部发布《职业病报告办法》。同年8月25日,卫生部发布并施行《农村农药中毒卫生管理办法(试行)》。同年9月20日,卫生部发布并施行《全国麻风病防治管理条例》《麻风病联合化疗及评价标准》和《基本消灭麻风病考核验收办法(暂行)》。同年10月24日,卫生部发布并施行《血液制品无菌试验暂行规程》。同年10月25日,卫生部、农业部联合发布了《布鲁氏菌病诊断方法、疫区判定和控制区考核标准》。同年11月21日,卫生部、国家中医药管理局发布并施行《医师、中医师个体开业暂行管理办法》。同年12月27日,国务院发布并施行《医疗用毒性药品管理办法》。

1989年1月13日,国务院发布并施行《放射性药品管理办法》。同年1月14日,国家中医药管理局发布并施行《中医医疗机构管理办法(试行)》。同年2月10日,卫生部发布并施行《家庭接生常规(试行)》和《农村孕产妇系统保健管理办法(试行)》。同年2月10日,国务院批准《中华人民共和国国境卫生检疫法实施细则》。同年2月21日,第七届全国人民代表大会常务委员会第六次会议通过了《中华人民共和国传染病防治法》。同年2月27日,卫生部发布并施行《中华人民共和国药品管理法施行办法》。同年3月24日,卫生部发布并施行《医院药剂管理办法》。同年7月11日,最高人民法院、最高人民检察院、公安部、司法部、卫生部发布《精神疾病司法鉴定暂行规定》。同年10月19日,国家中医药管理局发布并施行《关于加强气功医疗管理的若干规定(试行)》。同年11月13日,卫生部发布《化妆品卫生监督条例》。

同年11月24日,国家药品监督管理局、卫生部发布并施行《麻醉药品经营管理办法》。同年11月30日,卫生部、商业部发布并施行《生化药品生产经营企业管理办法》。

1990年6月4日,国家教育委员会、卫生部发布并施行《学校卫生工作条例》。同年7月28日,卫生部发布并施行《新资源食品卫生管理办法》。同年9月13日,国家药品监督管理局发布《医疗器械新产品管理暂行办法》。同年11月2日,卫生部发布《进口药品管理办法》。同年11月7日,最高人民法院发布《最高人民法院关于当事人对医疗事故鉴定结论有异议又不申请重新鉴定而以要求医疗单位赔偿经济损失为由向人民法院起诉的案件应否受理的复函》。同年11月8日,卫生部发布《中华人民共和国国境卫生检疫行政处罚程序规则》。同年11月20日,卫生部发布并施行《糖果卫生管理办法》《食糖卫生管理办法》《冷饮食品卫生管理办法》《酒类卫生管理办法》《粮食卫生管理办法》《蜂蜜卫生管理办法》《蛋与蛋制品卫生管理办法》《茶叶卫生管理办法》《食用氢化油及其制品卫生管理办法》《食用植物油卫生管理办法》《肉与肉制品卫生管理办法》《豆制品、酱腌菜卫生管理办法》《调味品卫生管理办法》等。同年11月26日,卫生部发布并施行《乳与乳制品卫生管理办法》《防止黄曲霉毒素污染食品卫生管理办法》。同年11月26日,卫生部发布并施行《食品用塑料制品及原材料卫生管理办法》《食品包装用原纸卫生管理办法》《食品用橡胶制品卫生管理办法》《食品容器内壁涂料卫生管理办法》《搪瓷食具容器卫生管理办法》《食品罐头内壁环氧酚醛涂料卫生管理办法》《铝制食具容器卫生管理办法》《陶瓷食具容器卫生管理办法》等。

1991年1月10日,卫生部发布并施行《非医用加速器放射卫生管理办法》。同年3月9日,卫生部发布并施行《医药卫生档案管理暂行办法》。同年3月27日,卫生部发布并施行《化妆品卫生监督条例施行细则》。同年4月10日,国家药品监督管理局发布《医疗器械管理暂行办法》。同年5月16日,卫生部发布并施行《药品卫生检验方法》。同年8月12日,卫生部发布并施行《性病防治管理办法》。同年9月12日,卫生部发布并施行《结核病防治管理办法》。同年11月26日,卫生部发布并施行《违反〈中华人民共和国食品卫生法(试行)〉行政处罚程序(试行)》。同年12月6日,卫生部发布并施行《中华人民共和国传染病防治法实施办法》。同年12月29日,卫生部发布并施行《药品检验所工作管理办法》。同年12月30日,卫生部发布并施行《公共场所卫生监督工作程序(试行)》。

1992年1月21日,卫生部发布并施行《化妆品卫生监督检验实验室资格认证办法》。同年3月7日,卫生部发布并施行《医院工作制度的补充规定(试行)》。同年3月24日,最高人民法院发布并施行《最高人民法院关于李新荣诉天津市第二医学院附属医院医疗事故赔偿一案如何适用法律问题的复函》。同年5月11日,卫生部发布并施行《卫生监督员管理办法》。同年7月1日,卫生部发布并施行《全国计划免疫冷链系统管理办法(试行)》。同年8月31日,卫生部发布并施行《消毒管理办法》。同年9月23日,卫生部发布并施行《药品监督管理行政处罚规定(暂行)》。同年10月7日,卫生部发布并施行《外国医师来华短期行医暂行管理办法》。同年10月14日,国务院发布《中药品种保护条例》。同年10月31日,卫生部发布并施行《核设施放射卫生防护管理规定》。同年12月28日,卫生部发布并施行《药品生产质量管理规范》,这是对1988年3月17日颁布的《药品生产质量管理规范》进行修订后的版本。

1993年2月17日,卫生部发布了《血站基本标准》和《供血者健康检查标准》。同年 3 月 20 日,卫生部发布《采供血机构和血液管理办法》。同年 3 月 26 日,卫生部发布《中华人民共和国护士管理办法》。同年 7 月 26 日,卫生部发布并施行《生物制品管理规定》。同年 7 月 27 日,卫生部、国家工商行政管理局发布并施行《街头食品卫生管理暂行办法》。同年 8 月 30 日,卫生部和国家工商行政管理局发布并施行《食品广告管理办法》。同年 9 月 27 日,卫生部、国家工商行政管理局发布并施行《医疗广告管理办法》。

这一阶段的卫生立法虽是初步发展,但是从内容上看却是全方位的,尤其在食品卫生和医事行为规制两个方面较为突出,有力回应了这一阶段的社会现实和公众需求。

(二)形成阶段(1994—2002 年)

1994 年 2 月 19 日,卫生部发布《医疗单位麻醉药品、精神药品计划供应办法》。同年 2 月 26 日,国务院发布《医疗机构管理条例》。同年 7 月 30 日,卫生部发布并施行《医学成人高等学历教育暂行规定》和《社会力量办医科类学校管理办法》。同年 8 月 4 日,卫生部发布并施行《卫生部关于〈中华人民共和国食品卫生法(试行)〉实施中有关问题的批复》。同年 8 月 22 日,卫生部发布并施行《单采血浆站基本标准》。同年 8 月 23 日,国务院发布《食盐加碘消除碘缺乏危害管理条例》。同年 8 月 29 日,卫生部发布了《医疗机构管理条例实施细则》和《医疗机构监督管理行政处罚程序》。同年 9 月 2 日,卫生部发布并施行《医疗机构基本标准(试行)》。同年 9 月 2 日,卫生部发布并施行《预防用生物制品生产供应管理办法》。同年 10 月 12 日,卫生部发布并施行《医院感染管理规范(试行)》。同年 10 月 27 日,全国人大常委会通过《中华人民共和国母婴保健法》。同年 12 月 1 日,卫生部、国家教育委员会发布并施行《托儿所、幼儿园卫生保健管理办法》。

1995年1月9日,卫生部、国家(质量)技术监督局发布并施行《含放射性物质消费品卫生防护管理规定》。同年3月22日,卫生部、国家工商行政管理局发布并施行《药品广告审查办法》。同年4月27日,卫生部发布并施行《灾害事故医疗救援工作管理办法》。同年5月15日,卫生部发布了《放射治疗卫生防护与质量保证管理规定》。同年6月2日,卫生部发布并施行《预防性健康检查管理办法》。同年6月13日,卫生部、国内贸易部、广播电影电视部、新闻出版署、国家工商行政管理局、中国轻工总会发布了《母乳代用品销售管理办法》。同年6月18日,卫生部发布并施行《戒毒药品管理办法》。同年7月5日,人事部、国家中医药管理局发布并施行了《执业中药师资格制度暂行规定》。同年7月7日,卫生部发布并施行《大型医用设备配置与应用管理暂行办法》。同年10月30日,全国人大常委会通过《中华人民共和国食品卫生法》,1982年11月19日第五届全国人民代表大会常务委员会第二十五次会议通过的《中华人民共和国食品卫生法(试行)》同时废止。

1996年3月1日,国家药品监督管理局发布并施行《医疗器械产品临床试用暂行规定》。同年3月15日,卫生部发布了《保健食品管理办法》。同年4月5日,卫生部发布并施行《辐照食品卫生管理办法》。同年6月11日,卫生部发布并施行《眼科医院基本标准(试行)》《妇产医院基本标准(试行)》《耳鼻喉医院基本标准(试行)》。同年7月9日,建设部、卫生部发布了《生活饮用水卫生监督管理办法》。同年8月27日,卫生部发布了《学生集体用餐卫生监督办法》。同年9月6日,国家药品监督管理局发布了《医疗器械产品注册管理办法》。同年9月9日,卫生部发布了《卫生部关于〈中华人民共和国食品卫生法〉适用中若干问题的批复》。同年9月20日,卫生部发布了《医疗卫生机构仪器设备管理办法》,1987年卫生部发布的《卫生事业单位仪器设备管理办法(暂行)》同时废止。同年10月4日,卫生部发布并施行《精神病医院评审标准(试行)》。同年12月30日,国务院发布并施行《血液制品管理条例》。

1997年1月20日,卫检局发布了《入出境人员传染病监测后续管理办法(试行)》。同年3月15日,卫生部发布了《食品卫生监督程序》。同年3月15日,卫生部发布并施行《食品卫生行政处罚办法》。同年6月5日,卫生部发布了《放射工作人员健康管理规定》。同年6月19日,卫生部发布并施行《卫生行政处罚程序》。同年6月28日,卫生部发布了《生物材料和医疗器材监督管理办法》。同年12月29日,全国人民代表大会常务委员会通过《中华人民共和国献血法》。

1998年1月25日,卫生部发布并施行《医学实验动物管理实施细则》。同年3月2日,卫生部发布并施行《药品临床试验管理规范》(试行)。同年6月23日,卫生部发布并施行《全国新生儿破伤风监测方案(试行)》。同年6月26日,全国人民代表大会常务委员会通过《中华人民共和国执业医师法》。同年9月21日,卫生部发布《血站管理办法》(暂行)。同年11月23日,卫生部发布并施行《计划免疫技术管理规程》。同年11月28日,国务院发布了《国内交通卫生检疫条例》。

1999年1月4日,卫生部发布并施行《卫生部关于加强远程医疗会诊管理的通知》。同年1月5日,卫生部发布并施行《医疗机构临床用血管理办法(试行)》。同年3月15日,卫生部发布并施行了《卫生部健康相关产品检验机构工作制度》《卫生部健康相关产品检验机构认定与管理办法》《卫生部健康相关产品审批工作人员守则》《卫生部健康相关产品评审委员会章程》。同年5月26日,卫生部发布《脐带血造血干细胞库管理办法(试行)》。同年7月16日,卫生部发布并施行《医师执业注册暂行办法》《医师资格考试暂行办法》《卫生部医师资格考试委员会关于下发医师资格考试违纪处理暂行规定的通知》《卫生部医师资格考试委员会关于确定医师资格考试报考类别名称及代码的批复》等。同年7月23日，卫生部发布并施行《传统医学师承和确有专长人员医师资格考核考试暂行办法》。同年10月25日，卫生部发布并施行《卫生部卫生立法工作管理办法》。同年12月24日，卫生部发布《食物中毒事故处理办法》。

2000年1月4日，国务院颁布了《医疗器械监督管理条例》。同年1月16日，卫生部发布《餐饮业食品卫生管理办法》。同年5月15日，卫生部、对外贸易经济合作部发布《中外合资、合作医疗机构管理暂行办法》。同年6月2日，卫生部发布《临床输血技术规范》。同年6月30日，卫生部发布《消毒产品生产企业卫生规范》。同年7月10日，卫生部发布并施行《医疗气功管理暂行规定》。同年7月18日，卫生部发布并施行《卫生知识产权保护管理规定》。同年8月30日，卫生部发布并施行《健康相关产品国家卫生监督抽检规定》。同年11月2日，卫生部发布并施行《卫生部关于港澳人员认定医师资格有关问题的通知》。同年12月28日，卫生部发布并施行《继续医学教育规定（试行）》。

2001年1月3日，卫生部发布并施行《互联网医疗卫生信息服务管理办法》。同年2月20日，卫生部发布《人类辅助生殖技术管理办法》《人类精子库管理办法》。同年2月28日，第九届全国人民代表大会常务委员会第二十次会议对《中华人民共和国药品管理法》进行了修订。同年6月13日，国务院发布《计划生育技术服务管理条例》。同年6月20日，国务院颁布《中华人民共和国母婴保健法实施办法》。同年8月26日，卫生部发布并施行《放射事故管理规定》。同年9月24日，卫生部发布并施行《卫生部关于执业助理医师能否设置个体诊所问题的批复》。同年10月23日,卫生部发布《放射工作卫生防护管理办法》。同年10月27日,第九届全国人民代表大会常务委员会第二十四次会议通过了《中华人民共和国职业病防治法》。同年11月12日,国务院纠风办、国家计委、国家经贸委、卫生部、国家工商总局、国家药品监督管理局、国家中医药管理局发布并施行《医疗机构药品集中招标采购监督管理暂行办法》。

2002年1月22日,卫生部发布《医疗美容服务管理办法》。同年3月28日,卫生部发布了《消毒管理办法》,自同年7月1日起施行。同年3月28日,卫生部发布了《职业病诊断与鉴定管理办法》《建设项目职业病危害分类管理办法》《职业健康监护管理办法》《职业病危害项目申报管理办法》《职业病危害事故调查处理办法》《食品添加剂卫生管理办法》《国家职业卫生标准管理办法》等。同年4月4日,国务院发布《医疗事故处理条例》。同年4月8日,卫生部发布《转基因食品卫生管理办法》。同年4月16日,卫生部发布了《美容医疗机构、医疗美容科(室)基本标准(试行)》。同年7月19日,卫生部审议通过了《医疗事故分级标准(试行)》。同年7月31日,卫生部发布了《医疗事故技术鉴定暂行办法》。同年8月4日,国务院发布《中华人民共和国药品管理法实施条例》。同年8月23日,卫生部、国家中医药管理局发布了《中医、中西医结合病历书写基本规范(试行)》。同年9月11日,卫生部发布了《临床基因扩增检验实验室管理暂行办法》。同年9月20日,教育部、卫生部发布了《学校食堂与学生集体用餐卫生管理规定》。

这一阶段的立法是十分注重医事行为方面的立法,《互联网医疗卫生信息服务管理办法》的出台,使得这一阶段的卫生立法与时代特征接轨,取得了较大的立法成就,为后续医事行为的规范化奠定了坚实的基础。

(三)完善阶段(2003—2013年)

2003年2月18日,卫生部发布了《消毒产品检验规定》。同年2月21日,卫生部、国家工商行政管理总局发布了《全国无烟草广告城市认定实施办法》。同年3月10日,卫生部发布了《集贸市场食品卫生管理规范》。同年4月4日,卫生部发布了《国家救灾防病与突发公共卫生事件信息报告管理规范》。同年4月7日,国务院发布《中华人民共和国中医药条例》。同年5月6日,科技部、卫生部、国家食品药品监督管理局、国家环境保护总局联合发布了《传染性非典型肺炎病毒研究实验室暂行管理办法》《传染性非典型肺炎病毒的毒种保存、使用和感染动物模型的暂行管理办法》。同年5月8日,卫生部发布了《传染性非典型肺炎密切接触者判定标准和处理原则(试行)》。同年5月9日,国务院发布了《突发公共卫生事件应急条例》。同年5月12日,卫生部发布了《传染性非典型肺炎防治管理办法》。同年6月16日,国务院发布了《医疗废物管理条例》。同年8月5日,国务院发布了《乡村医生从业管理条例》。同年10月15日,卫生部颁布了《医疗卫生机构医疗废物管理办法》。同年11月7日,卫生部发布了《突发公共卫生事件与传染病疫情监测信息报告管理办法》。同年11月17日,卫生部发布了《卫生部关于法定报告传染病疫情和突发公共卫生事件信息发布方案(试行)》。同年11月22日,卫生部发布了《内镜清洗消毒机消毒效果检验技术规范(试行)》。同年12月24日,科技部和卫生部联合发布了《人胚胎干细胞研究伦理指导原则》。

2004年2月4日,国家食品药品监督管理局发布《药品经营许可证管理办法》。同年3月4日,卫生部、交通部联合发布了《突发公共卫生事件交通应急规定》。同年3月4日,卫生部、国家食品药品监督管理局联合发布了《药品不良反应报告和监测管理办法》。同年4月5日,卫生部、财政部联合发布了《艾滋病免费自愿咨询检测管理办法(试行)》《艾滋病及常见机会性感染免、减费药物治疗管理办法(试行)》。同年4月6日,卫生部发布《医务人员艾滋病病毒职业暴露防护工作指导原则(试行)》。同年5月27日,卫生部、国家环境保护总局发布《医疗废物管理行政处罚办法》。同年7月8日,国家食品药品监督管理局发布了《互联网药品信息服务管理办法》。同年7月20日,国家食品药品监督管理局发布并施行《直接接触药品的包装材料和容器管理办法》。同年7月20日,国家食品药品监督管理局发布并施行《医疗器械生产监督管理办法》。同年8月5日,国家食品药品监督管理局发布了《药品生产监督管理办法》。同年8月9日,国家食品药品监督管理局发布了《医疗器械注册管理办法》。同年8月10日,卫生部、国家中医药管理局发布了《处方管理办法(试行)》。同年8月28日,中华人民共和国第十届全国人民代表大会常务委员会第十一次会议修订了《中华人民共和国传染病防治法》。同年9月13日,国家食品药品监督管理局发布了《药品安全信用分类管理暂行规定》。同年10月22日,司法部、卫生部发布了《全国劳教场所艾滋病预防与控制实施办法(试行)》和《全国劳教场所结核病预防与控制实施办法》。同年12月9日,国务院发布《中国人民解放军实施〈中华人民共和国药品管理法〉办法》。同年12月31日,卫生部、国家发展和改革委员会、财政部发布《大型医用设备配置与使用管理办法》。

2005年1月21日,卫生部发布了《卫生部关于医疗机构不配合医疗事故技术鉴定所应承担的责任的批复》。同年1月31日,卫生部发布了《深海石油作业职业卫生管理办法》。同年2月22日,卫生部发布并施行《卫生部关于医疗事故争议中超范围行医性质认定问题的批复》。同年 2 月 28 日,卫生部发布了《医疗机构传染病预检分诊管理办法》。同年 3 月 3 日,卫生部发布了《卫生监督机构建设指导意见》。同年 3 月 24 日,国务院发布《疫苗流通和预防接种管理条例》。同年 4 月 7 日,卫生部发布了《卫生部关于对执业助理医师行医有关问题的批复》。同年 4 月 30 日,卫生部发布了《医师外出会诊管理暂行规定》。同年 4 月 30 日,卫生部发布了《传染病病人或疑似传染病病人尸体解剖查验规定》。同年 4 月 30 日,国家食品药品监督管理局发布《保健食品注册管理办法(试行)》。同年 5 月 24 日,国家食品药品监督管理局发布了《保健食品广告审查暂行规定》。同年 6 月 22 日,国家食品药品监督管理局发布了《医疗机构制剂注册管理办法(试行)》。同年 6 月 27 日,卫生部发布《餐饮业和集体用餐配送单位卫生规范》。同年 8 月 3 日,国务院发布《麻醉药品和精神药品管理条例》。同年 8 月 12 日,卫生部发布了《生活饮用水消毒剂和消毒设备卫生安全评价规范(试行)》。同年 9 月 6 日,卫生部发布了《卫生部应对流感大流行准备计划与应急预案(试行)》。同年 9 月 7 日,国家食品药品监督管理局发布《药品生产质量管理规范认证管理办法》。同年 9 月 29 日,国家食品药品监督管理局发布了《互联网药品交易服务审批暂行规定》。同年 10 月 17 日,中华人民共和国国家质量监督检验检疫总局公布了《出入境特殊物品卫生检疫管理规定》。同年 11 月 2 日,卫生部、教育部发布了《学校食物中毒事故行政责任追究暂行规定》。同年 11 月 3 日,国家食品药品监督管理局发布并施行《非处方药和医疗器械产品包装及广告中使用奥林匹克标志管理办法》。同年 11 月 4 日,卫生部发布了《消毒产品标签说明书管理规范》。同年 11 月 8 日,国家食品药品监督管理局、铁道部、交通部、民航总局发布了《麻醉药品和精神药品运输管理办法》。同年 11 月 14 日,卫生部发布了《医疗机构麻醉药品、第一类精神药品管理规定》。同年11月14日,卫生部发布了《麻醉药品、精神药品处方管理规定》。同年11月17日,卫生部发布《血站管理办法》。同年11月24日,国家食品药品监督管理局发布了《进口药材管理办法(试行)》。同年12月15日,卫生部发布了《食品卫生许可证管理办法》。同年12月31日,卫生部发布了《食品添加剂明胶生产企业卫生规范》。

2006年1月19日,国家食品药品监督管理局发布了《医疗器械生产日常监督管理规定》。同年1月24日,卫生部发布了《放射诊疗管理规定》。同年2月13日,卫生部发布了《重大活动食品卫生监督规范》和《疟疾突发疫情应急处理预案》。同年2月21日,全国爱卫会办公室、卫生部办公厅联合发布了《血吸虫病流行地区农村改厕管理办法(试行)》和《血吸虫病流行地区农村改厕技术规范(试行)》。同年2月27日,卫生部发布了《医疗机构临床实验室管理办法》。同年3月1日,国家质量监督检验检疫总局发布《出入境口岸食品卫生监督管理规定》。同年3月8日,卫生部发布了《疫苗储存和运输管理规范》。同年3月15日,国家食品药品监督管理局公布了《药品说明书和标签管理规定》。同年3月16日,卫生部发布了《人体器官移植技术临床应用管理暂行规定》。同年4月1日,国务院发布了《血吸虫病防治条例》。同年4月5日,国家安全生产监督管理总局发布了《非药品类易制毒化学品生产、经营许可办法》。同年4月18日,卫生部发布了《卫生部关于〈医疗机构基本标准(试行)〉施行中有关问题的通知》。同年4月25日,卫生部发布了《血站质量管理规范》。同年5月18日,卫生部发布了《卫生部涉及饮用水卫生安全产品卫生行政许可申报受理规定》《卫生部化妆品卫生行政许可申报受理规定》《健康相关产品生产企业卫生条件审核规范》《健康相关产品卫生行政许可程序》《卫生部消毒剂、消毒器械卫生行政许可申报受理规定》。同年5月29日,国家食品药品监督管理局发布了《医疗器械经营企业跨省辖区增设仓库监管规定》。同年5月31日,国家食品药品监督管理局、公安部、卫生部发布并施行《关于戒毒治疗中使用麻醉药品和精神药品有关规定的通知》。同年6月16日,国家食品药品监督管理局发布了《放射性药品说明书规范细则》。同年6月29日,卫生部、国家中医药管理局发布了《城市社区卫生服务机构管理办法(试行)》。同年7月3日,卫生部、科技部、公安部、民政部、司法部、商务部、海关总署、国家工商行政管理总局、国家质量监督检验检疫总局发布《尸体出入境和尸体处理的管理规定》。同年7月6日,卫生部发布《医院感染管理办法》,同时宣告2000年11月30日颁布的《医院感染管理规范(试行)》废止。同年7月13日,卫生部发布了《卫生部关于印发〈卫生标准管理办法〉的通知》,宣告1981年3月26日卫生部发布的《卫生标准管理办法》同时废止。同年7月13日,国家中医药管理局发布了《中医药政务信息报送管理暂行办法》。同年7月21日,国家食品药品监督管理局发布并施行《药品质量抽查检验管理规定》。同年9月7日,国家食品药品监督管理局发布了《国家医疗器械质量监督抽验管理规定(试行)》。同年9月18日,卫生部发布了《单采血浆站质量管理规范》《建设项目职业卫生审查规定》。同年11月10日,国家工商行政管理总局、卫生部发布《医疗广告管理办法》。同年12月19日,卫生部发布了《妇幼保健机构管理办法》。同年12月20日,卫生部发布并施行《卫生监督执法过错责任追究办法(试行)》和《卫生行政执法考核评议办法》。同年12月21日,卫生部发布了《传统医学师承和确有专长人员医师资格考核考试办法》。

2007年1月4日,卫生部发布了《关于医疗机构冠名红十字(会)的规定》。同年1月11日,卫生部发布了《涉及人的生物医学研究伦理审查办法(试行)》。同年1月16日,卫生部发布了《群体性不明原因疾病应急处置方案(试行)》。同年1月31日,国家食品药品监督管理局发布了《药品流通监督管理办法》。同年2月6日,卫生部发布了《孕前保健服务工作规范(试行)》。同年2月9日,卫生部发布了《医师定期考核管理办法》。同年2月16日,卫生部发布了《卫生信访工作办法》,宣告1993年6月29日卫生部发布的《卫生部门信访工作办法》、1996年11月4日卫生部发布的《群众逐级走访和卫生部门分级受理管理办法》同时废止。同年3月3日,国家工商行政管理总局、国家食品药品监督管理局发布《药品广告审查发布标准》,宣告1995年3月28日发布的《药品广告审查标准》同时废止。同年4月6日,卫生部、国家中医药管理局发布了《医疗卫生机构接受社会捐赠资助管理暂行办法》。同年4月23日,卫生部发布了《卫生部关于卫生行政部门是否有权直接判定医疗事故的批复》。同年6月3日,卫生部发布《放射工作人员职业健康管理办法》。同年6月7日,卫生部发布了《卫生部关于非法行医有关问题的批复》。同年6月21日,卫生部、国家体育总局发布了《游泳场所卫生规范》。同年6月25日,卫生部、商务部发布了《美容美发场所卫生规范》《住宿业卫生规范》《沐浴场所卫生规范》。同年7月2日,卫生部发布《新资源食品管理办法》。同年7月10日,国家食品药品监督管理局发布了《药品注册管理办法》。同年7月24日,卫生部办公厅、国家发展改革委办公厅发布并施行《中央预算内专项资金(国债)村卫生室建设指导意见》。同年11月28日,卫生部发布了《新资源食品卫生行政许可申报与受理规定》。同年12月10日,国家食品药品监督管理局发布了《药品召回管理办法》。同年12月18日,卫生部发布了《食品营养标签管理规范》。同年12月30日,卫生部、商务部发布了《〈中外合资、合作医疗机构管理暂行办法〉的补充规定》。

  2008年1月4日,卫生部发布《单采血浆站管理办法》。同年1月

31日,国务院发布了《护士条例》。同年3月7日,卫生部、国家中医药管理局发布了《关于台港澳医师获得大陆医师资格有关问题的通知》。同年3月10日,卫生部、全国爱卫办发布了《无烟医疗卫生机构标准(试行)》。同年4月29日,最高人民法院发布了《最高人民法院关于审理非法行医刑事案件具体应用法律若干问题的解释》。同年5月6日,卫生部发布了《护士执业注册管理办法》。同年6月9日,教育部、卫生部、财政部联合发布了《国家学校体育卫生条件试行基本标准》。同年6月27日,卫生部、教育部发布了《中小学生健康体检管理办法》。同年8月1日,卫生部发布了《乡村医生考核办法》。同年8月18日,卫生部、教育部联合发布了《医学教育临床实践管理暂行规定》。同年9月11日,卫生部发布了《预防接种异常反应鉴定办法》。同年9月22日,发布《最高人民法院、最高人民检察院关于办理非法采供血液等刑事案件具体应用法律若干问题的解释》。同年12月7日,卫生部、商务部发布了《〈中外合资、合作医疗机构管理暂行办法〉的补充规定二》。同年12月29日,国家食品药品监督管理局、卫生部联合发布了《医疗器械不良事件监测和再评价管理办法(试行)》。同年12月29日,卫生部发布了《香港、澳门特别行政区医师在内地短期行医管理规定》。

2009年1月4日,卫生部发布了《台湾地区医师在大陆短期行医管理规定》。同年1月16日,卫生部发布了《卫生部关于消毒产品法律适用问题的批复》。同年1月19日,卫生部发布了《卫生部关于医疗事故技术鉴定中新生儿死亡认定有关问题的批复》。同年2月16日,卫生部发布《新生儿疾病筛查管理办法》。同年2月28日,第十一届全国人民代表大会常务委员会第七次会议通过了《中华人民共和国食品安全法》。同年3月2日,卫生部发布《医疗技术临床应用管理办法》。同年3月16日,卫生部、国家中医药管理局发布并施行《医疗机构中药煎药室管理规范》。同年3月30日,卫生部、公安部发布并施行《关于在严厉打击非法行医和非法采供血工作中加强衔接配合的暂行规定》。同年4月7日,卫生部、国家工商行政管理总局、国家食品药品监督管理局发布并施行《医疗器械广告审查办法》。同年4月15日,卫生部、国家中医药管理局发布并施行《台湾地区医师获得大陆医师资格认定管理办法》和《香港和澳门特别行政区医师获得内地医师资格认定管理办法》。同年4月23日,卫生部、人力资源和社会保障部、国家中医药管理局、中国残疾人联合会发布《盲人医疗按摩管理办法》。同年4月28日,国家工商行政管理总局、中华人民共和国卫生部、国家食品药品监督管理局发布《医疗器械广告审查发布标准》。同年5月1日,卫生部发布《互联网医疗保健信息服务管理办法》。同年5月11日,国务院发布《流动人口计划生育工作条例》。同年5月21日,卫生部发布并施行《卫生部关于护士执业注册有关问题的批复》。同年5月22日,卫生部发布《综合医院分级护理指导原则(试行)》。同年5月25日,卫生部发布了《急诊科建设与管理指南(试行)》。同年5月31日,卫生部发布了《医疗质量控制中心管理办法(试行)》。同年6月1日,财政部、卫生部联合发布了《农村孕产妇住院分娩专项补助资金管理暂行办法》。同年7月20日,国务院发布了《中华人民共和国食品安全法实施条例》。同年7月20日,卫生部、国家中医药管理局发布了《医院感染暴发报告及处置管理规范》。同年7月27日,卫生部、财政部、国家中医药管理局发布《城乡医院对口支援工作管理办法(试行)》。同年8月5日,卫生部发布了《健康体检管理暂行规定》。同年11月2日,卫生部发布了《援外医疗队标识使用管理办法》。同年11月26日,卫生部发布了《医院投诉管理办法(试行)》。同年12月14日,卫生部发布了《医学检验所基本标准(试行)》。同年12月25日,卫生部发布《卫生系统电子认证服务管理办法(试行)》。同年12月26日,中华人民共和国第十一届全国人民代表大会常务委员会第十二次会议通过了《中华人民共和国侵权责任法》。同年12月28日,卫生部发布并施行《关于规范活体器官移植的若干规定》。同年12月31日,卫生部、中国红十字会总会、总后勤部卫生部发布《全国无偿献血表彰奖励办法》。

2010年1月5日,卫生部、公安部、司法部发布了《戒毒医疗服务管理暂行办法》,《关于加强戒毒医疗机构管理工作的通知》(卫药发〔1996〕第35号)和《卫生部关于戒毒医疗机构须报禁毒机构审批的通知》(卫医发〔1999〕第386号)同时废止。同年1月14日,卫生部发布了《医疗器械临床使用安全管理规范(试行)》。同年1月21日,卫生部发布了《食品安全风险评估管理规定(试行)》。同年1月22日,卫生部发布了《病历书写基本规范》,卫生部于2002年颁布的《病历书写基本规范(试行)》(卫医发〔2002〕190号)同时废止。同年1月25日,卫生部、工业和信息化部、国家工商行政管理总局等部门发布了《食品安全风险监测管理规定(试行)》。同年2月10日,卫生部发布了《医院处方点评管理规范(试行)》。同年2月22日,卫生部发布了《电子病历基本规范(试行)》。同年3月4日,卫生部发布了《餐饮服务许可管理办法》。同年3月18日,卫生部发布了《药品类易制毒化学品管理办法》。同年3月30日,卫生部发布了《食品添加剂新品种管理办法》。同年5月10日,卫生部、人力资源和社会保障部发布了《护士执业资格考试办法》。同年5月11日,卫生部办公厅发布了《餐饮具集中消毒单位卫生监督规范(试行)》。同年6月3日,卫生部发布《医疗卫生服务单位信息公开管理办法(试行)》。同年6月11日,卫生部、国家中医药管理局发布了《中医病历书写基本规范》,卫生部、国家中医药管理局于2002年颁布的《中医、中西医结合病历书写基本规范(试行)》(国中医药发

〔2002〕36号）同时废止。同年7月15日，卫生部等发布了《药品集中采购监督管理办法》，《医疗机构药品集中招标采购监督管理暂行办法》（国纠办发〔2001〕17号）同时废止。同年8月9日，卫生部发布了《进口无食品安全国家标准食品许可管理规定》。同年9月6日，卫生部、教育部发布了《托儿所幼儿园卫生保健管理办法》。同年10月19日，卫生部、中医药局发布了《中医坐堂医诊所管理办法（试行）》和《中医坐堂医诊所基本标准（试行）》。同年10月19日，卫生部发布了《骨科医院基本标准（试行）》。同年10月20日，卫生部颁布了《食品安全国家标准管理办法》。同年10月22日，卫生部、商务部发布了《台湾服务提供者在大陆设立独资医院管理暂行办法》。同年11月3日，卫生部、农业部、商务部、工商总局、质检总局、国家食品药品监管局发布了《食品安全信息公布管理办法》。同年12月3日，卫生部发布了《二、三级综合医院药学部门基本标准（试行）》。同年12月16日，卫生部发布了《香港和澳门特别行政区医疗专业技术人员在内地短期执业管理暂行规定》。同年12月22日，卫生部、商务部发布了《香港和澳门服务提供者在内地设立独资医院管理暂行办法》。同年12月30日，卫生部发布了《电子病历系统功能规范（试行）》。

2011年1月7日，卫生部发布了《医疗质量安全告诫谈话制度暂行办法》。同年1月21日，卫生部发布了《放射工作人员职业健康监护技术规范》。同年1月30日，公安部、卫生部发布了《吸毒成瘾认定办法》。同年1月30日，卫生部、国家中医药管理局、总后勤部卫生部发布了《医疗机构药事管理规定》，《医疗机构药事管理暂行规定》（卫医发〔2002〕24号）同时废止。同年3月10日，卫生部发布了《公共场所卫生管理条例实施细则》。同年3月24日，卫生部发布《食品相关产品新品种行政许可管理规定》。同年4月15日，卫生部、国家中医药局发布了《医疗机构内部价格管理暂行规定》。同年 5 月 4 日,卫生部发布了《药品不良反应报告和监测管理办法》。同年 5 月 19 日,卫生部发布了《综合医院康复医学科基本标准(试行)》。同年 5 月 20 日,卫生部发布了《医疗器械召回管理办法(试行)》。同年 5 月 23 日,卫生部发布并施行《食品相关产品新品种申报与受理规定》。同年 6 月 23 日,卫生部发布了《孕产期保健工作管理办法》和《孕产期保健工作规范》。同年 7 月 7 日,卫生部、国家发展改革委、财政部、人力资源社会保障部、农业部发布了《乡镇卫生院管理办法(试行)》。同年 8 月 16 日,教育部、卫生部发布了《农村寄宿制学校生活卫生设施建设与管理规范》。同年 9 月 21 日,卫生部发布了《医院评审暂行办法》。同年 12 月 29 日,卫生部发布了《地方卫生标准工作管理规范》。同年 12 月 30 日,卫生部发布并施行《居民健康卡管理办法(试行)》。

2012 年 3 月 20 日,卫生部发布了《康复医院基本标准(2012 年版)》。同年 3 月 21 日,卫生部、商务部发布了《关于扩大香港和澳门服务提供者在内地设立独资医院地域范围的通知》。同年 4 月 12 日,卫生部发布了《放射卫生技术服务机构管理办法》《放射诊疗建设项目卫生审查管理规定》和《放射卫生专家库管理办法》。同年 4 月 24 日,卫生部发布了《抗菌药物临床应用管理办法》。同年 4 月 30 日,卫生部、公安部发布了《关于维护医疗机构秩序的通告》。同年 5 月 9 日,卫生部办公厅发布了《重性精神疾病防治培训管理办法》。同年 5 月 9 日,卫生部发布了《托儿所幼儿园卫生保健工作规范》。同年 6 月 7 日,卫生部发布了《医疗机构临床用血管理办法》。同年 6 月 20 日,卫生部办公厅发布了《重性精神疾病信息管理办法》。同年 6 月 26 日,卫生部、国家食品药品监督管理局、国家中医药管理局发布了《医疗机构从业人员行为规范》。同年 8 月 3 日,卫生部办公厅发布了《医疗机构手术分级管理办法(试行)》。同年8月7日,卫生部办公厅发布了《甲类大型医用设备集中采购工作规范(试行)》。同年9月10日,卫生部、教育部发布了《助理全科医生培训标准(试行)》。同年9月24日,卫生部发布了《学校卫生监督工作规范》。同年10月26日,全国人民代表大会常务委员会通过了《中华人民共和国精神卫生法》。同年11月23日,卫生部发布了《性病防治管理办法》。

2013年1月7日,卫生部发布了《卫生部食品安全事故应急预案(试行)》。同年1月22日,卫生部发布了《药品经营质量管理规范》。同年2月19日,卫生部发布了《职业病诊断与鉴定管理办法》。同年2月20日,卫生部发布了《结核病防治管理办法》。同年3月13日,卫生部发布了《新型大型医用设备配置管理规定》。同年4月24日,国家卫生和计划生育委员会、国家中医药管理局发布了《关于进一步贯彻落实〈传统医学师承和确有专长人员医师资格考核考试办法〉的通知》。同年5月17日,国家卫生和计划生育委员会发布了《高压氧临床应用技术规范》。同年5月31日,国家卫生和计划生育委员会发布了《新食品原料安全性审查管理办法》。同年7月29日,国家卫生和计划生育委员会发布了《严重精神障碍发病报告管理办法(试行)》。同年8月4日,财政部、国家卫生和计划生育委员会发布了《疾病应急救助基金管理暂行办法》。同年8月13日,国家卫生和计划生育委员会发布了《人体捐献器官获取与分配管理规定(试行)》。同年9月2日,公安部、司法部、国家卫生和计划生育委员会发布了《强制隔离戒毒诊断评估办法》。同年12月10日,国家卫生和计划生育委员会、财政部、国家中医药管理局发布了《国家临床重点专科建设项目管理暂行办法》。同年12月12日,国家卫生和计划生育委员会发布并施行《关于调整港澳台服务提供者在内地设置独资医院审批权限的通知》。同年12月31日,国家发展和改革委员会、水利部、国家卫生和计划生育委员会等联合发布了《农村饮水安全工程建设管理办法》。

这一阶段的卫生立法重在对之前卫生立法的修正与完善,但从立法内容上考察,则更侧重对药品的法律规制。同时,2009年颁布的《中共中央国务院关于深化医药卫生体制改革的意见》这一新医改文件对卫生法提出了更高的要求,进一步完善了相关卫生法律法规,推进了基本医疗卫生立法,明确了政府、社会和居民在促进健康方面的权利和义务,从而保障人人享有基本医疗卫生服务。建立健全卫生标准体系,做好相关法律法规的衔接与协调。加快中医药立法工作,完善药品监管法律法规,逐步建立健全与基本医疗卫生制度相适应、比较完整的卫生法律制度。

四、深化发展阶段(2014年至今)

2014年1月15日,国家卫生和计划生育委员会发布了《国家卫生计生委政府信息公开管理办法》。同年1月21日发布并施行了《国家卫生和计划生育委员会、国家中医药管理局、中国残疾人联合会关于盲人医疗按摩人员执业备案有关问题的通知》。同年2月20日,人力资源和社会保障部、国家卫生和计划生育委员会发布了《工伤职工劳动能力鉴定管理办法》。同年3月14日,国家卫生和计划生育委员会办公厅发布了《医疗机构新生儿安全管理制度(试行)》。同年3月18日发布了《国家中医药管理局办公室、国家卫生和计划生育委员会办公厅关于打击非法行医专项行动中有关中医监督问题的批复》。同年5月5日,国家卫生和计划生育委员会发布了《人口健康信息管理办法(试行)》。同年6月3日,国家卫生和计划生育委员会等发布了《村卫生室管理办法(试行)》。同年6月16日,科技部、国家卫生计生委、总后勤部卫生部发布了《国家临床医学研究中心管理办法(试行)》。同年7月9日,国家卫生和计划生育委员会、司法部、财政部等发布并施行《关于加强医疗责任保险工作的意见》。同年8月10日,国家卫生和计划生育委员会颁布了《医师资格考试违纪违规处理规定》。同年8月28日,国家卫生和计划生育委员会、国家中医药管理局发布了《医学科研诚信和相关行为规范》。同年9月3日,国家卫生和计划生育委员会发布了《关于"撤村改居"后原乡村医生执业问题的批复》。同年10月31日,国家卫生和计划生育委员会办公厅发布并施行《养老机构医务室基本标准(试行)》和《养老机构护理站基本标准(试行)》。

2015年1月21日,国家质量监督检验检疫总局发布了《出入境特殊物品卫生检疫管理规定》,宣告国家质检总局2005年10月17日发布的《出入境特殊物品卫生检疫管理规定》同时废止。同年3月11日,国家食品药品监督管理总局发布《食品召回管理办法》。同年3月26日,国家卫生和计划生育委员会发布《职业健康检查管理办法》,2002年3月28日卫生部公布的《职业健康监护管理办法》同时废止。同年4月24日,第十二届全国人民代表大会常务委员会第十四次会议修改《中华人民共和国药品管理法》。同年4月24日,第十二届全国人民代表大会常务委员会第十四次会议修订《中华人民共和国食品安全法》。同年4月24日,第十二届全国人民代表大会常务委员会第十四次会议修订《中华人民共和国广告法》。同年6月8日,国家食品药品监督管理总局发布并实施《境内第三类医疗器械注册质量管理体系核查工作程序(暂行)》。同年6月25日,国家食品药品监督管理总局发布并实施《药品经营质量管理规范》。同年6月29日,国家食品药品监督管理总局发布《药品医疗器械飞行检查办法》。同年7月14日,国家食品药品监督管理总局发布《医疗器械分类规则》,2000年4月5日公布的

《医疗器械分类规则》同时废止。同年7月20日,国家卫生和计划生育委员会、国家食品药品监督管理总局发布并实施《干细胞临床研究管理办法(试行)》。同年8月31日,国家食品药品监督管理总局发布《食品经营许可管理办法》。同年8月31日,国家食品药品监督管理总局发布《食品生产许可管理办法》。同年9月24日,公安部、国家食品药品监督管理总局、国家卫生和计划生育委员会和国家禁毒委员会办公室发布《非药用类麻醉药品和精神药品列管办法》。同年9月30日,国家食品药品监督管理总局发布《食品经营许可审查通则(试行)》。同年10月21日,国家食品药品监督管理总局发布《医疗器械使用质量监督管理办法》。同年12月21日,国家食品药品监督管理总局发布《医疗器械通用名称命名规则》。同年12月27日,第十二届全国人民代表大会常务委员会第十八次会议修改《中华人民共和国人口与计划生育法》。

2016年1月5日,国家食品药品监督管理总局发布《食用农产品市场销售质量安全监督管理办法》。同年1月19日,国家卫生计生委修改《外国医师来华短期行医暂行管理办法》《血站管理办法》《单采血浆站管理办法》《放射诊疗管理规定》《医疗美容服务管理办法》《公共场所卫生管理条例实施细则》《消毒管理办法》《人间传染的高致病性病原微生物实验室和实验活动生物安全审批管理办法》等法律文件。同年2月26日,国家食品药品监督管理总局发布《保健食品注册与备案管理办法》,2005年4月30日公布的《保健食品注册管理办法(试行)》同时废止。同年3月4日,国家食品药品监督管理总局发布《食品生产经营日常监督检查管理办法》。同年3月7日,国家食品药品监督管理总局发布《特殊医学用途配方食品注册管理办法》。同年6月6日,国家食品药品监督管理总局发布《婴幼儿配方乳粉产品配方注册管理办法》。同年6月24日,国务院办公厅发布《国务院办公厅关于促进和规范健康医疗大数据应用发展的指导意见》。同年7月13日,国家食品药品监督管理总局发布《网络食品安全违法行为查处办法》。同年7月13日,国家食品药品监督管理总局发布《国家食品药品监督管理总局关于修改〈药品经营质量管理规范〉的决定》,卫生部2013年6月1日施行的《药品经营质量管理规范》(中华人民共和国卫生部令第90号)同时废止。同年9月25日,国家卫生计生委发布《医疗质量管理办法》。同年10月12日,国家卫生计生委发布《涉及人的生物医学研究伦理审查办法》。同年10月27日,国务院发布《国务院关于加快发展康复辅助器具产业的若干意见》。同年12月30日,国家食品药品监督管理总局通过《国家食品药品监督管理总局基本建设项目管理办法》。

　　2017年2月8日,国家食品药品监督管理总局发布《体外诊断试剂注册管理办法修正案》。同年2月15日,国家卫生和计划生育委员会印发《电子病历应用管理规范(试行)》。同年2月21日,国家卫生和计划生育委员会公布《关于修改〈医疗机构管理条例实施细则〉的决定》。同年2月28日,国家卫生和计划生育委员会公布《医师执业注册管理办法》。同年4月17日,国家食品药品监督管理总局发布《医疗器械标准管理办法》,2002年1月4日发布的《医疗器械标准管理办法(试行)》同时废止。同年4月19日,国家卫生和计划生育委员会办公厅印发《疾病应急救助工作指导规范(试行)》。同年5月1日,国家食品药品监督管理总局施行《医疗器械召回管理办法》,2011年7月1日起施行的《医疗器械召回管理办法(试行)》同时废止。同年5月19日,国务院发布《国务院关于修改〈医疗器械监督管理条例〉的决定》。同年5月27日,国家卫生和计划生育委员会发布《关于修改〈新消毒产品和新涉水产品卫生行政许可管理规定〉等5件规范性文件部分条款的通知》。

同年7月19日，为进一步加强国家临床医学研究中心的建设和发展，强化管理，科技部、国家卫生计生委、军委后勤保障部和食品药品监管总局联合印发《国家临床医学研究中心管理办法(2017年修订)》，原《国家临床医学研究中心管理办法(试行)》同时废止。同年9月1日，国家食品药品监督管理总局施行《药物非临床研究质量管理规范》。同年9月22日，国家卫生和计划生育委员会发布《中医诊所备案管理暂行办法》。同年10月10日，国家食品药品监督管理总局发布了《国家食品药品监督管理总局重点实验室管理办法》。同年10月13日，国家卫生和计划生育委员会、国家档案局发布了《卫生计生行政许可档案管理规定(试行)》。同年11月6日，国家食品药品监督管理总局发布《网络餐饮服务食品安全监督管理办法》。同年11月17日，国家食品药品监督管理总局修改并公布了《药品经营许可证管理办法》《互联网药品信息服务管理办法》《医疗器械生产监督管理办法》《药品生产监督管理办法》《医疗器械经营监督管理办法》《蛋白同化制剂和肽类激素进出口管理办法》《食品生产许可管理办法》《食品经营许可管理办法》等法律文件。同年11月20日，国家卫生和计划生育委员会发布《卫生计生系统内部审计工作规定》。同年12月22日，国家食品药品监督管理总局发布《医疗器械网络销售监督管理办法》《食品药品安全监管信息公开管理办法》。同年12月15日，国家卫生和计划生育委员会、国家食品药品监督管理总局发布了《疫苗储存和运输管理规范(2017年版)》。同年12月20日，国家食品药品监督管理总局发布了《食品药品行政处罚案件信息公开实施细则》。同年12月29日，国家食品药品监督管理总局发布《生物制品批签发管理办法》。同年12月29日，国家卫生计生委发布《〈血液储存要求〉(WS 399—2012)第1号修改单》。

2018年1月10日,国家卫生计生委发布并实施《国家卫生计生委关于修改〈新食品原料安全性审查管理办法〉等7件部门规章的决定》。同年6月20日,国务院通过了《医疗纠纷预防和处理条例》,自10月1日正式实施。同年7月17日,国家卫健委为贯彻落实《国务院办公厅关于促进"互联网+医疗健康"发展的意见》有关要求,进一步规范互联网诊疗行为,发挥远程医疗服务积极作用,提高医疗服务效率,保证医疗质量和医疗安全,国家卫生健康委员会和国家中医药管理局组织制定了《互联网诊疗管理办法(试行)》《互联网医院管理办法(试行)》《远程医疗服务管理规范(试行)》。

2019年6月29日,第十三届全国人民代表大会常务委员会第十一次会议通过了《中华人民共和国疫苗管理法》。该法贯彻"四个最严"要求,对疫苗实行最严格的管理制度,落实疫苗管理体制改革举措,坚决守住质量安全底线,坚决维护广大人民群众的身体健康。同时,总结《中华人民共和国药品管理法》《疫苗流通和预防接种管理条例》的实施经验,吸取问题疫苗案件教训,系统规定疫苗研制、生产、流通、预防接种管理制度,强化全过程、全链条监管。2019年8月26日,第十三届全国人民代表大会常务委员会第十二次会议表决通过了新修订的《中华人民共和国药品管理法》。修订前的法律文本共10章104条,修订后共12章155条,进一步强化了药品研制管理,强化了上市后监管,强化了药品供应保障,强化了严惩重处违法行为。同时确定了药品管理的基本原则,即风险管理、全程管控、社会共治,并与之相适应地建立了一系列的监管制度、监管机制、监管方式等,着力推进药品监管的现代化。

这一时期的立法是第三时期(完善阶段)的深化发展,是在健康中国和法治中国全面推进的指导思想下进行的主动调整,其立法的着眼点是在传统医疗卫生的基础上更侧重健康方面的立法构建,加强对医疗器械的立法与监管,以及《基本医疗卫生与健康促进法》的制定。①

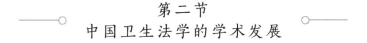
第二节
中国卫生法学的学术发展

一、中国卫生法学学人与著作的发展

(一)中国卫生法学学人的发展

中国卫生法学学人的发展大致经历了三个时期。第一个时期是20世纪70年代末期至1995年,这一时期涌现出多位代表人物,如吴崇其、宋文质、刘革新、蔡维生、汪建荣、赵同刚、达庆东、王北京等老一辈卫生法学专家,这一时期主要是实务人士占据主流,其研究的问题多与自身的工作密切相关,医疗纠纷的预防与处理、医药立法及违法犯罪问题是其研究较为集中的领域。第二个时期是1996—2008年,这一时期的典型特点是理论界的人员增加,从1996年南京铁道医学院设立法学专业(医事法学方向)开始至中国新医改政策文件颁布之前,中国卫生法学教育迎来了"黄金时期",西南医科大学、哈尔滨医科大学、天津医科大学、潍坊医学院、北京中医药大学、首都医科大学等高等医学院校

---

① 2017年12月22日,第十二届全国人大常委会第三十一次会议举行第一次全体会议。为落实宪法关于国家发展医疗卫生事业、保护人民健康的规定,推动和保障健康中国战略的实施,全国人大教育科学文化卫生委员会提出了关于提请审议《中华人民共和国基本医疗卫生与健康促进法(草案)》的议案。教科文卫委员会主任委员柳斌杰做了说明。

开始组建新的教学队伍,大大优化了我国学术研究队伍,这一时期的代表人物主要有张赞宁、李玉声、乐虹、刘鑫、陈志华、杨淑娟、赵敏、姜柏生、田侃、王萍、王梅红、肖柳珍等。第三个时期是2009年至今,这一时期中国卫生法学蓬勃发展,不仅医药院校的学人致力于卫生法学的研究,一些综合性大学的法律学人亦开始关注并进军这一专业领域,研究的范围大大拓展,这与新医改提出的加强医药卫生立法的要求及中国面临的时代环境(如互联网、人工智能、大数据等)密切相关。至此,中国卫生法学学人在人才结构上逐渐趋于平衡,并呈现出未来理论专家占据多数的趋势。尤其值得一提的是,当前一批新的卫生法学青年学人正在成长为中坚力量,代表人物主要有满洪杰、刘长秋、杨丹、刘建利、刘明全、于佳佳、刘兰秋、唐超、汪丽青等,他们在卫生法学研究领域已经取得了较为丰硕的成果。随着主流法学学者的进入,卫生法学学科人数不断增加,卫生法学在法学界乃至社会科学界的影响日益增大,相信在不久的将来,有更多的理论界学者和实务界人士参与到卫生法学建设事业中来,中国卫生法学学人的地位将进一步凸显。

(二)中国卫生法学著作的发展

1. 学术著作

20世纪80年代以来,随着社会的急剧转型和经济的不断发展,医药卫生方面的立法迅速突起,其中医疗纠纷方面的规制最引人关注,这也直接反映在我国的学术领域。甚至可以这样说,在2009年深化医药卫生体制改革之前,我国卫生法学的研究重心始终在医疗纠纷的预防与处理上。2009年深化医药卫生体制改革之后,虽然卫生法学研究的领域得到了大幅的拓展,但仍未动摇医疗纠纷作为学术研究的支柱地位。例如刘振声于1985年编写了《医疗事故纠纷的防范与处理》,由人民卫生出版社内部出版发行。1987年《医疗事故处理办法》(以下简称《办法》)出台后,刘振声结合《办法》的条文规定对《医疗事故纠纷的防范与处理》增补了2万余字,篇章结构也略有调整,该书于1988年由人民卫生出版社公开出版发行。陈平安法官于2002年出版了《中国典型医疗纠纷法律分析》,该书具有以下特点:以医疗事故为核心问题,结合国家法律法规,同时适当运用法律理论和法律公平、正义的理念,对近年来的一些重大、疑难实例进行了详细的分析和论证;通过对实例的分析和论证,在医疗事故的认定和处理上,形成了既尽量遵守现行法律法规,又适当运用理论和理念突破陈旧司法观念的独特观点;对是否构成医疗事故,医患双方中的哪一方应当承担责任,应当承担什么责任,法律依据何在,法学理论能否提供支持等关键问题进行逐一解答。刘鑫教授分别于2010年和2012年出版《医疗侵权纠纷处理机制重建——现行〈医疗事故处理条例〉评述》和《医疗利益纠纷——现状、案例与对策》,在医疗纠纷的民事处理、行政处理、刑事处理及医疗纠纷的证据学方面进行了详尽分析,并提出了可行性建议。在系列专著方面,已经取得了一定的成绩。例如,中国卫生法学会副会长兼秘书长吴崇其教授与浙江工商大学出版社共同策划了"卫生法学系列丛书",并列为"十二五"国家重点图书规划项目,在卫生法学界产生了重要的学术影响。中国卫生法学会常务理事刘炫麟与中国政法大学出版社共同策划了"卫生法学中青年文库",在卫生法学基础理论、农村医疗卫生法治、新的社会环境及互联网技术背景下的医疗卫生法治等领域进行了有益的探索。从目前丛书的数量来看,中国卫生法学仍显不足,尚有较大的发展空间。作为一门新兴交叉学科,中国卫生法学短期内难以形成较为成熟的框架体系和较为深厚的理论储备,其发展仍是一个"边研究、边探索,边探索、边研究"的逐步走向成熟的过程。

2. 教材

如果从1996年南京铁道医学院首次建立医事法学专业起算,我国卫生法学的专业发展已经有20余年的时间,卫生法学教材建设取得了迅速的发展。汪建荣主编的《卫生法》目前已经由人民卫生出版社出至第5版,在内容、体系等方面不断改进和优化。达庆东、田侃主编的《卫生法学纲要》已经由复旦大学出版社出至第5版,该书由卫生法学基础理论和我国现行卫生法律制度两个部分组成,反映了我国卫生立法的新进展。该书理论联系实际,具有学术性、系统性和实用性。黎东生主编的《卫生法学》由人民卫生出版社于2013年出版,该书是在吸收了现有教材精华的基础上结合现行法律和现实环境共同编写而成,具有知识量大、时代性与针对性强、形式活泼等特点。吴崇其和张静主编的《卫生法学》已由法律出版社于2010年出至第2版,其以维护和保障人体生命健康权益为主线,结合新颁布和新修订的卫生法律法规、卫生立法发展趋势和卫生法教学的需要,旨在介绍卫生法学的基础理论、卫生法律制度、卫生纠纷与诉讼、卫生改革,以及医学发展中的法律问题等重要内容。该书以体系结构完整、严谨见长,力求实现前瞻性研究与理论探讨和社会实践的紧密结合,兼具理论性、科学性和实用性的特点。稍有遗憾的是,该书尚未出版新的修订版本。2019年,中南大学法学院陈云良教授主编的《卫生法学》,由高等教育出版社出版,本着兼顾医科学生和法科学生两大受众的实际需求,力求反映《基本医疗卫生与健康促进法》立法中的最新成果,并在卫生法学教学、卫生法学研究和卫生法治发展方面进行了有益探索。同年,中国政法大学卫生法学研究中心执行主任解志勇教授主编的《卫生法学通论》,由中国政法大学出版社出版,该教材具有鲜明的学科特点,体系性较强,内容较为丰富,具有一定的开拓性和学术创新价值。此外,科学出版社、中国人民大学出版社、清华大学出版社等也都陆续出版了相关的卫生法学教材,这些教材均有自身的特色与优势。值得一提的是,药事法学作为一门独立的课程,近些年来也有一批优秀的教材出版。例如,刘新社主编的《药事法学》于2010年由对外经济贸易大学出版社出版,田侃编著的《中国药事法》第2版于2011年由东南大学出版社出版,邵蓉主编的《中国药事法理论与实务》第2版于2015年由中国医药科技出版社出版等。

二、中国卫生法学学术期刊的发展

(一)专业期刊

1.《中国卫生法制》

《中国卫生法制》创刊于1992年11月,是由国家卫生健康委员会主管、中国卫生监督协会主办的以医药卫生法制建设研究为主要办刊目的的国家级学术期刊,为中国期刊全文数据库(CJFD)、中国知网(CNKI)、中国学术期刊综合评价数据库(CAJCED)的全文收录刊物及《中国学术期刊影响因子年报》统计源期刊。该期刊集学术性与实用性为一体,主要内容涉及卫生法和卫生法学理论研究、卫生法制工作规律和发展方向探讨、国内外卫生法制建设动态和卫生法学研究成果介绍、地方卫生立法和执法经验交流、卫生法律知识普及等。该期刊设有"理论研究""地方立法""行政执法与稽查""法治医院""医事法苑""医鉴园地""以案说法""卫生法学教育""他山之石"等栏目。期刊服务对象为卫生事业管理(医政、药政、疾病控制、计划生育、卫生监督、爱国卫生、纪检监察等)单位、医疗卫生计生机构、高等医学院校及从事理论研究的单位和个人。《中国卫生法制》现已创刊二十多年,刊登了大量卫生法学领域的科研成果,培育了一批又一批新的卫生法学学人,对卫生法学的学科成长和发展做出了较大贡献。

2.《医学与法学》

《医学与法学》于2006年作为内刊(季刊)正式创刊,2009年公开出版发行,2012年由季刊变为双月刊。该刊着重就医疗卫生领域的热点法律问题,医药卫生法治建设,特别是医患纠纷的防范和处理,医患纠纷案件审理,医学伦理及医学社会化、法律化,医事法律人才培养,医事立法、执法、司法、法制监督和法律服务,以及医药卫生改革和发展中越来越多需要应付的法律问题,开展实践研究、理论研讨、学术交流。该刊设置的栏目主要有"医药卫生立法研究""公共卫生与法律""临床医与法""医患纠纷防范与处理""医疗保障与卫生法""医改之窗""医药卫生法学教育与人才培养""鉴定天地""业内动态"等。《医学与法学》虽然较《中国卫生法制》创刊晚,但是该刊结合其承办单位西南医科大学卫生法学的学科优势,近年来结合国家的医药卫生立法、修法等重大事件设置专题,同时刊登了一大批最新的学术研究成果,已经成长为卫生法学学科发展不可或缺的重要研究平台和宣传阵地。

(二)其他报纸杂志

除《中国卫生法制》《医学与法学》两种卫生法学专业期刊外,《医学与哲学》《中国医院管理》《医学与社会》《中国卫生事业管理》《中国卫生政策研究》《中国医学伦理学》《中国医院》《卫生软科学》《中国农村卫生事业管理》《中国初级卫生保健》《中国卫生》《健康报》等杂志、报纸均刊登一些卫生法学的文章,但每期刊登的篇数十分有限,通常不超过3篇,而且篇幅相对较小。除个别杂志外,绝大部分杂志、报纸尚无专门的栏目设置,稿源亦十分有限。不过,当前的趋势是越来越多的杂志愿意预留更多的版面刊登卫生法学方面的文章,这也从侧面说明,中国卫生法学的学科和学人的社会影响力在不断扩大。

三、中国卫生法学学术组织的发展

（一）全国卫生法学学术组织的发展

中国卫生法学会是于1988年筹备[①]、1993年3月经民政部批准注册的法学专业性社会团体组织，主要是由国家卫生部（现变更为中华人民共和国国家卫生健康委员会）、中国人民解放军总后勤部卫生部（现变更为中央军委后勤保障部卫生局）、国家食品药品监督管理局、国家中医药管理局以及高等院校、医疗机构、卫生监督执法单位、律师事务所和公检法等有志于从事卫生法学及与卫生法学有关的医学伦理、生命伦理的专家、学者和实践工作者自愿组成的全国性、学术性、非营利性社会组织，具有社会团体法人资格。中国卫生法学会的宗旨是团结全国卫生法学及与卫生法学有关的医学伦理、生命伦理学工作者，以中国特色社会主义理论体系为指导，开展法学理论研究、咨询、培训、法律实务、法律服务和交流活动，紧密联系实践，推进卫生法学及与卫生法学有关的医学伦理、生命伦理学教学发展和卫生法学学科建设，培养造就医法复合型人才，为全面落实依法治国基本方略、加快建设社会主义法治国家提供理论支撑和对策支持，为全面建成小康社会、维护人的生命健康权益做出积极贡献。

中国卫生法学会的成立具有十分重要的意义。一方面有力地团结了各个行业研究和践行卫生法的专家学者，另一方面通过自身的组织

[①] 1988年4月，来自全国各省、自治区、直辖市的卫生厅、局及部属院校的20多个单位的50余名从事卫生行政管理的官员、专家、学者在上海倡议筹备成立中国卫生法学会。

优势,攻坚克难,为国内学者营造浓厚的学术氛围,并通过对外交流,有组织、有步骤地推出中国卫生法学学人,让更多的国家和地区了解中国卫生法学,以便能够积极融入世界医学法学大家庭,并发挥越来越重要的国际作用。

(二)各省卫生法学学术组织的发展

1. 北京卫生法学会

北京卫生法学会(Beijing Health Law Society),原称北京卫生法研究会,系1995年2月经北京市民政局批准成立的社会团体法人。北京卫生法学会的办会宗旨是依据国家宪法及相关法律、法规和方针政策进行卫生法学理论研究、培训和实践,着力服务于北京卫生法制建设,维护公民健康权益及医疗卫生机构和医疗卫生工作人员的正当权利,在卫生事业改革与发展中发挥中介作用,促进社会进步和经济发展。北京卫生法学会坚持自愿入会的原则,其会员分为单位会员和个人会员两类。具备北京卫生法学会会员条件的企事业单位、其他组织和个人均可申请入会。北京卫生法学会接受北京市卫健委的业务指导,接受北京市社团登记管理机关的监督管理,紧密依靠团体会员单位和广大会员开展活动。北京卫生法学会的主要业务范围如下:①收集国内外有关卫生法制建设的信息资料,组织开展具有中国特色的卫生法学理论研究,开展卫生法普及教育和培训活动;②广泛联系国内外相关学术团体,开展学术交流;③接受政府部门或相关机构的委托,组织有关法制建设的调查研究,为卫生立法和卫生执法提供服务;④开展医疗纠纷人民调解活动和有关法律咨询,为医疗损害诉讼当事人提供法律援助;⑤积极为会员的发展提供相关服务,开展资质考评、卫生法学研究成果评审和表彰奖励等活动;⑥编辑、翻译、出版与卫生法学有关的刊物、著作、教材等文献资料;⑦依法创办经济实体;⑧开展其他与本会有关的活动。北京卫生法学会是我国第一个相当于省级的卫生法学会。

2．广西卫生法学会

广西卫生法学会于1998年成立,是由从事卫生法学研究、卫生法制传播以及从事卫生立法、司法、执法、教学等领域并积极进行社会实践的医药卫生工作者、教育工作者和执业律师等自愿联合发起,并经广西壮族自治区社会团体登记管理机关广西壮族自治区民政厅核准登记的非营利性社会团体。广西卫生法学会的宗旨是在中国共产党的领导下,以习近平新时代中国特色社会主义思想为指导,遵守宪法及相关法律、法规和国家政策,遵守社会公德;组织开展卫生法学理论研究、学术交流、业务培训、法律咨询、成果推广、对外交流与合作,着力服务于广西壮族自治区内卫生法制建设,维护公民生命健康权益,维护医药卫生机构及其工作人员的正当权利,履行为党和政府科学决策服务的职责,在医药卫生事业改革与发展中发挥中介作用,促进社会进步和经济发展。广西卫生法学会的主要任务是开展卫生法学研究,进行卫生法制调研、法律服务、法制培训和法学学术交流。广西卫生法学会自成立以来,严格依法开展学术活动和科研,根据中共中央政法委员会关于各类各级法学会都应归口该地区法学会统一管理的相关规定,广西卫生法学会从2018年1月起,业务主管单位为广西壮族自治区法学会。

3．江苏卫生法学会

江苏省卫生法学会成立于2000年11月25日,是经江苏省民政厅审核登记批准成立的专业性社会团体组织,主管单位是江苏省社科联。江苏省卫生法学会单位会员主要是由各级各类医疗卫生机构、卫生监督所、疾病预防控制中心、律师事务所、医学院校等单位组成;个人会员主要由医务工作者、卫生行政管理人员、律师、教师等人员组成,会员已遍布全省各市、县。首任会长为东南大学人文学院博士生导师孙慕义教授。2010年10月30日召开了学会第三届三次理事大会,选举了学会第三届理事、常务理事与学会领导,新的理事会由127人组成,常务理事会由33人组成,正副会长13人,秘书长1人,副秘书长3人,继续选举东南大学孙慕义教授为学会会长。江苏省卫生法学会以卫生法学为研究方向,主要研究卫生法学理论、卫生立法和实施,运用卫生法学理论解决卫生改革和医学高科技发展中的新问题以及卫生法学和一系列相关学科的关系。其研究重点为卫生法学理论、医疗卫生事业发展中有关法律的理论和实践问题。江苏省卫生法学会每年举行一次学术会议,每年出版会刊《卫生法学通讯》2~3期(自2009年起该会刊改为江苏省卫生法学会、医学伦理学会、医学哲学学会《会员通讯》);2004年3月,江苏省卫生法学会建成了"卫生法学网"(2012年该网站改名为"蛇与杖(医学与人文网)",网址为http://www.she-zhang.com),主要发布医学人文方面相关的新闻、动态及理论研究文章等,目的是增进学者、会员之间的学术与信息沟通、交流,促进和推动江苏省乃至全国医学人文事业的发展。江苏省卫生法学会的宗旨是团结全省有志于卫生法学事业的社会团体和个人,研究有中国特色的社会主义卫生法制理论与实践问题,建立健全卫生法律体系,维护公民健康权益服务,促进江苏卫生法学事业发展与卫生体制改革,促进江苏的现代化建设。"最美的是公正,最好的是健康"这句古希腊的铭文是人类对于道义、法律与医学的崇高赞美,也恰好是江苏省卫生法学会所追求的崇高目标。

4. 广东卫生法学会

广东省法学会卫生法学研究会于2009年11月经广东省法学会批准成立,是从事卫生法学研究与实践的地区性学术团体,由省内从事卫生法学研究、教学与实践的机关企事业单位和卫生法学理论与实务工作者自愿组成。研究会会址设在南方医科大学。会长由汕头大学党委书记兼校长姜虹担任。广东省法学会卫生法学研究会成立以来，坚持国际化理念，坚持以打造中国卫生法学高地为目标，坚持学术研究、人才培养与社会服务三位一体，形成了鲜明的特色与优势。广东省法学会卫生法学研究会先后多次主持或参与国家和广东省医药卫生体制改革、食品与药品监管、化妆品与保健品监管等方面的课题研究，其代表性成就如下：参与国家《基本医疗卫生与健康促进法（草案）》和《医患纠纷预防与处理条例（草案）》的起草和论证，主持国家卫健委课题"卫生与计生法治建设指标体系建构"；主持广东省人民政府重大决策咨询课题"公立医院法人治理结构模式研究"、广东省发改委课题"县级公立医院综合配套改革研究"、广东省卫健委课题"广东省县级公立医院改革效果评估与改革建议"、广东省卫健委课题"基本药物制度改革研究"、广东省卫健委课题"广东省医患纠纷现状调研与对策建议"、广东省医药价格协会课题"基于药品疗效价格管理机制研究"、深圳市药监局课题"深圳市药品供给体系研究""深圳市药品流通领域风险管理研究""深圳市部分高风险医疗生产企业管理风险评估与分析"等。广东省法学会卫生法学研究会参与广东省医改政策和基本药物制度政策的草拟，支持广东省相关立法工作，代表性的有《广东省化妆品安全条例（草案）》《广东省食品生产加工小作坊和食品摊贩管理条例（草案）》《深圳市基本医疗条例》等。研究会聘请省原卫计委主任陈元胜任名誉会长，聘请省食药局段宇飞局长和省高院领导为名誉会长，选举省内医药高校领导、著名卫生法学专家和著名医药事业单位领导担任学会副会长并兼任相关专委会主任。该研究会设立八个专委会，即卫生法学理论研究专委会、司法鉴定与法律实务专委会、司法审判专委会、公立医院专委会、社会办医专委会、医患纠纷调解专委会、美妆养生保健专委会、知识产权专委会,邀请相关领域的知名人士参加。该研究会多次被评为广东省法学会优秀二级学科研究会,在国内具有较大影响力。

5. 湖北卫生法学会

2016年7月8日,湖北省法学会卫生法学研究会在武汉成立。湖北省法学会卫生法学研究会是湖北省法学会的下属机构,是湖北省卫生系统的行业协会,在组织和业务上受湖北省法学会的领导,在经费上受湖北省法学会、湖北省卫健委资助。研究会成立后,在政治上与党中央保持一致,从事卫生法学研究,为湖北省法治建设和社会发展服务,为湖北省的公共卫生事业发展和社会和谐稳定建言献策。湖北省法学会卫生法学研究会是一个学术团体,经常开展学术活动,不仅对卫生法学研究的基础性问题进行理论探讨,而且对实践中出现的卫生法疑难案件进行一些专题研究。研究会的学术活动除了一年一度的卫生法学年会之外,还包括日常的专题理论研究和实务问题探讨。研究会组织会员进行集体公关,发挥会员的集体力量,对湖北省的重大卫生法问题进行研究;同时,研究会组织理论工作者与实务工作者进行经常性的交流和磋商,解决卫生法的实践问题。在从事卫生法学研究的同时,研究会本着服务的宗旨,为医院和公众提供相关的卫生法宣传和服务,通过学术讨论会或者专题讨论会的方式对卫生法进行宣传。研究会将研究成果通过相关网站或者以其他的方式向社会公开;研究会还定期举办公益性的法治宣传活动,联合卫生法执行机构定期举办一些卫生法专题讲座,或者走上街头为人们提供卫生法的法律咨询及一些法律援助。2015年5月,全国人大调研组赴湖北省开展基本医疗卫生法立法调研工作,调研并了解湖北省卫生法立法及法学研究情况,在调研中,全国人大调研组对湖北省卫生法立法及法学研究情况给予了好评。

尽管中国卫生法学会与各省区市地方卫生法学会在业务管理上彼

此独立,既无领导关系又无指导关系,但各省区市地方卫生法学会在客观上却解决了中国卫生法学会"鞭长莫及"的问题。因为作为一个全国性的研究性学会,一方面其组织的活动数量有限,另一方面活动的覆盖面有限,许多会员因时间、身份等多种因素不能参与活动,失去了许多研讨和业务学习的机会。各省区市地方卫生法学会的成立,在很大程度上弥补了中国卫生法学会在活动组织上的不足,进一步丰富了卫生法学的研究,促进了卫生法学的发展与繁荣。

(三)卫生法研究中心

目前,我国许多科研院所陆续成立了卫生法研究中心。例如,北京大学成立了卫生法研究中心;清华大学在法学院成立了卫生法研究中心,同时依托医院管理研究院成立了医药卫生法律与政策研究中心;中国政法大学分别成立了卫生法研究中心和医药法律与伦理研究中心等;复旦大学成立了医事法研究中心;上海交通大学成立了卫生法研究中心;上海社会科学院成立了生命法学研究中心;中南大学成立了医疗卫生法研究中心等。这些卫生法研究中心的成立,凝聚了卫生法学学人及高等院校投入的人力、物力和财力,共同支持卫生法学的发展,在一定程度上提升了学界研究卫生法学的整体水平,但也存在人员队伍不稳定、自身功能定位不清等问题,未来仍有较大的提升空间。同时,我们也希望有条件的高等院校和科研院所整合资源,倾力打造一批有影响力的研究机构和研究队伍,接受国家重大课题的委托,产出有重大影响力的科研成果,并注重科研转化,为健康中国和法治中国建设的全面推进贡献自己的力量。

第三节
中国卫生法学教育的发展

随着我国医疗卫生事业的发展及其法制化、规范化的进程加快,我国对于医法复合人才的需求逐步增加,这直接促进了卫生法学专业的诞生和迅速发展。自1996年南京铁道医学院(2000年并入东南大学,改称东南大学医学院)率先开设法学专业医事法学方向以来,有越来越多的学者与教育部门投入到卫生法学教育的研究中。对医学生进行卫生法教育,既是拓宽医学生知识领域、培养合格医学人才的需要,又对加强医学生的法制观念,了解与医疗卫生相关的法律法规,依法规范医疗卫生工作具有重要的现实意义。二十多年来,全国有50余所高校开设了该专业方向,实现了从专科生到研究生的宽跨度培养。卫生法学教育逐步正规化,正式出版的卫生法学教材也陆续问世,教师队伍相对加强,教学时数也不断增加。但是,作为一门新兴学科,在发展的同时也会不断地有问题显露出来,如专业认同度不高、探索速度偏慢等。如何解决这些问题,促进卫生法学专业的可持续发展,也是我们需要思考的问题。

一、中国卫生法学教育二十年来的主要进步

(一)教学体系初步形成与完善

据调查显示,全国共有50余所高校开设了卫生法学相关专业,但专业名称不统一,部分院校称其为医事法学、医学法学或医事法律。其中,医学院校(如首都医科大学等)主要从事卫生法学的本科生教育。

院校的教学安排和培养目标略有不同,培养年限多为 4～5 年,这是卫生法学人才培养的最重要的部分,学生毕业后大多被授予法学学士或管理学学士学位。此外,与卫生法学本科教育不同,全国大约有 10 所院校开设了卫生法学硕士专业方向。其中:中国政法大学将卫生法学放入法律硕士学院、民商经济法学院、法学院和证据科学研究院,招收法律硕士研究生;吉林大学曾将其设为卫生事业管理学(医事法学方向)专业,实行七年本硕培养,毕业后授予医学、法学硕士双学位;四川大学设立医事法学硕士点;浙江大学设立医事法律硕士点。更有一些法学院校,如复旦大学法学院制订医事法学培养计划,招收非法学本科生;中国人民大学法学院将其列入行政法学(医事法学方向);西南政法大学将其列入民法学(医事法学方向);北京大学法学院将其列入法律硕士培养计划。清华大学与吉林大学还有医事法学(卫生法学方向)博士点。

二十年来,开设卫生法学相关专业的院校逐年增多,且范围也逐渐加大。从医学院、法学院两类专业院校延伸至综合性大学,越来越多的学者及教育家开始关注这个专业。随着探讨热度的增加,也有更多院校开设相关专业的硕士、博士招生方向,从而丰富教学层次,扩大招生规模。教学体系的逐步完善也大大推动了卫生法学的发展与进步。

(二)课程体系初步形成,部分高校设立特色课程

卫生法学课程体系分为两大部分。一是理论课,主要包括医学基础课、法学基础课和医事法学专业特色课;二是实践课,包括医学实习和法学实践课程,学生对医学知识仅达到一般掌握水平。在理论教学中,主要通过课堂讲授、案例教学和课堂辩论等方式培养法治思维。在实践教学中,可通过模拟法庭、普法宣传和社会调研等方式培养法治思

维。各院校在医学课程的设置上不尽相同。有些院校开设的医学课程较多,学生的医学技能可达到专科以上水平,如首都医科大学、哈尔滨医科大学等,学生除系统学习解剖学、病理学、药理学、内科学、外科学等基础医学、临床医学课程外,还根据学校的医学专业特点,学习中医药学、药学等课程。为激发学生的学习兴趣,提高教学质量,部分院校还设置了特色课程,如长春中医药大学开设的计算机基础与应用、卫生行政执法文书与写作课程等。

(三)研究人数及论文、著作数量逐年增多

随着卫生事业的发展和医患关系的多样化,卫生法制建设得到了快速发展,人们的卫生法律意识逐渐加强,卫生法学教育也在不断发展,从事卫生法学研究的学者与教育人士越来越多。随着各级各类院校陆续开展卫生法学人才的培养,论文数量从2000年左右的40篇上升至近几年每年约160篇。2005—2007年是教育部批准开设卫生法学专业方向院校数量最多的时期。二十年来,卫生法学专著和教材建设同样取得了较丰硕的成果,先后出版了卫生法学专著、教材数十种,从侧面代表了卫生法学的研究水平和成就。卫生法学教育的目标就是培养和培育卫生法律人才,那么教材编写也必须以培养学生的法律思维、职业伦理和法律实践能力为目标。其中代表作有吴崇其主编的《中国卫生法学》(中国协和医科大学出版社,第2版,2008年1月出版),达庆东、田侃主编的《卫生法学纲要》(复旦大学出版社,第5版,2014年10月出版)等。2019年年初,学界出版了两本有一定代表性的著作,分别是陈云良主编的《卫生法学》(高等教育出版社出版)和解志勇主编的《卫生法学通论》(中国政法大学出版社)。

二、中国卫生法学教育发展中存在的主要问题

(一)探索速度偏慢,专业教学梯队数量和质量均有待提升

由于卫生法学起步较晚,发展时间较短,作为一个结合专业,它的社会关注度远低于医疗卫生专业或法学专业。多数学生毕业后从事与专业无关的工作,鲜有人能坚持卫生法学学术研究。长期以来,我国的卫生法学仍然停留在知识学习的层面上,一些所谓的"卫生法学专家或者专业人士"只不过是比一般人懂得更多的有关卫生法的法律、法规而已。客观地说,这些"专业人士"的实践操作水平一般,就基础理论而言,也乏善可陈,其最大的致命伤在于欠缺体系化的知识结构和思维模式,因此难以了解卫生法的精髓和实质。由此从事卫生法学教育的专业教学梯队不仅人数寥寥,水平也有待提高。这不仅严重影响教学质量,也不利于专业发展。

(二)教学过程中医法缺少融合

卫生法学实质上是一门医疗卫生领域与法学领域的结合学科。重要之处在于卫生法学在法学与医学两个领域之间架起桥梁,使二者能够融会贯通。但医学科学原则与法律原则之间存在着尖锐冲突,如就强制婚检的存废、强制剖宫产的合法性而言,医生与法学家的看法往往很不一致。对于这类冲突,迫切需要相关学者在法学与医学科学、哲学、生物伦理学、卫生经济学之间建立起良好的沟通渠道,促进彼此间的相互了解。它要求学生具备医学与法学的思维、知识、能力等综合性素质。凝练学科方向、形成学科特色是卫生法学学科生存发展的前提。医法结合的综合性素质直接影响医学生适应医学实践发展的能力及处理医患关系的态度。但目前,一部分卫生法学培养者没有深刻认识到卫生法学的学科特点,在人才培养的过程中往往用医法交叉的培养理

念代替医法融合的培养理念,导致无论在课程设置、实践教学还是团队建设方面,都体现出"医法交叉有余而融合不足"的特征。一是医学院校设置法学专业本身值得商榷,因为这类院校没有足够的法学教育资源,师资力量薄弱,导致其社会认可度低。二是培养方案和课程设置多沿用法学专业的课程设置,以法学课程为主,另有小部分以医学课程为主,导致医学、法学两方面知识根本不能兼顾,难以开展系统的医学和法学教育。

(三) 学生专业认同度不高

由于目前的卫生法学专业思想教育存在缺乏成熟的经验及必要的规范等诸多原因,部分学生仍然存在专业思想不稳定、专业认同度不高的问题。一方面,大部分学生被调剂到此专业,本就没有兴趣,再加上对专业缺乏了解,很容易产生自我否定意识。另一方面,卫生法学的社会关注度较低,从而导致专业教学梯队人员数量较少、课堂教学质量较差、教学方式过于古板等一系列问题,使得学生很难从中获得成就感。

(四) 缺少具有针对性的卫生法学专业

由于教育部颁布的本科专业目录中没有卫生法学或类似专业名称,因此目前这些专业均以专业方向的形式存在,名称既不规范,也不统一。部分院校将其作为医事法学方向归入公共事业管理专业,如吉林大学、贵阳医学院等,另有院校将其作为卫生监督与管理方向并入法学专业,如南方医科大学。由于缺乏具有针对性的卫生法学专业,卫生法学专业人才极度匮乏,从而阻碍了卫生法学的发展。[①]

[①] 就我国卫生法学教育的整体人才培养而言,综合性大学在崛起,医药院校有所萎缩,卫生法学独特的学科价值尚未被充分认同,例如首都医科大学、温州医科大学、滨州医学院等较早开设卫生法学专业的院校已经停招。

三、未来的改革与展望

（一）加强复合型师资力量的建设，争取让更多专业人才投入到卫生法学教育事业中来

据了解，目前我国大多数医学院校卫生法学师资力量薄弱，不少院校主要靠兼职教师上课，有的请其附属医院医教部门从事处理医疗纠纷的人员来上课。这样难免使医疗卫生法学教育的系统性、稳定性及其深度受到影响，不利于学生扎实掌握医疗卫生法律法规知识。有的院校根本就没有卫生法学的教师，许多教师授课要么偏重法学知识，对于医学卫生方面的知识讲解不透彻甚至有错误，要么偏重医学卫生方面的知识，关于法学知识特别是权利义务等的法治理念缺失。这对学生医法融合思想的形成大有弊处。教师的水平在某种意义上决定了人才培养的质量。因此，应利用医学院校丰富的医学教育资源，对只有法学教育背景的教师进行系统的医学知识培训；对只有医学教育背景的教师，则可通过聘请校外教师或利用本校社科部有法学背景的教师对其进行系统的法学知识培训。从长远看，应吸收部分卫生法学专业人才，将其纳入卫生法学教学队伍中来。另外，现有教师队伍也应不断完善自己，扬长补短。

（二）加强实践教学，提高教学效率

通过卫生法学的教学，可使学生增强社会主义法制观念，了解与医药卫生有关的法律制度。因此，卫生法学的教学工作必须紧紧围绕实践展开。不过，卫生法学教学在我国高等医学院校教学中起步较晚，由于受到条件的制约和传统理念等多种因素的影响，我国卫生法学的教学方法仍然较为落后，目前卫生法学教学存在着仅注重课堂理论灌输、与实践脱节的倾向,教学没有很好地与实践进行有机、科学的结合,导致教学效果不太理想。要彻底扭转当前的困局,关键是提升实践教学在专业教育中的地位,优化实践教学环节,改革和完善传统实践教学方法,积极构建新形势下的实践教学模式,培养学生的实践能力和创新能力。我们应借鉴国外的经验,改革现有的教学模式,加大卫生法学专业课程中实践课时的比重,积极采用案例教学、模拟法庭教学、研讨式教学等多种教学手段,重视学生的社会实践过程,以培养学生的研究能力、创新能力为主要目的,通过社会调查报告、学术论文、专业研讨等形式,支持、鼓励学生开展科研活动,真正实现法律与医学、理论与实践的有机结合。

(三)开展现代化教学方式,实现创新与进步

大多数医学院校目前仍然以理论灌输、讲授为主,法律法规的灌输枯燥无味,学生只能被动接受,兴趣不高。教学方法落后、单一已经成为当前医学人文教育发展的主要瓶颈。科学的教学模式应当最大限度地整合教育资源,以创新的思维进行教学模式的构建。在国外卫生法学教学中,案例教学、模拟法庭教学、诊所式教学、移情式教学等创新教学方式被大量运用和推广,我国也应加大创新力度,多使用现代化教学方式。另外,建立成熟的学习效果反馈体系也是推进教学改革的好方法,它能够有效督促教师有针对性地调整教学内容,改进教学方式。

案例教学最早起源于19世纪20年代,由美国哈佛商学院创建。它是一种以案例为基本教材,以培养学生自主学习能力、实践能力、分析能力及创新能力为基本价值取向,让学生尝试在分析具体问题的过程中独立地做出判断和决策,培养学生运用所学理论解决实际问题能力的教学方法。模拟法庭教学是为法学院学生举办的讨论模拟或者假

设案例的虚拟审判,是教授审判程序、证据规则、法律辩论、庭审技能、具体审判制度及法律文书写作等职业技能的一种教学方法和课程,是法学本科专业重要的实践性教学环节。诊所式法律教育模式创立于20世纪中叶的美国,美国所奉行的实用主义哲学是该教育模式诞生的思想基础。诊所式教学借鉴了医学院校学生在医疗诊所临床实习的做法,倡导在实践中学习法律和掌握律师的职业技能,强调让学生在突发的真实医法场景中锻炼应急能力;其现实针对性及挑战性特别强,有利于学生将理论与实际相结合,培养他们的自主判断力和实践操作能力。移情式教学最早应用于心理学领域,它强调以人为本,在教学中重视学生的思想,理解学生的认知,有助于学生融入课堂,掌握知识。一方面,这些先进的教学方式大大提高了学生的学习兴趣和实践操作能力,优化了课堂效率;另一方面,进一步促进我国卫生法学现代化发展,增强其创新性,从而吸引更多的优秀人才投身于卫生法学教育事业,卫生法学领域的社会关注度也将大大提升。

(四)开设独立的卫生法学专业,提高社会对其重视程度

学科的高度分化、知识的高度融合、人才的综合培养是当今医学教育发展的重要趋势。但是,根据每个医学院校对法律教育的重视程度及在卫生法学教育方面的师资力量和科研实力的不同,有的医学院校将卫生法学相关课程设置为临床专业的必修课,有的医学院校则以选修课的形式开设,还有少数医学院校则根本没有开设卫生法学方面的课程。因此,以部分院校为试验点,开设独立的卫生法学专业,使教学更富有针对性,培养出具有深厚的医学、管理和法学基础知识,具有较强的卫生行政管理技能和卫生监督执法技能的高素质的复合型人才,将成为卫生法学发展史上一重大转折点。

作为一个发展仅数十年的新兴学科,卫生法学教育依旧存在许多不足,如就业缺少卫生法学特色、社会重视度低、研究人数偏少等。因此,加强卫生法学教育,培养卫生法学人才,既是当前社会发展之需,也是法学教育未来发展的必然走向;既关系教育体制的改革与教育体系的完善,又关乎教育产业化的效益评估。希望随着我国医疗卫生事业的发展,能有更多的有志之士投身于卫生法学教育事业,提升卫生法学教学质量,培养出更多优秀和专业的卫生法学人才。

第四节 中国卫生法学的国际交流

一、中国卫生法学国际交流的发展阶段

(一)相对封闭阶段(1978—1992年)

改革开放之后,尽管我国的医药卫生立法获得了迅猛发展,但由于之前法制建设的阻滞和人才的短缺,我国卫生法学领域的专业人才屈指可数。这一时期,培养具有扎实理论基础和有素养的专业人才成为当务之急。当时仅积极应对国内的各项卫生法律实务工作,既无暇顾及卫生法学国际交流,亦在交流的能力与条件上存在一定的欠缺,再加上中国卫生法学会于1988年才开始筹备,其在1993年成立之前,没有相应的专业组织推动和支持,导致这一时期的卫生法学国际交流较为零散,呈现出以个人参与卫生法学国际交流为主的特点,整体上处于相对封闭的阶段。在这期间最值得一提的就是首届全国卫生法学理论研讨会的举办。

1989年8月16—18日，首届全国卫生法学理论研讨会在辽宁省沈阳市中国医科大学举行。来自北京、天津、河北、内蒙古、辽宁、吉林、黑龙江、上海、江苏、浙江、安徽、江西、福建、河南、湖北、广东、四川、陕西、甘肃、新疆等地的入选论文作者和特邀代表60人出席了会议。其中卫生法学理论工作者（包括医学院校、政法院校教师和司法部门研究人员）20人，主管卫生立法、执法的卫生行政管理干部17人，基层医疗卫生机构行政管理干部7人，人大、政府等其他部门的卫生法律工作者16人。另外，卫生部政策法规司、健康报社、辽宁省卫生厅、沈阳市卫生局和中国医科大学的有关领导同志也出席了会议。陈敏章部长做出书面发言。

(二) 初步发展阶段(1993—2007年)

1. 中国卫生法学会的成立及专业委员会的建立(1993—1997年)

1993年3月，中国卫生法学会经民政部批准成立，同年9月在人民大会堂召开了成立大会。在中国卫生法学会成立大会上，彭珮云同志代表国务院，肖扬同志代表司法部，陈敏章同志、齐谋甲同志分别代表卫生部、国家医药局，季博士代表世界卫生组织，向中国卫生法学会的成立表示祝贺，并对学会提出了殷切希望和要求。中国卫生法学会成立之初，其主要致力于自身的组织建设与制度建设，尤其是专业委员会的建立。

1994年2月18日，由中华人民共和国卫生检疫总所向学会申请，学会召开会长办公会议研究讨论，并书面征求常务理事会成员意见，决定同意成立中国卫生法学会国境卫生检疫法学专业委员会。1994年5月26日，国境卫生检疫法学专业委员会筹备组在北京召开中国卫生法学会国境卫生检疫法学专业委员会成立大会。国务委员彭珮云给大会发去了贺信;卫生部副部长何界生在大会上做出重要讲话。遵照《中国卫生法学会章程》规定,会议选举产生中国卫生法学会国境卫生检疫法学专业委员会第一届理事会委员、常务委员、主任委员、副主任委员、秘书长。1994年11月4日学会报经主管学会的司法部审核同意,于1994年11月8日报民政部备案,中国卫生法学会国境卫生检疫法学专业委员会正式成立。

2. 接轨世界医学法学"大家庭"(1998—2007年)

1998年8月,在匈牙利举行的第12届世界医学法学大会上,中国卫生法学会派出钱昌年副会长出席了此次大会,在大会上与来自世界各国的600余名从事卫生法学工作的律师、医务工作者、教育工作者取得了联系。通过会议,我们了解了世界卫生法学研究的趋势,即"卫生法未来的挑战""卫生法与健康""卫生法与文化"是之后研究的重点,"卫生法的国际化""卫生法伦理与政策——21世纪和新世纪的挑战与新途径"等专题,是世界各国卫生法学学者所关注的问题,一些国家还就"人权与卫生保健""传统人权与五十年后的卫生保健""人权、卫生保健和生物医学公约""生物医学公约、相关概念"做了专题报告。我国代表向各国介绍了中国卫生法学会的情况,并向世界医学法学协会主席表达了中国卫生法学会加入世界医学法学协会的意愿。在此之前,学会还曾两次参加了中国协和医科大学公共卫生学院与耶鲁大学法学院的学术交流,并交换了学术论文。

2000年8月,孙隆椿会长率队出席在芬兰首都赫尔辛基召开的第13届世界医学法学大会。孙会长在会见世界医学法学协会主席阿芒·卡米教授时,介绍了中国卫生法学会的情况,并说明中国卫生法学会是经中国政府批准成立的全国性卫生法学专业团体。为了增强和世界医学法学的联系,加强与各成员国的友好合作,孙会长提出中国卫生法学会拟在条件成熟的时候,申请加入世界医学法学协会。并且明确声明,中华人民共和国中央人民政府是中国唯一合法政府,中国卫生法学会是唯一有资格代表中国参加世界医学法学大会的组织。卡米对中国卫生法学会申请加入世界医学法学协会表示欢迎。

2002年在荷兰马斯特里赫特举行了第14届世界医学法学大会,中国卫生法学会副会长吴崇其当选为理事会理事。

2004年,第15届世界医学法学大会在澳大利亚悉尼召开,在执委会上,孙隆椿会长代表中国卫生法学会宣读了2008年在中国北京召开第17届世界医学法学大会的申请报告,受到了与会执委们的赞赏。最终中国卫生法学会代表团的票数超过美国卫生法学会代表团,成功获得2008年第17届世界医学法学大会的主办权。①

2005年9月5—10日,第22届世界法律大会在中国召开,中国卫生法学会承担了"公共健康危机与卫生法"专题分论坛。美国艾奥瓦州罗杰·诺瓦德斯凯律师担任会议主席,中国卫生法学会副会长、全国人大教科文卫委员会委员李宏规担任中方主席。全国人大、国务院法制办、卫生部、最高人民法院以及中国卫生法学会、北京市卫生系统及60多个国家和地区的300余名代表出席了会议。中国卫生法学会副会长吴崇其研究员首先做了"公共卫生立法与艾滋病"的发言,北京市卫生局局长金大鹏教授做了题为"公共危机与中国公共卫生应急法律体系的构建"的发言。中国卫生法学会副会长、广西壮族自治区卫生厅厅长高枫博士做了题为"依法维护健康,构建和谐社会"的专题发言,美国国

---

① 2005年8月,我国与世界医学法学协会主席正式签约,并在2006年第16届世界医学法学大会上做了推广。

际城市律师协会董事、马里兰州蒙哥马利的查尔斯·M.汤姆森律师做了题为"为灾害性的卫生紧急情况做准备"的发言,美国威斯康星州的尤尼斯·吉伯森律师做了题为"火灾:地方政府如何通过执法和定期检查以拯救生命"的发言。随后与会人员进行了积极、热烈的现场讨论。

2007年,为了确保2008年第17届世界医学法学大会的胜利召开,世界医学法学协会主席阿芒·卡米一行还专门考察了清华大学和天津医科大学等会场。

(三)日益频繁阶段(2008年至今)

1. 国际会议研讨与人才培养

2008年10月17—21日,中国卫生法学会主办的第17届世界医学法学大会在北京胜利召开,这是世界医学法学协会自成立以来首次选择在亚洲召开世界医学法学大会。时任全国人大常委会副委员长、第17届世界医学法学大会主席团主席、中国卫生法学会名誉会长韩启德,卫生部部长陈竺等领导出席了大会开幕式。

2010年5月,在以色列召开了联合国教科文组织"卫生教育"国际讨论会,阿芒·卡米邀请中国卫生法学会会长孙隆椿、副会长吴崇其及南方医科大学副校长姜虹等一行5人出席了大会。会间,孙隆椿代表学会与阿芒·卡米教授签订了在中国设立"联合国教科文组织生命伦理委员会中国联络中心"的协议。联络中心以获取卫生法学和生命伦理课题研究项目、开展与国际组织之间的学术交流与项目合作,推动中国及世界各国卫生法学和生命伦理教育及科学研究的发展;发挥各自在国际上与中国境内的知名度和影响力,积极推动中国卫生法学与生命伦理学科建设与人才培养;吸纳、凝聚国际卫生法学与生命伦理领域的专家、学者,组建专家人才库,全面支持卫生法学学科的建设与发展。

2010年5月,印度尼西亚国家卫生法学会召开了首届亚太地区卫生法学大会。大会邀请了中国卫生法学会副会长兼秘书长吴崇其为大会副主席并主持大会,吴崇其以"公共卫生法制建设与传染病防治"为题,做了大会专题演讲,受到200余位与会者的热烈欢迎。在大会闭幕式上,大会主席代表印度尼西亚教育行政部门宣布:聘请吴崇其研究员为印度尼西亚国家卫生法学教学客座教授。2010年11月,法国图卢兹保罗·萨巴蒂亚大学杜盖博士来华与中国卫生法学会探讨卫生法学领域的校际合作。

2011年7月,海南医学院、大连医科大学选派相关教师赴法国与保罗·萨巴蒂亚大学签订合作协议。

2012年9月,在第八届生命伦理教育国际研讨会上,阿芒·卡米分别与学会推荐的中南大学、海南医学院、广西卫生职业技术学院探讨了建立联合国教科文组织生命伦理委员会网络单位的意向,以此来推动生命伦理在中国高等院校的教学。经学会联络,阿芒·卡米还与四川省汶川地震灾后重建促进会签订了在北川羌族自治县成立"联合国教科文组织生命伦理委员会中国北川生命伦理研究基地"的协议,将共同策划与卫生、生命、心灵等相关的各层次论坛会议及各类展览与商贸活动;意在组织专家为灾区干部群众开展与卫生、生命、心灵等相关的各类培训。同年11月,中国卫生法学会作为主办单位之一,与意大利等多个国家合作,在意大利召开联合国教科文组织第九届生命伦理教育国际研讨会。

2012年10月,保罗·萨巴蒂亚大学选派教师到山东大学进行为期一个月的讲学。

2015年4月22—24日,由中国卫生法学会、南方医科大学卫生法学国际研究院与澳门大学法学院联合主办的第三届卫生法学与生命伦理研讨会在澳门大学隆重召开。

2016年5月21—22日,第一届中欧卫生法国际研讨会在清华大学法学院召开。此次研讨会由中国卫生法学会联合清华大学法学院和中国政法大学中欧法学院共同主办,法国图卢兹大学、欧洲卫生法协会提供学术支持,共有来自法国、荷兰、比利时、葡萄牙、德国、意大利、奥地利、波兰等欧洲国家与中国160多位政界、学界以及产业界代表参会。中国卫生法学会副会长、清华大学法学院院长申卫星教授组织并主持了此次研讨会,中国卫生法学会副会长、清华大学法学院王晨光教授主持了青年学者评奖活动,并在闭幕式上致辞。

2017年7月2—3日,中南大学在桂林市组织举办了2017全球卫生法国际研讨会。会议由中南大学医疗卫生法研究中心、乔治城大学奥尼尔全球卫生法研究中心、格罗宁根大学国际卫生法研究中心共同承办,桂林市福彗健康产业投资有限公司、广西碧联投资有限责任公司协办。本届研讨会主题为"全球医疗卫生与法律问题",研讨会引起了国内外学术界和实务界人士的热烈反响,共收到学术论文80余篇,来自乔治城大学、格罗宁根大学、耶鲁大学、哈佛大学、天普大学、北海道大学、清华大学、北京大学、中山大学、东南大学、中南大学等世界各地高等院校、科研院所以及医疗、法律实务部门的80余名专家学者围绕上述主题进行了深入的探讨研究。

2. 卫生法学国际研究组织持续发展

1)南方医科大学卫生法学国际研究院

2010年10月30日,卫生法学国际研究院在南方医科大学隆重成立。该院由中国卫生法学会与南方医科大学共同联合创建,开创了国家级学术社团组织与高等院校联合办学的先河,并与联合国教科文组织生命伦理委员会、世界医学法学协会等国际组织、国际机构建立了紧密合作的关系,体现了《国家中长期教育改革和发展规划纲要(2010—2020年)》及《广东省中长期教育改革和发展规划纲要(2010—2020年)》中对于积极探索创新型、国际化办学模式的要求,也是中国法制建设的一件喜事。全国人大原副委员长、我国著名医学专家吴阶平院士和世界医学法学协会主席托马斯·努库奇教授被聘为该国际研究院首任名誉院长,另外18位知名学者获聘为该国际研究院特聘教授、客座教授。

该国际研究院是我国首家卫生法学的专业性国际科研教学机构,与国际著名院校合作,共同培养卫生法学高端国际型人才,为我国医药卫生体制改革积累高端管理型人才资源;通过课题研究、决策咨询、立法建议等方式为我国医药卫生立法提供支持;通过扩大学术交流加快新兴交叉学科——卫生法学学科的建设步伐。据悉,该研究院引入社会资本,走市场化办学路子,力争建设成为中国卫生法学的高端人才聚集高地、中国医学与法学复合型高端人才的培养基地、中国卫生法学联系国际社会的窗口。

联合国教科文组织、世界医学法学协会、世界卫生组织的高级官员和高级专家,中国法学会、全国人大法工委、国家卫生部等中央国家机关的代表,吉林大学、东南大学、山东大学、泸州医学院等国内院校的代表,广东省高级人民法院、省政府发展研究中心、发改委、教育厅、卫生厅、食品药品监督管理局、法学会等部门的领导,广东省部分高校法学院院长及省法学会卫生法学研究会的部分理事,共计150余人出席了该国际研究院成立庆典。全国人大常委会原副委员长彭珮云、国务院法制办原主任杨景宇、全国人大法工委原主任顾昂然、中国法学会秘书长林中梁等领导为该国际研究院的成立题词;中国法学会、北京大学法学院、清华大学卫生法学研究中心、四川医事卫生法治研究中心、吉林大学、东南大学等20余家学术机构和高校为该国际研究院的成立发来了贺信。作为该国际研究院成立庆典的系列学术活动,首届卫生法学与生命伦理国际论坛同时举行,国内外知名卫生法学专家100余人、广东省内30余家三甲医院领导参加了该国际论坛。

2)汕头大学卫生法学国际研究院

2017年9月28日,中国卫生法学会·汕头大学卫生法学国际研究院成立。成立仪式由副校长乌兰哈斯主持。校党委书记、校长姜虹在成立仪式上致辞。她表示,随着国家健康中国战略的稳步推进,统筹推进社会保障、医疗服务、公共卫生、药品供应和监管体制的综合改革仍是重点,要在健康中国建设中进一步抓住重点、解决难点、实现新突破,必须依靠法治的刚性与硬度来管理和约束,依靠法制的理性和柔度来调节各方利益,突破专业的局限性。中国卫生法学会和汕头大学联合成立的卫生法学国际研究院,将紧紧围绕并统筹推进"五位一体"总体布局,协调推进"四个全面"战略布局,立足"共建共享、全民健康"的健康中国战略主题,进一步推动卫生法制建设,凝聚人才。该研究院将立足深化卫生法学理论研究、开展卫生政策决策咨询、助推卫生法学学科建设、培养卫生法律专门人才等目标,紧贴时代发展的需求,紧跟国家的重大战略,既着眼于提升相关领域的理论研究,又努力推动研究成果的及时转化,切实服务于国家卫生法制建设。中国卫生法学会·汕头大学卫生法学国际研究院(以下简称研究院)由中国卫生法学会和汕头大学以协同创新模式联合建设,隶属于汕头大学,与汕头大学法学院实行合并运行,由汕头大学负责具体运作,研究院内设机构与汕头大学法学院内部机构合署办公。研究院充分发挥中国卫生法学会在学术界和相关政府机构的影响力,吸引人才,争取项目,并依托汕头大学,发挥学校人才培养、科学研究的相关优势,深度整合学校现有的相关平台,联合国内外研究力量,创建具有国际化特色的新型高端智库。由中国卫生法学会高春芳会长担任研究院理事会理事长,汕头大学党委书记、校长姜虹教授担任执行理事长。由中国卫生法学会副会长、清华大学法学院王晨光教授担任研究院院长,汕头大学法学院院长怀效锋教授担任执行院长。研究院邀请国家卫生与计划生育委员会(现更名为国家卫生健康委员会)原副主任陈啸宏、著名国际刑侦专家李昌钰、世界医学法学协会主席托马斯·努库奇和中国医师协会会长张雁灵担任顾问。

二、评价与展望

2014年10月23日,中国共产党第十八届中央委员会第四次全体会议通过了《中共中央关于全面推进依法治国若干重大问题的决定》。该决定指出,依法治国是坚持和发展中国特色社会主义的本质要求和重要保障,必须贯彻落实党的十八大和十八届三中全会精神,高举中国特色社会主义伟大旗帜,以马克思列宁主义、毛泽东思想、邓小平理论、"三个代表"重要思想、科学发展观为指导,深入贯彻习近平总书记系列重要讲话精神,坚持党的领导、人民当家作主、依法治国有机统一,坚定不移地走中国特色社会主义法治道路,坚决维护宪法法律权威,全面推进法治中国建设。2016年8月26日,中共中央政治局审议通过了《"健康中国2030"规划纲要》,从而确立了今后15年推进健康中国建设的行动纲领。在法治中国和健康中国齐头共建的进程中,中国卫生法学学人面临着前所未有的机遇与挑战。当前,建立中国特色医药卫生体制,逐步实现人人享有基本医疗卫生服务的目标,提高全民健康水平,对卫生法制化建设提出新要求;加快建设社会主义法治国家,形成完备的法律规范体系、高效的法治实施体系、严密的法治监督体系、有力的法治保障体系,对卫生法制化建设赋予新内涵;将健康融入所有政策,推进健康中国建设,提高人民健康水平,对卫生法制化建设寄予新期望;随着生命科学的飞速发展和生物技术的广泛应用,互联网医疗、医学人工智能、医疗大数据、异种器官移植、胚胎着床前遗传学诊断、药物临床试验、人工生殖技术及基因诊断、治疗和编辑等现实迫切需要回应的新问题,值得进一步深入研究。2018年11月26日,贺建奎宣布世界首例免疫艾滋病基因编辑婴儿——露露和娜娜诞生,引起国内外科学界争议,这对卫生法的修改和完善提出新的要求。我们相信,随着《基本医疗卫生与健康促进法》和《中华人民共和国民法典》(涉及大量卫生健康民法内容)的出台,卫生法学或者健康法学必将成为我国一门重要学科,并受到越来越多的关注和青睐!

致谢:本章写作过程中,得到了中国卫生法学会范菊峰、北京卫生法学会赵道安、江苏卫生法学会胡晓翔、湖北卫生法学会余华、广东卫生法学会杜仕林、广西卫生法学会谢青松等诸位老师提供的宝贵资料,在此一并致谢。

(刘炫麟)

主要参考文献

[1] 赵敏,何振.卫生法学概论[M].武汉:华中科技大学出版社,2016.

[2] 倪正茂,刘长秋.生命法学论要[M].哈尔滨:黑龙江人民出版社,2008.

［3］ 陈明光.卫生立法与卫生法规——第八讲 中华人民共和国国境卫生检疫法［J］.中国社会医学,1987(6):57-61.

［4］ 张赞宁.《医疗事故处理办法》是我国当前处理医疗纠纷案的唯一法律依据［J］.中国卫生法制,1999,7(6):6-10.

CHAPTER 2

第二章

中国卫生法律体系

第一节 法律体系概述

一、法律体系的基本概述

无论在国内还是国外,"法律体系"都是一个多义词,总体来说,我们可以从广义和狭义两个方面来理解。广义的法律体系是指某些有着共同特征的不同国家的法律所组成的法律家族。狭义的法律体系是指一个国家法律的整体。中国法学界一般认为,法律体系是由部门法所构成的体系。张文显主编的《法理学》认为,法律体系是指由一国现行的全部法律按照不同的法律部门分类组合而形成的一个呈体系化的有机联系的统一整体。孙国华、朱景文主编的《法理学》认为,法的体系,即法的内在结构,是指一国现行的全部法律规范,按照一定的原则或标准被划分为若干法律部门,由这些法律部门形成的内在统一、整体相互联系的系统。本书采纳这些学者的观点,认为法律体系是指依据一定原则和标准划分的同类法律规范组成若干法律部门,再由这些法律部门构成的一个有机联系的整体,即部门法体系。

二、中国特色社会主义法律体系

2011年3月10日,全国人大常委会委员长吴邦国在十一届全国人大四次会议上指出:以宪法为统帅,以宪法相关法、民法商法等多个法律部门的法律为主干,由法律、行政法规、地方性法规等多个层次的法律规范构成的中国特色社会主义法律体系已经形成。中国特色社会主义法律体系包括七个主要的法律部门:宪法及宪法相关法、民法商法、行政法、经济法、社会法、刑法、诉讼与非诉讼程序法。

我们认为《中华人民共和国立法法》关于法律文件效力等级的规定构成了我国法律体系的纵向架构,可以用图2-1来表示。不同层级的法律文件效力等级不同,效力等级低的下位法不能同效力等级高的上位法相抵触。

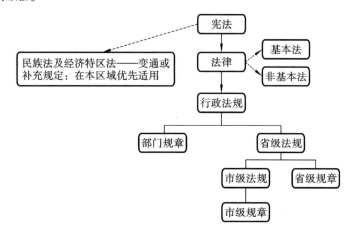

图 2-1　我国法律体系的纵向架构

七大法律部门构成了我国法律体系的横向架构,我们认为各部门法之间的关系可以用图2-2表示。需要特别说明的是,由于程序法是实体法的实现形式,我们认为其与其他法律部门并列有所不妥,因此程序法应是图2-2中所示的"枢纽"地位。

三、卫生法在我国社会主义法律体系中的地位

关于卫生法在我国社会主义法律体系中的地位问题一直众说纷纭。总体来说,主要存在四种观点:①卫生法属于行政法;②卫生法是民法、刑法和行政法结合的产物;③卫生法是独立的部门法;④卫生法

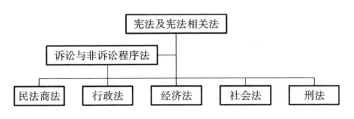

图 2-2 我国各部门法之间的关系

属于社会法。为更深入地研究卫生法,我们对各个观点的依据进行简单的总结与梳理。

(一)卫生法属于行政法

这种观点认为卫生法是行政法的一部分,即卫生法的性质是行政法。其主要依据如下:①卫生法的调整对象是国家卫生行政机关和卫生机构在管理过程中发生的各种社会关系;②卫生法制定的目的是加强对社会卫生事业的管理,属于国家行政管理的范畴;③从调整方法上看,卫生法大都采用行政处罚方式。因而,卫生法应属于行政法的范畴。

(二)卫生法是民法、刑法和行政法结合的产物

也有一些学者采取折中的观点,认为卫生法是民法、刑法和行政法结合的产物。卫生法调整的主要内容是卫生社会关系,这些社会关系不仅包括卫生行政部门与医疗卫生机构及其医务人员之间的管理与被管理关系,也包括医疗卫生机构及医务人员与患者及其家属之间的服务与被服务关系。从这一角度来说,卫生法是多元的。

(三)卫生法是独立的部门法

自从1988年吴崇其提出卫生法应该成为部门法以来,越来越多的学者认同卫生法与传统民法、行政法的差异。其主要依据如下。①卫

生法具有独特的调整对象,即健康关系。②卫生法调整内容广泛而复杂,无法用单一的法律调整方法来处理,必须依据其具体的法律关系类型选择适当的调整方法。③卫生法律规范已经初具规模。从纵向上看,涵盖了法律、行政法规、部门规章、地方卫生法规及规章;从横向上看,包括了公共卫生、疾病防治、医政与药政管理、医学教育与科研等各个领域。④卫生法领域的社会重要性日益凸显。随着健康中国战略的不断推进,卫生法作为在维护和保障人体健康、推动全民健康的过程中形成的法律规范,其社会重要性已经被政府、社会和民众广泛接受。因此,卫生法满足一个独立的部门法成立的四个条件,即该部门法调整的特定对象(社会关系)、调整的手段、相应法律规范的数量和相应领域的社会重要性。

(四)卫生法属于社会法

随着社会法的兴起,我国也有不少学者提出卫生法属于社会法。其主要依据如下:①卫生法兼具公、私法性质。卫生法律法规在调整医患关系时,既有许多公法性质的规定,如医生的诊疗义务、医疗纠纷的行政处理等;又有许多私法自治色彩的规定,如患者的知情同意权和自主决定权,这就使得卫生法律规范兼具公、私法性质。②卫生法律的社会性日益凸显。随着健康中国战略的实施,卫生问题在各类社会问题中所占比例日益增加,而现代医学技术的发展与应用,产生了许多前所未有的社会关系,这也对许多以人类自然繁衍为基础的法律原则提出严峻挑战。③卫生法作为保护和增进人体健康的法律规范的总和,不仅涉及公民的健康权利和其他权利的关系,还涉及生命伦理、公共卫生管理、医疗服务及健康相关产品提供的管理。

(五)领域法的新思路

现有的观点既有其合理性,也有其不适宜性。比如:如果认为卫生法属于行政法与目前对于医患法律关系按照民事法律关系来进行处理的行为相悖;如果认为卫生法是民法、刑法和行政法结合的产物,则难以保障卫生法的整体性,不利于卫生法的发展;如果认为卫生法是独立的部门法,在当前公认的社会主义法律体系七大法律部门中又找不到其位置;如果认为卫生法属于社会法也难以涵盖卫生法律关系的广泛性与多样性。由此看来,卫生法的界定似乎进入了一个死胡同。近年来,中国法学界出现了一个新的理论热点——领域法学。这一理论的提出也引发了我们对于卫生法地位的重新思考,指引我们跳出法律部门的思维框架,寻找新的视角与思路。

第二节 卫生领域法的思考

近二十年来,随着经济社会和科技的发展,环境、卫生、财税、金融、科技、互联网等领域发生了巨大的变化,这些领域的专业性较强,涉及的因素较为复杂,冲突与争诉也不断发生。然而目前我国的法律制度设计和规制手段却跟不上需求,因此造成了不少重大事件和社会问题。这些新兴领域的法律现象具有复杂性、交叉性的特点,需要综合几个法律部门才能解决这些领域中的重大社会问题,难以按当前传统部门法学的标准划归,因此领域法学理论应运而生。

一、领域法概述

(一)领域法的概念

领域法是特定领域的法律,它基于复杂法律现象,根据实证研究对法律关系进行抽象归类。领域法学是指以问题为导向,以特定经济社会领域与法律有关的全部现象为研究对象,融经济学、政治学和社会学等多种研究范式于一体的交叉性、应用性和整合性的新型法学体系。简言之,领域法学是研究领域法及其发展规律的法律科学。在我国,领域法学的概念由财税法学界最早提出。2002年和2005年,刘剑文先后指出税法既不是单独的部门法,也不属于现有的部门法,而是一个相对独立的综合法律领域。2013年刘剑文首次明确提出财税法学是领域法学的观点,他认为财税法学是一个以财税为领域,以法学为基本元素,融经济学、政治学和社会学于一体的应用型的领域法学学科。他提出领域法学理论应当适用于所有的交叉学科、新型学科。此后,环境法、劳动法领域的研究者也开始在各自学科内部进行了以领域为单位的进一步探究,领域法学的研究因此发展了起来。

(二)领域法的划分标准

新兴交叉法律领域往往还未形成一套适宜的法律制度框架,同时这些领域又常常出现传统部门法无法解决的非常规性法律现象和问题。因此,领域法必然要对部门法体系的划分有所突破,才能有效应对棘手的问题。通过以问题为中心,领域法在横向上整合传统法律部门要素,消除效力冲突;纵向上消除学科壁垒,用不同研究方法来探索不同社会现象之间的相互关系,与部门法互补,形成一种协调的研究网络。通过纵横两方面的突破,形成新的研究脉络,综合运用各部门法的知识,有效回应并持续性解决社会中不断出现的问题。因此,相较于划分标准较为固定的部门法,领域法的划分是开放的、变化的、动态的。随着社会经济的发展,有些领域法可能会兴起,当然有些领域法也可能会消失,还有可能会出现此领域法与彼领域法结合形成一个新的领域法。

(三)领域法与部门法的关系

领域法与部门法并不直接冲突,不是非此即彼的关系。传统的经济社会现象、法律关系仍然有赖于部门法理论去解决,领域法的研究对象是新兴社会领域内具有共性的法律现象。正如沈宗灵先生所言,划分本国部门法,就像编订法律汇编等工作一样,其主要目的是有助于人们了解和掌握本国全部现行法。部门法的划分仅是方法,而非目的。诸如领域法这样的新的划分方法和思路将会不断涌现。

领域法和部门法真正的区别在于:部门法需要透过现象看本质,提取出抽象的"公因式",从而一体适用于属于该部门的法律问题。对于这种提取"公因式"的方法,各个部门都有自己一套独立的"公因式",而且相互排斥,这也是以部门法适用卫生法时产生激烈的民法部门与行政法部门之争的主要原因。领域法则不再执着于寻找各异现象的"公因式",而是以包容的态度接受事物的复杂性,保留了主体、行为、权利义务和责任制度的多元化。这就有利于从不同的角度去理解、把握诸如卫生、互联网、金融等新兴交叉领域的法律关系,以便了解其整体概况,相应的法律规制也能够更加科学合理。

二、卫生法律体系的适用

无论采用何种适用的卫生法律体系,我们都需要明确的问题是如何判定卫生法。随着现代医学的发展,人们维护和促进健康的方式、方法、手段、路径是多种多样的,卫生领域中法律主体、法律关系错综复杂。很多一般性法律或其他法律关系,如经济关系、劳动法律关系等,也会在卫生领域体现。并不是所有在卫生活动中涉及的法都会被列入卫生法的范畴,只有那些立法宗旨和立法目的是关于保护和促进人体健康的立法才能被称为卫生法,这是判定卫生法的首要条件。判定卫生法以后,才能谈其法律体系的适用问题。我们认为,领域法理论应当适用于卫生法,主要基于以下三个原因。

第一,领域法的适用能够包容卫生法的复杂性。

卫生法是在维护和保障人体健康、推动全民健康的过程中形成的法律规范总和,贯穿着生命的始终,具有广泛性和综合性。如今,在健康中国战略的背景下,健康服务向"全方位、全周期"升级,卫生法涉及的范围将更广泛、综合性更强。正如前文所述,领域法可以包容事物的复杂性,因此适用领域法时,卫生法的调整对象多、调整手段多、法律关系复杂、主体复杂等特点也都能被很好地接受和理解,不再被认为是一个"异类",我们也将更全面、客观地理解并解决卫生领域所出现的法律现象和问题。

第二,领域法的适用能够有效避免划分导致的割裂问题。

传统法律体系往往把涉及公共卫生领域的法律,如《食品安全法》《中华人民共和国传染病防治法》(以下简称《传染病防治法》)等,归为行政法的范畴;把现实社会医疗服务中的法律冲突,如医患矛盾、医疗纠纷等,解释成民事合同或侵权问题。这样的划分恰恰证明了卫生法跨部门存在的事实,也就是说在提取"公因式"时,卫生法拥有两个甚至两个以上的"公因式",但在实践中无法将其划归到某一个部门内。这种按照传统部门法划分的方式会导致卫生法的割裂,不利于卫生法整体、协调地发展。在领域法的适用下则可以有效避免此类问题。

第三,领域法的适用能够促进卫生法整体协调发展。

由于卫生法属于交叉领域,其立法具有较强的政策性、社会性、伦理性、经济性和技术性,而对于法律的目的性、意义和价值则不能很好地体现。在部门法视角下,卫生法就显得不太正统;而且由于部门法是以整个部门法内部规范为中心的平面化的研究模式,其理解问题具有不周延性,这在一定程度上导致了卫生法立法角度的不稳定、立法碎片化、立法缺乏协调性和系统性等问题。领域法则不然,其研究是"立体的",研究边界具有模糊性,可以更好地阐释卫生领域内法律现象的整体因果关系,促进立法和改革的衔接。通过适用领域法,一来,可以阐明卫生法具有较强政策性等性质而相对缺乏一些法律性质的问题——卫生法有赖于医学发展规律,如果过分强调法律特性,可能会与医学规律相违背,由此回应了卫生法"不太正统"的问题。当然,卫生法要始终以保障和促进国民健康为原则和立法目的,在领域法视角下也需要对卫生法的法律性质和非法律性质的特征进行适当的调控。二来,在领域法视角下,能够统一卫生法立法的角度,有效避免不同法律部门支配下卫生法立法角度、内容混乱甚至矛盾的问题,促进卫生法整体协调发展。

总之,通过适用领域法,以社会重大卫生问题为导向,以特定卫生领域与法律有关的全部现象为研究对象,能够推动卫生法学和法律体系的创新。

第三节 卫生法内部架构

为了描述我国卫生法的框架,我们将从以下两个方面入手:一是卫生法的表现形式及纵向架构;二是卫生法的横向架构。

一、卫生法的表现形式及纵向架构

（一）卫生法的表现形式

我国地域广阔，各地发展不平衡，卫生活动又具有广泛性与复杂性，卫生法律关系除了依靠法律来调整外，还需要由行政法规、部门规章、地方性法规等规范性文件来辅助调整，甚至在一些具体的实施层面，还需要大量的规范性文件作为补充。它们的位阶不同，各自具有不同的效力。近年来，我国的卫生法制建设发展较快，除了卫生法律、行政法规外，卫健委等相关部委还颁布了大量的部门规章、部门规范性文件，各省也制定了地方性卫生法规。这些法律法规及规范性文件基本涵盖了我国卫生事业发展所涉及的各个方面，包括公共卫生、疾病防治、医政与药政管理、医学教育与科研等各个领域。

（二）卫生法的纵向架构

目前，我国卫生法的纵向架构具体如表 2-1 所示。

表 2-1　我国卫生法的纵向架构

层次	类别	说明
第一层次	宪法	宪法是我国的根本大法，是其他法律法规的立法依据
第二层次	卫生基本法	《中华人民共和国基本医疗卫生与健康促进法》
第三层次	卫生单行法	目前已有 13 部卫生单行法*，是各自领域的主要法律依据

续表

层　次	类　别	说　明
第四层次	卫生行政法规及规章	这是卫生法体系的重要组成部分;一方面使卫生法律具体化,另一方面是在卫生法律尚未覆盖领域对卫生法体系的重要补充
第五层次	地方卫生法规及地方卫生行政规章	地方卫生法规与地方卫生行政规章的制定应符合我国的卫生法律与法规。地方卫生法规也是卫生法律框架纵向层次的重要一层,使卫生法的一般原则能在不同的地域具有具体的操作性

* 注:13部卫生单行法为《中华人民共和国药品管理法》(1984年)、《中华人民共和国国境卫生检疫法》(1986年)、《中华人民共和国传染病防治法》(1989年)、《中华人民共和国红十字会法》(1993年)、《中华人民共和国母婴保健法》(1994年)、《中华人民共和国献血法》(1997年)、《中华人民共和国执业医师法》(1998年)、《中华人民共和国职业病防治法》(2001年)、《中华人民共和国人口与计划生育法》(2001年)、《中华人民共和国食品安全法》(2009年)、《中华人民共和国精神卫生法》(2012年)、《中华人民共和国中医药法》(2016年)、《中华人民共和国疫苗管理法》(2019年)。

改革开放以来,卫生领域各部门的立法已经很多,但全面调整卫生工作涉及的各类关系的法律却没有。长期以来,我国卫生法体系纵向架构不完整的首要问题是卫生基本法空缺。随着卫生体制改革的不断深化,我国卫生事业的地位、性质、作用及保障与促进国民健康的基本原则与制度的确立,必须由一部全面调整卫生工作所涉及的社会关系、规范各项卫生工作的基本法律来规范。由于卫生基本法的空缺,我国卫生领域法律法规在国家法律体系中的地位不确定、监督的主体资格不明确、执法力量受限,卫生法律法规之间、卫生法律法规与其他部门的法律法规之间缺少统一规划和协调,造成卫生行政部门的权威度不高、部门间职能交叉难以协调等现象,这些在很大程度上阻滞了卫生事业的进一步发展。2017年底,《中华人民共和国基本医疗卫生与健康促进法(草案)》提请全国人大常委会初次审议;2018年10月,第十三届全国人大常委会第六次会议对《中华人民共和国基本医疗卫生与健康促进法(草案)》(二次审议稿)进行审议,并于2018年11月1日至2018年12月1日广泛征集公众意见。2019年12月28日,第十三届全国人民代表大会常务委员会第十五次会议通过了《中华人民共和国基本医疗卫生与健康促进法》(以下简称《基本医疗卫生与健康促进法》),该法自2020年6月1日起施行。这是在大健康、大卫生理念下,我国首部卫生与健康领域基础性、综合性法律。《基本医疗卫生与健康促进法》的出台会大力推动以治病为中心向以健康为中心的转变,健康中国战略又向前迈进了一步。处在改革重心的基层医疗行业,也将迎来诸多变革。

同时,在原有行政管理体制下,保障与促进人体健康的大卫生工作被划分为几个相关部门,其工作的范围与重点必然局限在其行政管辖范围内,全面、统一的考虑与协调必然受到影响。长期以来,我国医疗健康领域涉及的政府部门非常多,部门之间协调难,这是阻碍医改深入的一个重要瓶颈。2018年3月,国务院机构改革,组建了国家卫生健康委员会,树立了大卫生、大健康理念,实现了"大部制"管理目标,体现了以人民健康为中心的指导思想。这种"大部制"管理与我们所呼吁的卫生领域法观点不谋而合,既可以明确责任主体,减少医改的内部摩擦和阻力,让协调更顺畅,也有助于政府发挥强有力的领导作用,更加积极地推动改革。

二、卫生法的横向架构

卫生法的横向架构,主要根据其内容进行内部划分。我们认为我国卫生法的横向架构首先包括程序法与实体法。程序法主要是关于卫生监督执法的相关法律规范;实体法方面,卫生法律体系以健康权为核心,根据对象的不同,可以分为公共卫生法、医疗卫生法和生命伦理法三个部分。虽然按照传统部门法的划分,有的法律规范属于民法或行政法,但在领域法的视角下,并不妨碍我们将其纳入研究范围。

(一)公共卫生法

公共卫生法是指调整公共卫生所引发的各种社会关系的法律规范,具有属于政府责任、面向人群健康、界定群体卫生服务、具有强制性等特征。公共卫生法具体又可以分为以下三类。

1. 疾病预防与控制

疾病预防与控制包括传染性疾病和非传染性疾病的预防与控制。传染性疾病防控方面目前有《中华人民共和国传染病防治法》《中华人民共和国国境卫生检疫法》,血液制品方面的管理包括《中华人民共和国献血法》《医疗机构临床用血管理办法》等。此外还有如《艾滋病防治条例》《血吸虫病防治条例》《结核病防治管理办法》等大量行政法规、部门规章、规范性文件及地方法规、规章等。非传染性疾病防控主要包含慢性病、精神疾病、地方病防治以及其他疾病防控,其中精神疾病防控方面已经出台了《中华人民共和国精神卫生法》。

2. 场所与环境

场所与环境具体可分为公共场所卫生、职业卫生、学校卫生及其他。公共场所卫生方面主要是针对饭店、体育馆、商场等公共场所的空气、水质、采光、噪声、顾客用具及设施等进行管理。场所与环境方面目前主要有《公共场所卫生管理条例》及其实施细则,另外公共场所控烟相关的法律法规也属于此范畴。职业卫生方面主要是针对职业病防治的法律制度,包括《中华人民共和国职业病防治法》以及《职业病诊断与鉴定管理办法》《放射诊疗管理规定》等规章和各地规范性文件等。学校卫生方面目前主要的法律依据是《学校卫生工作条例》及《学校卫生监督工作规范》《托儿所幼儿园卫生保健管理办法》等部门规章和其他相关法律规范性文件。

3. 公共卫生相关产品

公共卫生相关产品具体可分为食品以及健康相关产品。食品方面的法律体系较为健全,不仅包含了《中华人民共和国食品安全法》《中华人民共和国食品安全法实施条例》,还有一系列配套的规章、规范性文件,基本已经建立了以《中华人民共和国食品安全法》为核心(包括食品安全法规、规章和标准)的食品安全法律体系。健康相关产品主要是指化妆品、涉及饮用水卫生安全产品、消毒产品等,此项下尚无单行法,行政法规有《化妆品卫生监督条例》,部门规章则包括《消毒管理办法》《化妆品卫生监督条例实施细则》等,另外还有其他相关法规和规范性文件。

(二)医疗卫生法

医疗卫生法的宗旨关乎个人健康服务。医疗法是卫生法中一个传统的领域,很多卫生法研究者和团体都是从研究医疗中的法律问题开始。现实中,医患关系紧张,纠纷不断,而法院在审理过程中多将其纳入侵权和合同视野下进行规制,与民法学关系最密切。

1. 医疗资源的提供与管理

医疗资源的提供与管理主要包括医疗机构、医务人员、医疗用品三方面。

医疗机构相关法律包括《医疗机构管理条例》《医疗机构管理条例实施细则》《医疗机构设置规划指导原则》等法规和规范性文件。

医务人员方面则主要是对医师、护士等卫生技术人员本身及其诊疗行为进行管理的法律,包括《中华人民共和国执业医师法》《护士条例》《乡村医生从业管理条例》等一系列配套的法律、法规和规范性法律文件。诊疗行为管理相关的法律包括诊疗规范类、医疗新技术类及医学伦理类的法律。

医疗用品方面,主要有药品、医疗器械及其他医疗用品。药品方面,制定了《中华人民共和国药品管理法》《中华人民共和国药品管理法实施条例》《药品生产监督管理办法》等法律、行政法规和部门规章。同时,各省、自治区、直辖市也制定了一系列有关药品管理的地方性法规和规章,形成了较为完备的药品监督管理法律体系。医疗器械方面,2000年发布的《医疗器械监督管理条例》是我国第一部关于医疗器械管理的行政法规,从此我国医疗器械便进入了依法监督管理的阶段。此后相关的部门规章等其他配套性法律文件也相继出台。

2. 医疗相关权益的保障

(1) 权益保障:主要包括医患权益保护及纠纷处理两个方面。

医患权益保护方面,目前专门的法律暂缺,法规和规章也查无所获。医患双方权利义务的有关依据、规定散见于《中华人民共和国宪法》《中华人民共和国民法总则》《中华人民共和国执业医师法》《中华人民共和国侵权责任法》等法律。医方享有的权利主要是治疗权、强制医疗权、人格尊严权等;患方享有的权利主要是生命健康权、医疗自主权、知情同意权、隐私权、人身财产安全权和查阅、复制病历资料的权利等。

关于纠纷的处理,过去主要的依据是《医疗事故处理条例》,但实际上此条例很大程度上已经起不到其应有的作用了。一方面,《中华人民共和国侵权责任法》(以下简称《侵权责任法》)颁布以后,由于存在一定的冲突,根据"上位法优于下位法"的原则,我们以《侵权责任法》规定的为主;另一方面,此条例的很多观点、理念、手段已经过时,在实际操作时会出现不合理的现象。2018年6月,国务院通过了《医疗纠纷预防和处理条例》,对冲突内容进行了相关修改,在立法精神、纠纷解决等方面也进行了更新和完善。从整体来看,纠纷处理方面高层级的法律略显苍白,但是各地出台的医疗纠纷相关法规、规章较多,医疗纠纷处理方面的卫生法还是较为充实。

(2) 医疗保障:我国医疗保障体系是以基本医疗保险为主体、商业健康保险为补充、医疗救助为底线的多层次保障体系。2018年3月国务院进行机构改革,新组建国家医疗保障局,将分散在多个部委的医疗保障职责,即人社部的城镇职工、城镇居民基本医疗保险和生育保险,原卫计委的新农合,民政部的医疗救助,发改委的药品和医疗服务价格管理职责集中整合到国家医疗保障局,这将有利于减少沟通成本,提高工作效率,使得医保基金的适用更加集中。

(三) 生命伦理法

健康领域中的伦理和法律关系紧密,健康领域的伦理证成是卫生立法的正当性基础,卫生立法又为该领域伦理原则直接提供强制力。涉及人的高新科技技术的发展与临床应用,带来人伦和道德上的挑战,不仅需要伦理的直面回应,也需要法律的直接表态,否则有可能会造成伦理上的混乱,比如2018年11月引发新闻媒体和学术界大讨论的"基因编辑婴儿事件"。此外,还有器官移植、脑死亡、安乐死、代孕、精子库等课题。我国现行立法主要有《人体器官移植条例》《人类辅助生殖技术管理办法》《人类精子库管理办法》《产前诊断技术管理办法》《涉及人的生物医学研究伦理审查办法》等。可以看到的是，在此方面我国尚无专门性法律，最高层级的是国务院制定的行政法规《人体器官移植条例》，其余大部分是部门规章和规范性文件。

当然与卫生法其他领域密切相关的伦理问题论证也是卫生法研究的基础，隐私权保护、伦理委员会制度、弱势群体保护、教育与健康、社会制度与健康等问题作为法律问题的同时也是伦理问题，在卫生法领域中都应该得到回应。

第四节 中国卫生法律体系发展

20世纪90年代以来，我国一直在试图制定一部在卫生法律体系中具有基础性地位的法律，至今已历经20余年。2019年12月28日，第十三届全国人民代表大会常务委员会第十五次会议通过了《中华人民共和国基本医疗卫生与健康促进法》，该法自2020年6月1日起施行。作为卫生与健康领域的第一部基础性、综合性的法律，该法的出台是公民卫生健康权益保障方面的重大突破，将引领医药卫生事业改革发展大局，保障健康中国战略的实施。该法具有较多的创新和突破，从这些创新和突破中我们也可以看出中国卫生法律体系的发展趋势。

一、"健康权"纳入法律，权益保障加强

《中华人民共和国宪法》（以下简称《宪法》）虽然尚未明确公民健康权的概念，但相关的条文已经采用了健康权的概念。我国《宪法》明确

指出:国家尊重和保障人权[①]。积极义务和消极义务这两个方面共同构成公民健康权的宪法依据,由此可以看出,健康权是宪法确立和保障的公民的基本权利。具体条款见表 2-2。

表 2-2 我国《宪法》关于保护公民健康权的相关条款[②]

分 类	具 体 条 款
积极义务	国家发展医疗卫生事业,发展现代医药和我国传统医药,鼓励和支持农村集体经济组织、国家企业事业组织和街道组织举办各种医疗卫生设施,开展群众性的卫生活动,保护人民健康
积极义务	中华人民共和国公民在年老、疾病或者丧失劳动能力的情况下,有从国家和社会获得物质帮助的权利。国家发展为公民享受这些权利所需要的社会保险、社会救济和医疗卫生事业
消极义务	国家保护正常的宗教活动。任何人不得利用宗教进行破坏社会秩序、损害公民身体健康、妨碍国家教育制度的活动

不过,以上都是原则性规定,不足以保障公民健康权。国家要保障公民的健康权,就需要大力发展医疗卫生事业。《基本医疗卫生与健康促进法》首次将"健康权"写入法律,在总则中指出国家和社会尊重、保护公民的健康权。公民依法享有从国家和社会获得基本医疗卫生服务的权利[③]。第二十一条、第三十二条、第三十三条、第八十二条、第九十二条则分别规定了公民享有疫苗接种权、知情同意权、人格尊严和隐私权、基本医疗保障权、个人健康信息安全权。这些规定都是对宪法原则

---

① 参见《中华人民共和国宪法》第三十三条第三款。
② 参见《中华人民共和国宪法》第二十一条、第四十五条、第三十六条。
③ 参见《基本医疗卫生与健康促进法》第四条、第五条。

性规定的贯彻和落实,对公民健康权的保障和我国健康事业的发展都具有重大理论价值和实践意义。

二、健康促进成为法律要求

随着经济社会的不断发展,人们的生活方式发生了较大变化。慢性非传染性疾病在人类疾病和死亡谱中日益占据主要地位,其中,冠心病、癌症及卒中等已成为致死的主要原因。大量医学数据和临床研究证实,不良生活方式是导致这些慢性疾病的重要影响因素。而加强健康教育、提高健康素养,形成良好生活方式等健康促进的核心就是运用行政的或组织的手段,广泛协调社会各相关部门及社区、家庭和个人,使其履行各自对健康的责任,从而实现维护和促进健康的目的。

健康是人类的永恒追求,健康促进是我国卫生事业发展的必然趋势。我国卫生法立法者显然也意识到了健康促进的重要性,《基本医疗卫生与健康促进法》的命名直接涵盖了"健康促进"一词,足见我国对于加强健康促进的决心。对比初审稿我们可以发现,《基本医疗卫生与健康促进法》在总则中增加了不少健康促进的内容,第六条、第七条、第十四条均涉及健康促进,并用第六章专章规定健康促进相关内容。此外,还进一步充实健康促进方面的内容:国家加强影响健康的环境问题预防和治理,组织开展环境质量对健康影响的研究,采取措施预防和控制与环境问题有关的疾病[1];国家建立科学、严格的食品、饮用水安全监督管理制度[2];加强全民健身指导服务,普及科学健身知识和方法[3]。

---

[1] 参见《基本医疗卫生与健康促进法》第七十一条。
[2] 参见《基本医疗卫生与健康促进法》第七十三条。
[3] 参见《基本医疗卫生与健康促进法》第七十五条。

健康促进成为法律的要求，有了国家的鼓励和支持，并由国家强制力保障实施，定能更有效地实现疾病的防控，加快实现健康中国战略目标。

三、确立基本医疗卫生服务保基本、强基层、大健康的原则

现阶段，由于国家还无法完全承担人民所有医疗服务费用，因此必须对基本医疗服务的范围加以界定。不同的界定标准在具体实践中会导致某些人群的健康优先受到关注，其疾病带来的各种负担优先得到减轻，因此，明确基本医疗服务的范围和标准具有极其重要的意义。

《基本医疗卫生与健康促进法》对基本医疗卫生服务的概念进行了界定：基本医疗卫生服务是指维护人体健康所必需、与经济社会发展水平相适应、公民可公平获得的，采用适宜药物、适宜技术、适宜设备提供的疾病预防、诊断、治疗、护理和康复等服务。基本医疗卫生服务包括基本公共卫生服务和基本医疗服务[1]。这将成为实践中相关部门及广大人民群众理解和把握基本医疗服务概念的重要依据。

为进一步体现保障基本医疗卫生服务公平、可及，《基本医疗卫生与健康促进法》提出：公民依法享有从国家和社会获得基本医疗卫生服务的权利。国家建立基本医疗卫生制度，建立健全医疗卫生服务体系[2]。针对基层医疗卫生服务能力薄弱的现状，该法提出多项规定推进医疗资源下沉，加强基层医疗服务能力建设。一是在总则中明确了国家合理规划和配置医疗卫生资源，以基层为重点，采取多种措施优先支持县级以下医疗卫生机构发展，提高其医疗卫生服务能力[3]。二是加强

---

[1] 参见《基本医疗卫生与健康促进法》第十五条。
[2] 参见《基本医疗卫生与健康促进法》第五条。
[3] 参见《基本医疗卫生与健康促进法》第十条。

基层卫生网络建设,国家加强县级医院、乡镇卫生院、村卫生室、社区卫生服务中心(站)和专业公共卫生机构等的建设,建立健全农村医疗卫生服务网络和城市社区卫生服务网络①。三是明确了基层首诊制度,国家推进基本医疗服务实行分级诊疗制度,引导非急诊患者首先到基层医疗卫生机构就诊,实行首诊负责制和转诊审核责任制②。四是对晋升副高级技术职称的医疗卫生人员提出了基层工作经历的要求。执业医师晋升为副高级技术职称的,应当有累计一年以上在县级以下或者对口支援的医疗卫生机构提供医疗卫生服务的经历③。

四、坚持公共卫生产品的公益性,强化国家法律规制

公共卫生产品与大众健康密切相关,具有公益性。公共卫生产品具有的非排他性和非竞争性使得市场管理往往失灵,因此必须强化政府监管。2019年颁布的《中华人民共和国疫苗管理法》充分体现了国家对公共卫生产品法律监管的重视。第一,强化公共卫生产品的战略性和公益性,坚持安全第一,进行风险监管。第二,强化公共卫生产品供给者的主体责任,严格归责到人。第三,建立全程追溯制度,强调全过程、全环节、全方位监管,保证公共卫生产品质量和人民健康安全。第四,坚持社会共治,各级人民政府有关部门、公共卫生服务机构、社会组织乃至公民个人都有权利开展社会监管,履行法律义务。第五,首次建立疫苗责任强制保险制度,为公共卫生产品受害人的权益保障提供了新的思路。

---

① 参见《基本医疗卫生与健康促进法》第三十四条。
② 参见《基本医疗卫生与健康促进法》第三十条。
③ 参见《基本医疗卫生与健康促进法》第五十六条。

五、明确医疗卫生事业定位,加强医疗卫生人员的培养和保障

1997年《中共中央、国务院关于卫生改革与发展的决定》明确指出,我国卫生事业是政府实行一定福利政策的社会公益事业,以满足公众健康需求作为卫生服务机构的主要目的。即便现实中困难重重,我们也要始终坚持公共医疗卫生事业的公益性的基本原则。2016年,习近平总书记在全国卫生与健康大会上,强调要坚持基本医疗卫生事业的公益性。

《基本医疗卫生与健康促进法》对医疗卫生与健康事业的定位作出了明确的规定:医疗卫生与健康事业应当坚持以人民为中心,为人民健康服务。同时还强调了医疗卫生事业应当坚持公益性原则[①]。

医疗卫生人员是医疗卫生事业持续发展的重要基础,该法对医疗卫生人员进行了专章规定,旨在进一步加强医疗卫生人员的培养和保障。一是在总则中提出了对医疗卫生人才培养的规定。国家发展医学教育,完善适应医疗卫生事业发展需要的医学教育体系,大力培养医疗卫生人才[②]。二是增加了医疗卫生人员的薪酬、津贴的保障制度。国家建立健全符合医疗卫生行业特点的人事、薪酬、奖励制度,体现医疗卫生人员职业特点和技术劳动价值。对从事传染病防治、放射医学和精神卫生工作以及其他在特殊岗位工作的医疗卫生人员,应当按照国家规定给予适当的津贴。津贴标准应当定期调整[③]。

---

① 参见《基本医疗卫生与健康促进法》第三条。
② 参见《基本医疗卫生与健康促进法》第八条第二款。
③ 参见《基本医疗卫生与健康促进法》第五十五条。

六、建立医药卫生综合监管体系势在必行

我国随着监督体系与监督员制度的不断完善,早已摆脱了最初的立一个法建立一支队伍的单打独斗模式。行政执法队伍建设的精简高效原则也要求建立一支综合性监督管理队伍。2016年8月,在全国卫生与健康大会上,习近平总书记强调,要着力推进基本医疗卫生制度建设,努力在分级诊疗制度、现代医院管理制度、全民医保制度、药品供应保障制度、综合监管制度5项基本医疗卫生制度建设上取得突破。综合监管制度作为5项基本医疗卫生制度之一,是全体国民生命健康权益的重要保障。2018年8月国务院办公厅发布《国务院办公厅关于改革完善医疗卫生行业综合监管制度的指导意见》(以下简称《指导意见》),标志着我国基本医疗卫生制度建设进入一个新阶段,综合监管领域有了整体规划和统一部署,从重点监管公立医疗卫生机构转向全行业监管,从注重事前审批转向注重事中事后全流程监管,从主要运用行政手段转向统筹运用行政、法律、经济和信息等多种手段来提高监管能力和水平。

尽管如此,综合监管制度始终缺乏一部高位阶、综合性、系统性的卫生基本法来保障其效能。《基本医疗卫生与健康促进法》很好地回应了此诉求,其中,第八章对综合监管制度进行了明确的规定:国家建立健全机构自治、行业自律、政府监管、社会监督相结合的医疗卫生综合监督管理体系。县级以上人民政府卫生健康主管部门对医疗卫生行业实行属地化、全行业监督管理[1]。这既对现有卫生执法体系提出挑战,也直接反映了我国从卫生监督走向综合监督管理制度势在必行。

---

[1] 参见《基本医疗卫生与健康促进法》第八十六条。

2018年3月国务院进行机构改革,包括将国家卫计委、国务院医改办及其他3个部门中的一些职责进行整合,组建国家卫生健康委员会。机构改革带来的卫生工作范畴的扩大和职责的增加要求现有卫生监管体系扩大监管职责范围,及时与卫生健康委员会的工作职能进行对接,否则不仅会影响监管职责的有效发挥,也会影响卫生健康委员会卫生工作的落实。因而《基本医疗卫生与健康促进法》所提出的综合监督管理同样利于与国务院机构改革后的健康工作发展要求顺利接轨。

(乐虹　沈梦雪)

主要参考文献

[1] 千叶正士.法律多元——从日本法律文化迈向一般理论[M].强世功,王宇洁,范愉,等,译.北京:中国政法大学出版社,1997.

[2] 沈宗灵.法理学[M].4版.北京:北京大学出版社,2014.

[3] 张文显.法理学[M].3版.北京:法律出版社,2007.

[4] 孙国华,朱景文.法理学[M].4版.北京:中国人民大学出版社,2015.

[5] 周永坤.法理学——全球视野[M].3版.北京:法律出版社,2010.

[6] 莫纪宏.现代宪法的逻辑基础[M].北京:法律出版社,2001.

[7] 卫生部卫生法制与监督司.卫生法立法研究——卫生法课题汇编[M].北京:法律出版社,2003.

[8] 胡晓翔,邵祥枫.论国家主体医疗卫生事业中医患关系的法律属性[J].中国医院管理,1996,16(4):13-14.

[9] 许立,刘红山.卫生法的性质辨析[J].中国社会医学,1992(3):

55-56.

[10] 钱矛锐.试论卫生法在社会法域中的部门法属性[J].西北医学教育,2007,15(6):992-994.

[11] 李平龙.刍议卫生法的社会法属性[J].学理论,2015(2):88-89,98.

[12] 汪建荣.我国卫生法的概念、特征和基本原则[J].中国卫生法制,2001,9(3):18-20.

[13] 史华祥.试论当代中国法律部门的划分标准——兼论宪法在法律体系中的地位[D].扬州:扬州大学,2012.

[14] 欧志龙.论部门法的划分标准[J].法制与社会,2015(34):5-7.

[15] 陈绍辉.卫生法地位研究[J].法律与医学杂志,2005,12(2):114-118.

[16] 钱矛锐.论卫生法的部门法属性[J].医学与哲学(人文社会医学版),2008,29(2):64-66.

[17] 张赞宁.论医患关系的法律属性[J].医学与哲学,2001,22(4):3-7,9.

[18] 刘剑文.论领域法学:一种立足新兴交叉领域的法学研究范式[J].政法论丛,2016(5):3-16.

[19] 沈宗灵.再论当代中国的法律体系[J].法学研究,1994(1):12-18.

[20] 吴凯.论领域法学研究的动态演化与功能拓展——以美国"领域法"现象为镜鉴[J].政法论丛,2017(1):77-86.

[21] 梁文永.一场静悄悄的革命:从部门法学到领域法学[J].政法论丛,2017(1):64-76.

[22] 刘剑文.理财治国观——财税法的历史担当[M].北京:法律出

版社,2016.

[23] 王桦宇.论领域法学作为法学研究的新思维——兼论财税法学研究范式转型[J].政法论丛,2016(6):62-68.

[24] 苏力,贺卫方.20世纪的中国:学术与社会(法学卷)[M].济南:山东人民出版社,2001.

[25] Geoffrey Samuel. Is law really a social science? A view from comparative law[J]. The Cambridge Law Journal, 2008, 67(2): 288-321.

[26] 王晨光.论以保障公民健康权为宗旨打造医药卫生法治的坚实基础[J].医学与法学,2016,8(1):1-6.

[27] 董文勇.论基础性卫生立法的定位:价值、体系及原则[J].河北法学,2015,33(2):2-14.

[28] 轶名.卫生计生法律法规体系初步形成[J].中国卫生法制,2015,23(1):53.

[29] 杨彤丹.公共卫生法之现代阐释[J].学习与探索,2012(12):77-80.

[30] 张小英,韦惠杰,康平,等.中国医疗保障管理的制度演进、发展愿景及政策建议[J].卫生软科学,2019,33(3):61-64.

[31] 陈云良.基本医疗卫生立法基本问题研究——兼评我国《基本医疗卫生与健康促进法(草案)》[J].政治与法律,2018(5):100-110.

[32] 王晨光,苏玉菊.健康中国战略的法制建构——卫生法观念与体制更新[J].中国卫生法制,2018,26(4):1-11.

[33] 刘长秋.论法律视野下基本医疗服务范围之确定——兼谈《基本医疗卫生与健康促进法(草案)》相关条款的完善[J].中国卫生

法制,2018,26(4):12-17.

[34] 李斌.基层卫生院慢性疾病管理心得[J].中国乡村医药,2018,25(13):58.

[35] 乐虹,黄阿红,沈梦雪,等.综合监督管理制度的立法思考——基于《基本医疗卫生和健康促进法(草案)》的解读与思考[J].中国卫生法制,2018,26(4):52-55,62.

[36] 乐虹,陶思羽,贾艳婷,等.健康中国背景下构建医药卫生综合监管制度的思考[J].中国医院管理,2016,36(11):14-17.

第三章

公共卫生法发展研究

第一节 公共卫生法概述

一、基本概念与特征

(一)公共卫生的概念

1. 公共卫生的定义

20世纪20年代,耶鲁大学公共卫生学教授温斯洛(C. E. A. Winslow)提出公共卫生是通过有组织的社会努力来预防疾病、延长寿命、促进健康的科学和艺术,这种社会努力包括改善环境卫生、控制传染病、提供健康教育、组织医护人员提供疾病的早期诊断和治疗服务等。世界卫生组织(WHO)对公共卫生做了进一步的诠释,指出公共卫生主要是为增进人体健康,预防疾病,改善和创造合乎生理要求的生产环境、生活条件所采取的涉及预防、医疗、保健、康复、健康的个人和社会的措施。

总之,公共卫生的主要目标是延长公众健康期望寿命。

2. 公共卫生的特征

公共卫生体现和表达的是一种与个人健康不同的公众健康观,其主要特征包括公共性、公益性、公众性和公平性。

公共卫生项目属于公共产品。公共产品具有非竞争性(一部分人对某一产品的消费不会影响另一部分人对该产品的消费,受益对象之间不存在利益冲突)和非排他性(产品在消费过程中所产生的利益不能为某些人所专有,不可能将一些人排斥在产品消费过程之外)。

(二)公共卫生法的概念

1. 公共卫生法的定义

目前,国内卫生法学界缺乏对公共卫生法定义的统一论述。美国乔治敦大学法学院 Gostin 教授关于公共卫生法的定义受到普遍认可。他认为,公共卫生法研究国家在公共健康领域中的合法权力与职责,讨论国家与医疗机构、商业机构、社区、媒体、学术团体等合作以确保人们享有健康的生活条件问题(识别、预防、降低人口面临的健康风险),并限制政府权力以确保自治权、隐私权、自由权、财产权等其他法律保护的个人利益。公共卫生法的首要目标是寻求人口最大可能的生理和心理健康,以体现社会公正这一价值理念。

2. 公共卫生法的特征

公共卫生法既具有法律的一般属性又有其自身的特点,主要特征包括以下几点。

第一,多种调整方式并存。公共卫生法规范调整社会关系的广泛性,决定了其调整手段的多样性。其调整方式包括行政方式、民事方式和刑事方式等。

第二,同医学科学发展相辅相成。一方面,医学及其相关学科的技术成果是公共卫生法制定、修改、完善的依据;另一方面,医学的发展离不开法律的保护和导向。因此,公共卫生法与医学科学发展相互促进、互为依存,这是其他众多法律无法比拟的。

第三,具有较强的技术规范性。众多公共卫生法律法规包含卫生操作规程、技术常规和标准,具有专业的技术规范。

第四,社会共同性。公共卫生是一项预防和控制疾病、保障人群健康的社会公共事业。同时,疾病的流行不受地域、国界和人群的限制,涉及全人类的共同利益,一些经 WHO 制定的国际社会公共卫生的共同规则具有国际共同性,WHO 成员方通过认可、承诺以双边条约等形式使国际法内国化,成为共同遵守的法律准则。

二、公共卫生法律体系

(一)发展概况与趋势

1. 国际概况

世界各国的公共卫生法律体系有所区别,大多为以下两种模式:第一,未制定专门的公共卫生法律,根据公共卫生所涵盖的内容制定具体的法律,如中国;第二,制定专门的公共卫生法,以加强政府在公共卫生领域的职责,如美国、英国、法国和澳大利亚。

从 19 世纪中期开始,食品生产在美国就受到法律的规范,1906 年《联邦食品与药品法》及《肉类检疫法》的出台,使得消费者权益受到保障。由于公众对健康和安全等事项的关注日益增长,美国制定了详尽的联邦与州的法律法规,对酒精饮料、烟草制品及其他大量受管制物品进行规范。美国历史上曾有过独特的禁酒时代,虽然禁酒令后来被美国宪法的第 21 修正案所废除,但这段历史使得美国联邦与州规范酒类的法律变得很有特色。1984 年,《联邦精神病抗辩改革法》通过,该法将被告患有精神疾病的举证责任加给了被告方,并且减少了精神病抗辩的使用。美国通过颁布《职业安全与卫生法》,保护工作人员的健康与安全。美国国会于 1994 年通过《公共卫生服务法》,又称《美国检疫法》,是美国关于防范传染病的联邦法律。该法明确了严重传染病的界定程序,制定了传染病控制条例,同时对检疫人员、检疫程序等进行了规范。

19 世纪三四十年代,英国社会对公共卫生开展了广泛的讨论,掀起了要求公共卫生改革的运动。1848年英国通过了《公共卫生法案》，法案确立了公共卫生立法的多项原则和框架，同时明确了政府应在公共卫生领域中起到主导作用。后来公共卫生发展的实践证明，英国在这种公共卫生治理框架和原则下取得了良好效果，这对于我国当前公共卫生改革有一定的借鉴意义。

2016年，法国政府颁布新的公共卫生法修正案，以加强政府在公共卫生方面的职责，促进公共健康。该修正案提出，要组建公共健康国家委员会、公共健康高级咨询委员会和公共健康专业学校，并把与癌症和烟草做斗争、预防先天及后天的残缺、预防与环境相关的卫生危机、防止艾滋病和其他疾病等确定为公共健康的优先工作领域。

澳大利亚的《公共卫生法》详细规定了以下内容：①何为存在公共危险的行为，并对具有公共危险的活动实行许可证制度；②何为不法环境，对不法环境的投诉、整治与责任的追究；③公共卫生管理者与执法官员的职责及渎职的追究；④对公共危险的评估和对相关涉案物品的没收；⑤公共卫生紧急状态的宣告、处理与撤销。

2．国内概况

公共卫生法是我国社会主义法制建设的重要组成部分，与国家法制建设进程密切相关，也与国家经济社会发展的进程紧密相连。新中国成立以来，我国公共卫生法律制度建设，大体上经历了三个不同的历史发展阶段。

第一阶段，起步时期（1949—1965年）。中华人民共和国的成立和《中国人民政治协商会议共同纲领》的颁布，标志着新中国公共卫生立法的开始。起到临时宪法作用的《中国人民政治协商会议共同纲领》明确了对国民体育、卫生医药事业的推广，规定了母婴、儿童的健康保障，对工矿安全和卫生设备的检查和改进等提出了要求。1954年，我国的

第一部宪法颁布,进一步规定了国家举办社会保险、社会救济和群众卫生事业并逐步扩大这些设施,以保证劳动者享受相应的权利。这些规定为我国卫生领域的法律制度建设提供了宪法依据。这一时期先后制定的《中华人民共和国国境卫生检疫条例》《国务院关于消灭血吸虫病的指示》《食品卫生管理试行条例》《工厂安全卫生规程》等,为我国公共卫生法律制度建设的进一步发展奠定了初步的基础。

第二阶段,停滞时期(1966—1976年)。"文化大革命"时期,社会主义法制建设遭到破坏,卫生领域不仅没有制定新的法律、法规,已有法律、法规也无法执行。

第三阶段,快速发展时期(1977年至今)。党的十一届三中全会提出加强社会主义民主法制建设,我国公共卫生立法进入了新的发展阶段。在1954年宪法的基础上,1982年宪法明确了国家发展医疗卫生事业,提出了鼓励开展群众性的卫生活动,再次明确了国家发展为公民享受权利所需要的社会保险、社会救济和医疗卫生事业,为之后的卫生法制建设指明了方向。随着我国社会主义市场经济体制的逐步建立和发展、卫生体制改革的不断深化,公共卫生法律制度建设取得了长足的发展。1984年至今,全国人大常委会制定颁布了《中华人民共和国传染病防治法》等多部法律;国务院批准、制定了《突发公共卫生事件应急条例》《公共场所卫生管理条例》《艾滋病监测管理的若干规定》等法规,为保障公民身体健康和生命安全、医学科学和卫生事业的发展提供了有效的法律保障。

(二)立法现状

我国公共卫生法律体系由纵向四个层次和横向五大领域构成,呈现"纵四横五"的构架。公共卫生法律体系纵向四个层次为法律、行政法规、部门规章和地方性法规及卫生标准,与国家法律体系结构一致;横向五大领域由传染病防控、职业病防治、以食品和药品为主体的产品卫生管理、包括学校在内的公共场所公共环境卫生管理和突发公共卫生事件应急制度组成,本章重点讨论横向领域。

根据现行立法,可以把我国公共卫生法分为疾病预防控制法、健康促进法、健康相关产品法和国际公共卫生法。本章将主要探讨传染病防控相关法律、职业病防治相关法律、精神卫生相关法律和母婴保健相关法律。

1. 疾病预防控制法

疾病预防控制法是调整不同主体间在有关传染病、职业病、精神障碍等疾病预防和控制活动中产生的社会关系法律规范的总和。这类法律规范包括传染病防控、职业病防治等法律法规。相关法律有《中华人民共和国精神卫生法》《中华人民共和国传染病防治法》《中华人民共和国职业病防治法》《中华人民共和国国境卫生检疫法》《中华人民共和国疫苗管理法》;相关法规有《国家重大食品安全事故应急预案》《艾滋病防治条例》《放射性同位素与射线装置安全和防护条例》《中华人民共和国尘肺病防治条例》等;相关规章有《国家突发公共事件医疗卫生救援应急预案》《突发公共卫生事件交通应急规定》《职业病诊断与鉴定管理办法》等。

2. 健康促进法

健康促进法是调整在有关促进健康活动中所产生的各种社会关系的法律规范和总和。该类法律规范主要包括初级卫生保健规范、特殊人群保护规范、人口与生殖健康保护规范、控烟规范、健康教育规范等。相关法律有《中华人民共和国母婴保健法》《中华人民共和国红十字会法》;相关法规有《中华人民共和国母婴保健法实施办法》《计划生育技术服务管理条例》《中华人民共和国红十字标志使用办法》；相关规章有《产前诊断技术管理办法》《人类辅助生殖技术管理办法》《人类精子库管理办法》等。

3．健康相关产品法

健康相关产品法是在调整不同主体在药品、血液制品、医疗器械等与人体健康相关产品的监督管理活动中，为保证其产品质量、公民身体健康所产生的各种社会关系的法律规范和总和。该类法律规范主要包括国家对药品、生活饮用水、生物制品、血液制品等产品及其包装等实行的卫生标准和对生产经营活动的监督管理规范，国家对专用于医疗的产品如医疗器械、消毒用品、医用生物材料等实行的卫生标准和对生产经营活动的监督管理规范，国家对与人体生命健康相关产品的广告宣传的管理规范等。相关法律有《中华人民共和国药品管理法》《中华人民共和国献血法》等；相关法规有《麻醉药品和精神药品管理条例》《疫苗流通和预防接种管理条例》《中华人民共和国药品管理法实施条例》《医疗器械监督管理条例》《血液制品管理条例》等；相关规章有《血站管理办法》《大型医用设备配置与使用管理办法（试行）》《药品不良反应报告和监测管理办法》等。

4．国际公共卫生法

国际公共卫生法是我国在与国际社会或其他国际卫生组织间的相互交往关系中，在有关公共卫生领域所接受的具有法律约束力的公共卫生习惯、条约、规则等法律规范的总和。该类法律规范主要包括《联合国禁止非法贩运麻醉药品和精神药物公约》《国际卫生条例》等。

三、公共卫生法评价

公共卫生是以保障和促进公众健康为宗旨的公共事业，它在对群体健康状况监测和评价下寻求保持群体健康的优良环境,主要关注群体的卫生和健康,而不同于临床医疗主要关注的是个体健康。公共卫生法律体系作为调整公共卫生活动中形成的各种社会关系的法律规范,它的实现和发展受到公共健康导向理念、健康促进思想和健康中国战略建设等的影响。社会变迁和公共卫生实践是公共卫生立法的催化剂。我国公共卫生法制建设是在改革开放、社会转型的特殊时代背景下进行的。如1988年我国中心城市大规模暴发甲肝疫情,直接推动了我国公共卫生领域第一部法律——《中华人民共和国传染病防治法》(以下简称《传染病防治法》)的诞生,公共卫生法制建设主要以传染病防控为重点。随后由于经济社会转型、疾病谱和生态环境的变化,现阶段我国已面临着多重疾病威胁并存、多种健康影响因素交织的复杂局面,新发和再发传染病流行、慢性非传染病威胁上升等已成为我国重大公共卫生问题,我国公共卫生法律逐渐建立起以传染病防控、职业病防治,以食品和药品为主体的产品卫生管理、以包括学校在内的公共场所的公共环境卫生管理和突发公共卫生事件应急制度为主的法律体系。

随着公共卫生理论和实践的发展、疾病谱的变化、人口结构的改变、经济和生态社会环境的变化等,在当今"健康入万策"和健康中国战略实施的新时代背景下,我国公共卫生法作为实现公众健康公平与正义的根本保障,被赋予了更丰富的内涵和更重大的规范责任。立法需要把新的理念和措施转化为法律规范,通过立法形成相应的管理制度和运行机制。全国卫生与健康大会和健康中国战略提出了健康促进、全民健康、将健康融入所有政策等大健康的理念,这些理念作为新公共卫生理论的主要内容需要法律化和制度化。作为我国卫生与健康领域首部基础性、综合性的法律,2019年12月28日通过的《中华人民共和国基本医疗卫生与健康促进法》明确了医疗卫生事业是社会公益事业,规定了"将健康理念融入各项政策"和"健康保障"等,将会促进公共卫生法分支领域的法律制度建设不断健全和完善。

第二节 传染病防治法发展研究

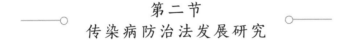

一、传染病防治法概述

（一）传染病防治法的概念

传染病防治法是调整国家、政府、社会组织、公民在预防、控制和消除传染病的发生与流行,保障人体健康和公共卫生活动中所产生的各种社会关系的法律规范的总合。[①] 1989年2月我国颁布了《中华人民共和国传染病防治法》(以下简称《传染病防治法》)。2004年8月《传染病防治法》得到修订,分别对传染病防治工作的方针、原则,传染病的预防,疫情报告、通报与公布,疫情控制,医疗救治,监督管理,保障措施及法律责任等做出了明确、具体的规定,是规范传染病防控工作,并使其制度化、规范化的重要法律依据和基本活动准绳。

《传染病防治法》适用于在中华人民共和国领域内的一切单位和个人,其必须接受疾病预防控制机构、医疗机构有关传染病的调查、检验、样本采集、隔离治疗等预防、控制措施,如实提供有关情况。

---

① 我国《传染病防治法》第一条规定:为了预防、控制和消除传染病的发生与流行,保障人体健康和公共卫生,制定本法。

（二）传染病防治法发展概述

传染病是威胁人民群众健康的重要疾病，传染病防治立法历来是卫生立法的重点。20世纪50年代初，卫生部制定了《种痘暂行办法》《传染病管理办法》等。1957年第一届全国人大常委会通过了《中华人民共和国国境卫生检疫条例》，同年卫生部发布了《中华人民共和国国境卫生检疫条例实施规则》。

改革开放以来，传染病防治立法步伐明显加快。进入21世纪后，我国传染病防治法律体系已初步形成（表3-1）。

表 3-1　传染病防治相关法律法规

名　　称	制定部门	颁布时间
法律		
《中华人民共和国疫苗管理法》	全国人大常委会	2019年
《中华人民共和国传染病防治法》	全国人大常委会	1989年
《中华人民共和国国境卫生检疫法》	全国人大常委会	1986年
法规		
《艾滋病防治条例》	国务院	2006年
《血吸虫病防治条例》	国务院	2006年
《疫苗流通和预防接种管理条例》	国务院	2005年
《病原微生物实验室生物安全管理条例》	国务院	2004年
《医疗废物管理条例》	国务院	2003年
《突发公共卫生事件应急条例》	国务院	2003年

续表

名称	制定部门	颁布时间
《国内交通卫生检疫条例》	国务院	1998年
规章		
《结核病防治管理办法》	卫生部	2013年
《性病防治管理办法》	卫生部	2012年
《医院感染管理办法》	卫生部	2006年
《传染病病人或疑似传染病病人尸体解剖查验规定》	卫生部	2005年
《医疗机构传染病预检分诊管理办法》	卫生部	2005年
《传染性非典型肺炎防治管理办法》	卫生部	2003年
《突发公共卫生事件与传染病疫情监测信息报告管理办法》	卫生部	2003年
《消毒管理办法》	卫生部	2002年
《中华人民共和国传染病防治法实施办法》	卫生部	1991年

（三）传染病防治法研究现状

1．时间分布

从时间分布来看，2003年与传染病防治法相关的研究最多，2013年则迎来了又一个高潮。通过分析，前者可能与2003年非典疫情有关，后者则与《传染病防治法》的修订有关。由此可见，重大传染病疫情及法律法规的修订会影响学术界的关注程度。传染病防治法研究时间分布（2003—2018年）如图3-1所示（数据来源于知网数据库，本章下同）。

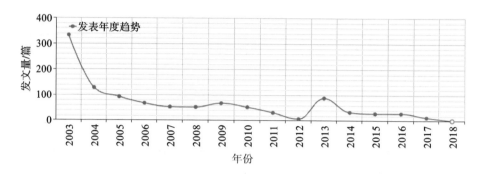

图 3-1　传染病防治法研究时间分布（2003—2018 年）

2. 学科分布

从学科分布来看，对传染病防治法的研究主要集中于行政法及地方法制、预防医学与卫生学（图 3-2）。

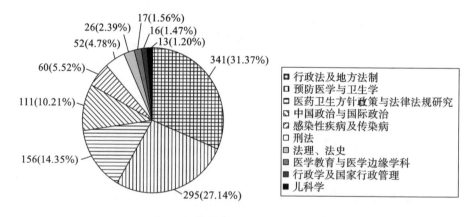

图 3-2　传染病防治法研究学科分布（2003—2018 年）

3. 关键词分布

从关键词分布来看，与传染病防治法相关的关键词主要为"传染病""传染病防治"和"传染病防治法"，其他比较重要的词有"防治""管理"等（图 3-3）。由此可见，传染病防治法研究的重点在于通过法律法规的力量达到传染病防控的目的。

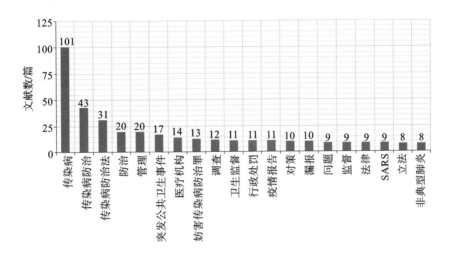

图 3-3 传染病防治法研究关键词分布(2003—2018 年)

二、传染病防治法实施现状

(一)防控体系建设情况

目前,我国在防治传染病的过程中,仅在卫生系统内部建立了各级疾病预防控制机构、医疗机构及基层卫生机构(包括社区卫生服务中心、乡镇卫生院、村医务室等),这些机构分别承担相应的职责和任务。除此之外,还通过保障资金投入、健全体制、完善制度、配备设备及相关机构的人力资源(包括人员的数量、学历、专业知识水平、继续教育状况、工作技能、工作积极性及科研能力)来进行传染病防控。

(二)传染病防治保障体系

传染病的防治是各级疾病预防控制机构应承担的公共职能的重要组成部分。2017 年《卫生和计划生育统计年鉴》的资料显示,我国 2016 年各地区疾病预防控制中心的总人数为 191627 人,人员的年龄和工作年限分布大体均衡,但普遍学历较低,本科以上学历人员只占总人数的36%,中级以上职称的人员占24.2%,其中约有四分之一的人从事传染病预防控制工作。卫生监督部门在传染病防治过程中承担着相关执法职能,2017年《卫生和计划生育统计年鉴》的资料显示,2016年我国共有卫生监督机构人员81522人。2011—2016年,各类小型医疗机构数量增长迅速,但2016年我国卫生监督机构人员总数却较2011年有所减少(表3-2),这给现有的卫生监督体系造成了极大的压力。

表3-2 2011—2016年中国卫生监督机构人员构成 (单位:人)

年份	卫生技术人员	其他技术人员	管理人员	工勤技能人员	合计
2011	70457	3241	9755	6657	90110
2012	82476	1845	3431	2578	90330
2013	69864	2759	5342	4520	82485
2014	59794	2126	5638	4837	72395
2015	67942	2029	5737	5002	80710
2016	68165	2056	6242	5059	81522

注:数据来自2012—2017年《中国卫生统计年鉴》《中国卫生和计划生育统计年鉴》。

三、传染病防治法主要制度

(一)疫苗接种与管理制度[①]

为了加强疫苗管理,保证疫苗质量,规范预防接种,促进疫苗行业

[①] 参见《传染病防治法》第二章和《中华人民共和国疫苗管理法》。

发展,保障公众健康,维护公共卫生安全,2019年6月29日,第十三届全国人民代表大会常务委员会第十一次会议通过了《中华人民共和国疫苗管理法》(以下简称《疫苗管理法》)。该法贯彻"四个最严"要求,对疫苗实行最严格的管理制度,并总结《中华人民共和国药品管理法》《疫苗流通和预防接种管理条例》的实施经验,吸取问题疫苗案件教训,对疫苗领域形成了覆盖全生命周期的法律保障体系,加强了对疫苗从研发、生产、流通到使用的全链条监管。

《传染病防治法》和《疫苗管理法》规定,国家实行有计划的预防接种制度,并根据经济发展情况逐步扩大计划免疫的范围。国家卫生行政部门根据传染病预防、控制的需要,制定传染病预防接种规划并组织实施。用于预防接种的疫苗必须符合国家质量标准。

1. 预防接种管理

(1) 儿童预防接种的管理。我国对儿童实行预防接种证制度。医疗机构、疾病预防控制机构与儿童的监护人应相互配合,保证儿童及时接受预防接种。在儿童出生后1个月内,其监护人应当到儿童居住地承担预防接种工作的接种单位为儿童办理预防接种证。接种单位对儿童实施接种时,应当查验预防接种证,并做好记录。儿童入托、入学时,托幼机构、学校应当查验预防接种证,发现未依照国家免疫规划受种的儿童,应当向所在地的县级疾病预防控制机构或者儿童居住地承担预防接种工作的接种单位报告,并配合疾病预防控制机构或者接种单位督促其监护人在儿童入托、入学后及时到接种单位补种。

(2) 群体性预防接种的管理。县级以上地方人民政府卫生主管部门根据传染病监测和预警信息,为了预防、控制传染病的暴发、流行,需要在本行政区域内部分地区进行群体性预防接种的,应当报经本级人民政府决定,并向省、自治区、直辖市人民政府卫生主管部门备案;需要在省、自治区、直辖市行政区域全部范围内进行群体性预防接种的,应当由省、自治区、直辖市人民政府卫生主管部门报经本级人民政府决定,并向国务院卫生主管部门备案。需要在全国范围或者跨省、自治区、直辖市范围内进行群体性预防接种的,应当由国务院卫生主管部门决定。任何单位或者个人不得擅自进行群体性预防接种。

2. 预防接种单位的管理

(1) 预防接种单位的条件。预防接种单位应当具备下列条件:①具有医疗机构执业许可证;②具有经过县级人民政府卫生主管部门组织的预防接种专业培训并考核合格的医师、护士或者乡村医生;③具有符合疫苗储存、运输管理规范的冷藏设施、设备和冷藏保管制度。承担预防接种工作的城镇医疗卫生机构,应当设立预防接种门诊。

(2) 遵守预防接种工作规范。预防接种单位应当遵守预防接种工作规范、免疫程序、疫苗使用指导原则和接种方案,并在其接种场所的显著位置公示第一类疫苗的品种和接种方法。

(3) 医疗卫生人员的责任。医疗卫生人员在实施预防接种前,应当告知受种者或者其监护人所接种疫苗的品种、作用、禁忌、不良反应及注意事项,询问受种者的健康状况及是否有接种禁忌等情况,并如实记录、告知和询问情况。受种者或者其监护人应当了解预防接种的相关知识,并如实提供受种者的健康状况和接种禁忌等信息。

医疗卫生人员应当对符合接种条件的受种者实施接种,并依照国务院卫生主管部门的规定,填写并保存接种记录;对于因有接种禁忌而不能接种的受种者,医疗卫生人员应当对受种者或者其监护人提出医学建议。

3. 预防接种异常反应的处理

预防接种异常反应(adverse event following immunization,AEFI),

是指合格的疫苗在实施规范接种过程中或者实施规范接种后造成受种者机体组织器官、功能损害,相关各方均无过错的药品不良反应。

(1) 不属于预防接种异常反应的情形。根据《疫苗管理法》,以下情形不属于预防接种异常反应:①因疫苗本身特性引起的接种后一般反应;②因疫苗质量问题给受种者造成的损害;③因接种单位违反预防接种工作规范、免疫程序、疫苗使用指导原则、接种方案给受种者造成的损害;④受种者在接种时正处于某种疾病的潜伏期或者前驱期,接种后偶合发病;⑤受种者有疫苗说明书规定的接种禁忌,在接种前受种者或者其监护人未如实提供受种者的健康状况和接种禁忌等情况,接种后受种者原有疾病急性复发或者病情加重;⑥因心理因素发生的个体或者群体的心因性反应。

(2) 预防接种异常反应的处理。我国实行预防接种异常反应补偿制度。实施接种过程中或者实施接种后出现受种者死亡、严重残疾、器官组织损伤等损害,属于预防接种异常反应或者不能排除的,应当给予补偿。补偿范围实行目录管理,并根据实际情况进行动态调整。接种免疫规划疫苗所需要的补偿费用,由省、自治区、直辖市人民政府财政部门在预防接种经费中安排。接种非免疫规划疫苗所需的补偿费用,由相关疫苗上市许可持有人承担。预防接种异常反应补偿应当及时、便民、合理。

(二) 疫情控制制度[①]

1. 控制措施

(1) 医疗机构采取的措施。医疗机构发现甲类传染病时,应当及

---

① 参见《传染病防治法》。

时采取下列措施：①对患者、病原携带者，予以隔离治疗，隔离期限根据医学检查结果确定；②对疑似患者，确诊前在指定场所单独隔离治疗；③对医疗机构内的患者、病原携带者、疑似患者的密切接触者，在指定场所进行医学观察和采取其他必要的预防措施。对于拒绝隔离治疗或者隔离期未满擅自脱离隔离治疗的，可以由公安机关协助医疗机构采取强制隔离治疗措施。

医疗机构发现乙类或者丙类传染病患者，应当根据病情采取必要的治疗和控制传播措施。医疗机构对本单位内被传染病病原体污染的场所、物品及医疗废物，必须依照法律、法规实施消毒和无害化处置。

（2）疾病预防控制机构采取的措施。疾病预防控制机构发现传染病疫情或者接到传染病疫情报告时，应当及时采取下列措施：①对传染病疫情进行流行病学调查，根据调查情况提出划定疫点、疫区的建议，对被污染的场所进行卫生处理，对密切接触者，在指定场所进行医学观察和采取其他必要的预防措施，并向卫生行政部门提出疫情控制方案；②传染病暴发、流行时，对疫点、疫区进行卫生处理，向卫生行政部门提出疫情控制方案，并按照卫生行政部门的要求采取措施；③指导下级疾病预防控制机构实施传染病预防、控制措施，组织、指导有关单位对传染病疫情进行处理。

2．紧急措施

当传染病暴发、流行时，县级以上地方人民政府应当立即组织力量，按照预防、控制预案进行防治，切断传染病的传播途径，必要时，报经上一级人民政府决定，可以采取下列紧急措施并予以公告：①限制或者停止集市、影剧院演出或者其他人群聚集的活动；②停工、停业、停课；③封闭或者封存被传染病病原体污染的公共饮用水源、食品以及相关物品；④控制或者扑杀染疫野生动物、家畜家禽；⑤封闭可能造成传染病扩散的场所。上级人民政府接到下级人民政府关于采取上述紧急措施的报告时,应当即时做出决定。当疫情得到控制,需要解除紧急措施时,由原决定机关决定并宣布。

3．疫区封锁

甲类、乙类传染病暴发、流行时,县级以上地方人民政府报经上一级人民政府决定,可以宣布本行政区域部分或者全部为疫区;国务院可以决定并宣布跨省、自治区、直辖市的疫区。县级以上地方人民政府可以在疫区内采取相应的紧急措施,并可以对出入疫区的人员、物资和交通工具实施卫生检疫。

省、自治区、直辖市人民政府可以决定对本行政区域内的甲类传染病疫区实施封锁;但是,封锁大、中城市的疫区或者封锁跨省、自治区、直辖市的疫区,以及封锁疫区导致中断干线交通或者封锁国境的,由国务院决定。疫区封锁的解除,由原决定机关决定并宣布。

4．交通卫生检疫

发生甲类传染病时,为了防止该传染病通过交通工具及其乘运的人员、物资传播,可以实施交通卫生检疫。1998 年 11 月 28 日国务院发布的《国内交通卫生检疫条例》规定,列车、船舶、航空器和其他车辆出入检疫传染病疫区和在非检疫传染病疫区的交通工具上发现检疫传染病疫情时,依照该条例对交通工具及其乘运的人员、物资实施交通卫生检疫。

5．紧急调集人员

传染病暴发、流行时,根据传染病疫情控制的需要,国务院有权在全国范围或者跨省、自治区、直辖市范围内,县级以上地方人民政府有权在本行政区域内紧急调集人员。紧急调集人员的,应当按照规定给予合理报酬。

6．临时征用

传染病暴发、流行时，根据传染病疫情控制的需要，国务院有权在全国范围或者跨省、自治区、直辖市范围内，县级以上地方人民政府有权在本行政区域内调用储备物资，临时征用房屋、交通工具以及相关设施、设备。临时征用房屋、交通工具以及相关设施、设备的，应当依法给予补偿；能返还的，应当及时返还。

7．尸体卫生处理

患甲类传染病、炭疽死亡的，应当将尸体立即进行卫生处理，就近火化。患其他传染病死亡的，必要时，应当将尸体进行卫生处理后火化或者按照规定深埋。为了查找传染病病因，医疗机构在必要时可以按照国务院卫生行政部门的规定，对传染病患者尸体或者疑似传染病患者尸体进行解剖查验，并应当告知死者家属。

8．优先运送

传染病暴发、流行时，药品和医疗器械生产、供应单位应当及时生产、供应防治传染病的药品和医疗器械。铁路、交通、民用航空经营单位必须优先运送处理传染病疫情的人员以及防治传染病的药品和医疗器械。县级以上地方人民政府有关部门应当做好组织协调工作。

四、传染病防治法评价

传染病防治是关乎人民身心健康、经济发展和社会稳定的一项基础又关键的公共卫生工作。自1989年我国第一部公共卫生相关法《中华人民共和国传染病防治法》出台，传染病防治相关法律法规对预防、控制和消除传染病的发生和流行发挥了重要作用。2003年的SARS给我国的传染病防治制度和公共卫生体系建设敲响了警钟，暴露出如传染病暴发、流行监测和预警的能力较弱,疫情信息报告渠道不畅,救治传染病患者能力薄弱,院内交叉感染防控较差等缺点。此后我国的公共卫生体系不断完善,实施了一系列传染病防治措施,建立了一套比较完善的传染病防治法律制度。2004年《传染病防治法》相关规定修订之后,国务院公布了《病原微生物实验室生物安全管理条例》《疫苗流通和预防接种管理条例》《重大动物疫情应急条例》《艾滋病防治条例》等配套行政法规,不断健全法律制度以保证传染病防治工作的落实。

尽管我国传染病防治法不断完善、传染病防治工作取得了积极进展,但是面对当前人口流动频繁、城乡发展迅速的环境,我国传染病防治的形势依然严峻,与全面保障人民群众防治传染病和全面落实传染病防治法的要求相比,传染病防治法的执行还亟待进一步改进和加强。第一,传染病防治执法力度不够,执法人员短缺,人员老化、结构薄弱、层次偏低、后继无人的现状与其日益增多的工作内容不相符。第二,当前《传染病防治法》对医疗机构的领导、临床医生等的传染病防治责任约束力不足,致使其在思想上认为传染病防治工作既没有经济效益也不是主要工作职责,因而在落实传染病防治工作时存在一定的不配合、不支持、不落实的情况。第三,某些机构负责人对传染病防治工作的认识不够、职责不清,存在机构传染病防治制度不完善、预防工作不够到位的情况。第四,医疗机构和疾病预防控制机构由卫生行政部门的不同处室来主管,这种条块管理的状况导致了部门之间信息沟通不顺畅、系统资源不能有效整合,医疗机构和疾病预防控制机构之间难以建立起完善的协作机制。

第三节
职业病防治法发展研究

一、职业病防治法概述

(一)职业病和职业病防治法的概念

1. 职业病的概念

职业病具有医学与法学双重意义。法定职业病是指企业、事业单位和个体经济组织(以下统称用人单位)的劳动者在职业活动中,因接触粉尘、放射性物质和其他有毒有害物质等因素而引起的疾病。

2. 职业病防治法的概念

《中华人民共和国职业病防治法》(以下简称《职业病防治法》)是为预防、控制和消除职业病危害,防止职业病的发生,保护劳动者健康及其相关权益所产生的各种社会关系的法律规范的总称。[①]

根据《职业病分类和目录》规定,我国法定职业病分为职业性尘肺病及其他呼吸系统疾病、职业性皮肤病、职业性眼病、职业性耳鼻喉口腔疾病、职业性化学中毒、物理因素所致职业病、职业性放射性疾病、职业性传染病、职业性肿瘤、其他职业病 10 类 132 种。

(二)职业病防治法的发展概述

职业危害与人类生产活动共存。由于经济发展水平限制,不少劳

---

① 《职业病防治法》第一条规定:为了预防、控制和消除职业病危害,防治职业病,保护劳动者健康及其相关权益,促进经济社会发展,根据宪法,制定本法。

动者的工作条件仍然较差,职业危害和职业病已经成为影响劳动者健康、造成劳动者过早失去劳动能力的最主要因素。面对严峻的职业病危害形势,加强职业病防治的法制化建设至关重要。

新中国成立之初,国家就将工业卫生列为卫生工作的重点,并颁布了《第一届全国工业卫生会议决议》《国务院关于加强防尘防毒工作的决定》《乡镇企业劳动卫生管理办法》《中华人民共和国尘肺病防治条例》《放射性同位素与射线装置放射防护条例》《放射工作人员健康管理规定》《放射事故管理规定》《放射工作卫生防护管理办法》等。上述法律规范性文件的颁布与实施,对防止职业病危害、保护劳动者健康权益,均起到了历史性的积极作用。2002年《中华人民共和国职业病防治法》的施行及其配套的部门规章的颁布,使职业病防治工作真正做到了有法可依。职业病防治相关法律法规如表 3-3 所示。

表 3-3 职业病防治相关法律法规

名 称	制定部门	颁布时间
《中华人民共和国职业病防治法》	全国人大常委会	2001 年
《职业健康检查管理办法》	卫计委	2015 年
《职业病诊断与鉴定管理办法》	卫生部	2013 年
《职业病危害项目申报管理办法》	卫生部	2002 年
《国家职业卫生标准管理办法》	卫生部	2002 年
《职业健康监护管理办法》	卫生部	2002 年
《建设项目职业病危害分类管理办法》	卫生部	2002 年
《职业病危害事故调查处理办法》	卫生部	2002 年
《职业病报告办法》	卫生部	1983 年
《中华人民共和国尘肺病防治条例》	国务院	1987 年

《职业病防治法》是我国第一部保护劳动者健康权益的法律。它的颁布与实施,使职业病防治工作迈入了新的发展时期,对于进一步促进我国社会经济、人力资源的可持续发展具有重要意义。

(三)职业病防治法研究现状

1. 时间分布

从时间分布来看,2011年与职业病防治法相关的研究最多,通过分析,这可能与《职业病防治法》的修正有关(图3-4)。

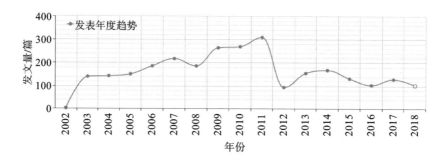

图3-4 职业病防治法研究时间分布(2002—2018年)

2. 学科分布

从学科分布来看,对职业病防治法的研究主要集中于预防医学与卫生学、行政法及地方法制(图3-5)。

3. 关键词分布

从关键词分布来看,与职业病防治法相关的关键词主要为"职业病""职业卫生"和"职业病危害",其他比较重要的关键词有"对策""职业病防治"等(图3-6)。由此可见,职业病防治法研究的重点在于通过法律法规的力量使人们认识到职业病的危害,并通过有效的防治达到职业病防控的目的。

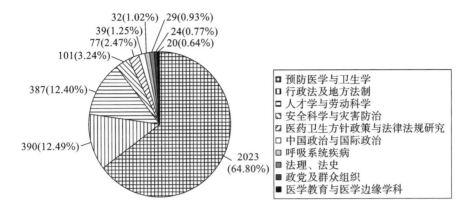

图 3-5　职业病防治法研究学科分布（2002—2018 年）

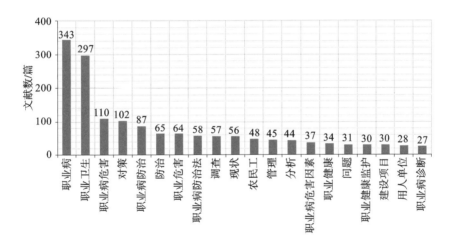

图 3-6　职业病防治法研究关键词分布（2002—2018 年）

二、职业病防治法实施现状

我国是世界上受职业病发病影响较严重的国家之一。相关研究表明，我国约有 1600 万家工厂企业存在着有毒有害作业场所，受不同程度职业病危害因素影响的人数超过 2 亿，接触职业病危害的人数、职业病患者累积病例数均居世界首位。随着《职业病防治法》的颁布,我国建立了职业病报告制度。根据2011—2016年全国职业病报告情况(表3-4),职业病患者总数整体有升高的趋势,但这从另一个侧面反映出职业病报告制度的逐步完善,越来越多的隐性职业病患者得到了保障。

表3-4 2011—2016年全国职业病报告情况 (单位:万人)

类型	2011年	2012年	2013年	2014年	2015年	2016年
职业病患者总数	29879	27420	26393	29972	29180	31789
尘肺病	26401	24206	23152	26873	26081	28088
急性职业中毒	590	601	637	486	—	—
慢性职业中毒	1541	1040	904	795	—	—
职业性耳鼻喉口腔疾病	—	—	—	—	1097	1276
职业性化学中毒	—	—	—	—	931	1212

注:本表仅列取了部分职业病。

三、职业病防治法主要制度

(一)职业病的前期预防制度[①]

对产生职业病危害的用人单位的设立除应当符合法律、行政法规和国务院卫生行政部门、安全生产监督管理部门关于保护劳动者健康的要求外,其工作场所还应满足以下职业卫生要求:有与职业病危害防护相适应的设施;设备、工具、用具等设施符合保护劳动者生理、心理健康的要求;职业病危害因素的强度或者浓度符合国家职业卫生标准;生

---

① 参见《职业病防治法》第二章。

产布局合理,符合有害与无害作业分开的原则;有配套的更衣间、洗浴间、孕妇休息间等卫生设施。

(二)劳动过程中的防护与管理制度[①]

用人单位必须采用有效的职业病防护设施,并为劳动者提供个人使用的、符合防治职业病要求的职业病防护用品。用人单位应当优先采用有利于防治职业病和保护劳动者健康的新技术、新工艺、新设备、新材料,逐步替代职业病危害严重的技术、工艺、设备、材料。

产生职业病危害的用人单位,应当在醒目位置设置公告栏,公布有关职业病防治的规章制度、操作规程、职业病危害事故应急救援措施和工作场所职业病危害因素检测结果。对产生严重职业病危害的作业岗位,应当在其醒目位置,设置警示标识和中文警示说明,并载明产生职业病危害的种类、后果、预防以及应急救治措施等内容。

对可能发生急性职业损伤的有毒、有害工作场所,用人单位应当设置报警装置,配置现场急救用品、冲洗设备、应急撤离通道和必要的泄险区。对放射工作场所和放射性同位素的运输、贮存,用人单位必须配置防护设备和报警装置,保证接触放射线的工作人员佩戴个人剂量计。对职业病防护设备、应急救援设施和个人使用的职业病防护用品,用人单位应当进行经常性的维护、检修,定期检测其性能和效果,确保其处于正常状态,不得擅自拆除或者停止使用。

(三)职业病诊断制度[②]

职业病诊断制度包括综合分析制度、归因推定诊断制度、集体诊断

---

① 参见《职业病防治法》第三章。
② 参见《职业病防治法》第四章。

制度、报告制度。

1. 综合分析制度

职业病诊断应综合分析患者的职业史、职业病危害接触史和工作场所职业病危害因素情况、临床表现以及辅助检查结果等,排除其他致病因素所致类似疾病后做出诊断。

2. 归因推定诊断制度

没有证据否定职业病危害因素与患者临床表现之间的必然联系的,应当诊断为职业病。

3. 集体诊断制度

职业病诊断证明书应当由参与诊断的取得职业病诊断资格的执业医师签署,并经承担职业病诊断的医疗卫生机构审核盖章。

4. 报告制度

用人单位和医疗卫生机构发现职业病患者或者疑似职业病患者时,应当及时向所在地卫生行政部门和安全生产监督管理部门报告。诊断为职业病时,用人单位还应当向所在地劳动保障行政部门报告。卫生行政部门和劳动保障行政部门接到报告后,应当依法做出处理。县级以上地方人民政府卫生行政部门负责本行政区域内职业病统计报告管理工作,并按照规定上报。

四、职业病防治法评价

职业病防治法的建立和发展主要随着人类活动和不断变化的职业病形势而进行动态调整。我国职业病防治法也随着实践的发展不断得到完善,早期职业病防治法在如今职业病所面临的新形势下也暴露出不适应的地方,出现了一些制度漏洞,法律实效受到影响,在职业病防治实践中暴露出的部分现象也与立法初衷相差甚远。面对实践中暴露的问题,2017年底《职业病防治法》的修正有效地填补了相关领域的空白,进一步明确了职业病监管主体、降低了职业病诊断门槛、简化了职业病诊断程序、确立了举证责任倒置原则、加大了违法行为处罚力度等,从而更好地维护劳动者的健康权益。

随着我国经济社会的发展和经济生产模式逐渐转型,我国职业环境也在逐渐发生变化,职业病防治法也应跟随不断变化的社会形势而进行一定的调整和修改。日本、美国、法国等国职业病发病率较低,究其原因在于这些国家的政府部门从作业方式、噪声、职业性生物因素引起的疾病等多方面入手控制职业病的发病率。因此,在现有的《职业病防治法》基础上,我国也可以借鉴其他国家的先进经验,完善我国职业病防治过程中各部门之间的职权划分,更好地开展职业病防治工作。

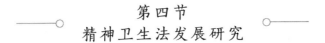

第四节 精神卫生法发展研究

一、精神卫生法概述

(一) 精神卫生法的概念与范围

《中华人民共和国精神卫生法》是调整国家、政府、社会组织、公民在维护和增进心理健康、预防和治疗精神障碍、促进精神障碍患者康复的活动中的行为,保障人体健康和其中所产生的各种社会关系的法律规范的总和。在中华人民共和国境内开展的维护和增进公民心理健康、预防和治疗精神障碍、促进精神障碍患者康复的活动,均适用《中华人民共和国精神卫生法》。

(二)精神卫生法的发展概述

为保障精神病患者这一弱势群体的合法权益,世界上一百多个国家相继制定了精神卫生相关法律。我国在1982年试行的《中华人民共和国民事诉讼法》和在1987年施行的《中华人民共和国民法通则》中,有保护精神病患者权益的相应条款。20世纪80年代末起,我国相继颁布了《精神药品管理办法》《精神疾病司法鉴定暂行规定》和《中华人民共和国残疾人保障法》,这些法律法规与精神卫生有关,但全面、专业的精神卫生法迟迟未能出台,致使精神病患者基本的医疗条件、社保体系不能得到保证,造成社会的不安定和生产力的损失。

1987年8月世界卫生组织与中国卫生部、公安部和民政部及其他部门合作,在天津举行了首届司法精神病学及精神卫生立法研讨会。随后,《中华人民共和国精神卫生法》的立法起草工作便开始进行。为保障精神病患者权益,我国陆续出台了一些精神卫生相关法律法规(表3-5)。2001年上海市出台了一部地方性法规——《上海市精神卫生条例》,内容涉及心理健康咨询和精神疾病的预防、精神疾病的治疗、医疗看护、精神疾病的康复等多个方面,作为全国首部规范精神卫生问题的法规,对我国精神卫生法立法起到了一定的推进作用。

表3-5 精神卫生相关法律法规

名 称	制定部门	颁布时间
法律		
《中华人民共和国精神卫生法》	全国人大常委会	2012年
《中华人民共和国残疾人保障法》	全国人大常委会	2008年

续表

名称	制定部门	颁布时间
法规		
《麻醉药品和精神药品管理条例》	国务院	2005年
规章		
《精神卫生工作"八五"计划要点》	卫生部、民政部、公安部、中国残联	1992年
《关于精神疾病司法鉴定暂行规定》	最高人民法院、最高人民检察院、公安部、司法部、卫生部	1989年

2012年10月,全国人大常委会表决通过了《中华人民共和国精神卫生法》(以下简称《精神卫生法》)。《精神卫生法》是一部规范精神障碍患者治疗、保障精神障碍患者的合法权益和促进精神障碍患者康复的法律,于2013年5月正式实施。

(三)精神卫生法研究现状

1. 时间分布

从时间分布来看,2011—2013年与精神卫生法相关的研究最多,通过分析,这可能与2012年《精神卫生法》的通过有关(图3-7)。

2. 学科分布

从学科分布来看,对精神卫生法的研究主要集中于行政法及地方法制方面,即主要对法律条款进行研究(图3-8)。

3. 关键词分布

从关键词分布来看,与精神卫生法相关的关键词主要为"精神卫生法""精神障碍"和"强制医疗"(图3-9),由此可见,精神卫生法研究重

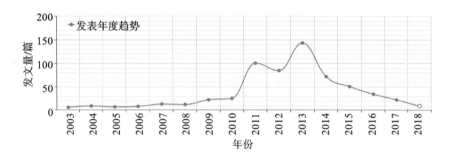

图 3-7 精神卫生法研究时间分布(2003—2018 年)

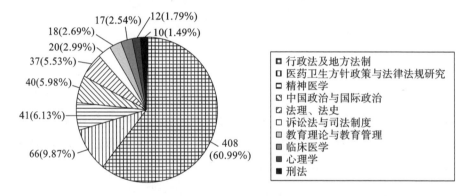

图 3-8 精神卫生法研究学科分布(2003—2018 年)

点关注精神障碍内涵以及对精神病患者进行治疗的伦理问题。

二、精神卫生法实施现状

(一)防控体系建设情况

《全国精神卫生工作体系发展指导纲要(2008 年—2015 年)》《重性精神疾病管理治疗工作规范(2012 年版)》《精神卫生法》等政策和法律的出台,对精神卫生工作提出了具体的目标、规范和要求。近年来,国家加大精神卫生投入,精神病专科医院基础建设和人才队伍建设得

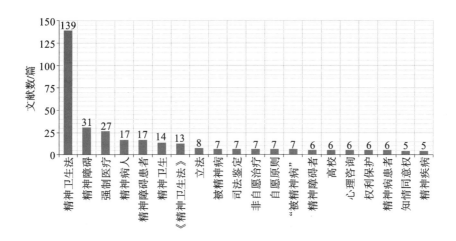

图 3-9　精神卫生法研究关键词分布（2003—2018 年）

到加强,精神卫生事业进入快速发展阶段。有研究表明,近几年,各地市的精神病专科医院逐步建成并投入使用,但目前对现有精神卫生机构数量尚无详细统计数据。

（二）精神卫生保障体系

1. 资金保障

我国没有全国统一的精神卫生专项预算,目前各级政府提供精神卫生服务的方式主要是地方政府财政拨款和医疗保险支付。从筹资渠道看,患者自费是我国精神卫生经费的首要筹资来源,其次为社会保险,税收在精神卫生筹资中位列第三,筹资机制整体风险共担能力较弱,患者疾病负担沉重。国外无论发达国家还是发展中国家,基本都是以税收或社会保险作为最主要的筹资来源,只有少数低收入国家才以患者自费为主要手段。我国精神卫生筹资方式相对落后,政府对精神卫生服务的财政拨款水平过低,不符合目前我国整体社会经济发展和卫生事业发展的大趋势。精神卫生财政投入不完善是我国精神障碍患者就诊率低下及因病致贫的主要原因。

近年来,随着基层医疗服务和公共卫生服务投入力度的不断加大,精神卫生越来越得到政府重视。2004年"中央补助地方重性精神疾病管理治疗项目"启动,对精神分裂症、分裂情感性精神障碍、偏执性精神病、双向障碍、癫痫所致精神障碍、中重度精神发育迟滞等重性精神疾病进行财政补助,给予免费药物治疗和随访管理。2009年卫生部印发的《国家基本公共卫生服务规范(2009年版)》中将重性精神疾病的管理纳入基本公共卫生服务的范畴,《中共中央、国务院关于深化医药卫生体制改革的意见》中明确要求建立健全精神卫生专业公共卫生服务网络,对于精神病医院在投入政策上予以倾斜,精神卫生专业机构的财政投入水平因而逐年上升。2010—2011年国家投入91亿元对全国550家精神卫生机构的业务用房实施改扩建,首次对精神卫生专业机构硬件改造投入14.5亿元购置必要设备。

2. 人员保障

根据卫生行政部门统计,目前我国精神科执业医师人数和精神科注册护士人数与世界人均GDP同属中高收入水平的国家相比仍有一定差距。为保证精神科执业人员的数量与质量,国家设立了中央转移支付地方精神卫生防治人员培养项目以加强人才培养。

三、精神卫生法主要制度

(一)精神卫生责任制度[①]

县级以上人民政府领导精神卫生工作,建设和完善精神障碍的预

---

① 参见《精神卫生法》第一章。

防、治疗和康复服务体系,建立健全精神卫生工作协调机制和工作责任制;乡镇人民政府和街道办事处组织本地区开展预防精神障碍发生、促进精神障碍患者康复等工作。县级以上地方人民政府卫生行政部门主管本行政区域的精神卫生工作,其他相关部门在各自职责范围内负责有关的精神卫生工作。精神障碍患者的监护人履行监护职责,维护精神障碍患者的合法权益。村民委员会、居民委员会开展精神卫生工作,并对所在地人民政府开展的精神卫生工作予以协助。

(二) 心理健康促进和精神障碍预防制度[①]

政府及相关部门制定的突发事件应急预案,应当包括心理援助的内容。用人单位、各级各类学校、医务人员、村民委员会、居民委员会和家庭成员,在开展心理健康教育和指导、精神卫生知识宣传、帮助精神障碍患者等方面,都有各自的责任和义务。

(三) 自愿与强制结合的诊断、治疗制度[②]

除法律另有规定外,不得违背本人意志进行确定其是否患有精神障碍的医学检查。疑似精神障碍患者的近亲属可以将其送往医疗机构进行精神障碍诊断;对查找不到近亲属的流浪乞讨疑似精神障碍患者,当地民政等有关部门按照职责分工,帮助送往医疗机构进行精神障碍诊断。精神障碍患者的住院治疗实行自愿原则,自愿住院治疗的精神障碍患者可以随时要求出院,医疗机构应当同意。对于已经发生伤害自身行为或者有伤害自身的危险的精神障碍患者,医疗机构对其实施住院治疗须经其监护人同意,监护人可以随时要求患者出院,医疗机构

---

① 参见《精神卫生法》第二章。
② 参见《精神卫生法》第三章。

应当同意。

疑似精神障碍患者发生伤害自身、危害他人安全的行为,或者有伤害自身、危害他人安全的危险的,其近亲属、所在单位、当地公安机关应当立即采取措施予以制止,并将其送往医疗机构进行精神障碍诊断。确诊为严重精神障碍患者,并有伤害自身、危害他人安全的行为,或者有伤害自身及危害他人的危险的,可以实施强制住院治疗。患者或者其监护人对需要住院治疗的诊断结论有异议的,可以要求再次诊断和鉴定;医疗机构认为患者可以出院的,应当立即告知患者及其监护人。

(四)精神障碍患者权益保障制度[①]

精神障碍患者是弱势群体,精神障碍患者发病期间是限制行为能力人或者无行为能力人,保障精神障碍患者权益是《精神卫生法》的重要内容。精神障碍患者享有人格尊严、人身和财产安全不受侵犯的权利,教育、劳动、医疗以及从国家和社会获得物质帮助等方面的合法权益受法律保护的权利,姓名、肖像、病历资料等信息依法受到保护的权利,人身自由不受非法限制的权利,获得救治、康复的权利。

四、精神卫生法评价

《精神卫生法》颁布后,经过近些年的司法实践,各地精神卫生管理工作日益规范,极大地保障了患者的健康权益,使精神卫生管理工作日臻完善。但是随着社会形势的变化和立法条件的限制,该法在实践过程中暴露出一定的不足和缺陷,无法适应当前复杂的社会现状,以全面保障精神障碍患者的权益。如精神卫生服务体系的内容和定位不够明

---

① 参见《精神卫生法》第四条。

晰、心理健康服务界定不够明确、监护制度的补充完善不够充分、患者权益和公众权益的平衡体现不完整,以及住院患者出院、疑似精神障碍患者和流浪乞讨人员的送诊住院等问题上,相关的规定不具体等。

随着法治社会环境的不断优化、立法条件的不断成熟和生命伦理的不断发展,在面临更加复杂的现实实践需要和健康中国战略实施的背景下,进一步完善精神卫生法和配套相关程序性文件及实施细则至关重要,以适应精神卫生观念和技术的发展。

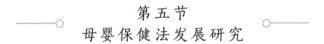

第五节 母婴保健法发展研究

一、母婴保健法概述

(一)母婴保健法的相关概念与范围

《中华人民共和国母婴保健法》是调整保障母亲和婴儿健康,提高出生人口素质活动中产生的各种社会关系的法律规范的总和。

在中华人民共和国境内从事母婴保健服务活动的机构及其人员应当遵守《母婴保健法》。

(二)母婴保健法的发展概述

母婴保健工作一直受到国家的高度重视,《中华人民共和国宪法》《中华人民共和国婚姻法》《中华人民共和国妇女权益保障法》中均有相应条款对其进行保障。1991 年 3 月,我国政府签署了《儿童生存、保护和发展世界宣言》和《执行九十年代儿童生存、保护和发展世界宣言行动计划》,并向国际社会做出了"对儿童的权利,对他们的生存及对他们的保护和发展给予高度优先"的庄严承诺。作为政府承诺的后续行动,又陆续颁布了《九十年代中国儿童发展规划纲要》《卫生部实施〈九十年代中国儿童发展规划纲要〉方案》,推动了我国母婴保健的立法工作。1993年东亚及太平洋地区各国通过《马尼拉共同声明》,规定了20世纪90年代儿童发展目标,我国政府对此也做出了承诺。1995年6月1日我国实施了第一部保护妇女儿童健康的法律——《中华人民共和国母婴保健法》(以下简称《母婴保健法》)。此后,我国又陆续出台了相应的法律法规(具体见表3-6),这些法律法规的颁布,有利于改善农村和边远贫困地区妇女儿童的健康状况,充分显示了我国对妇女儿童权益的重视,对人口素质的提高和社会的进步都具有十分重要的意义。

表3-6 母婴保健相关法律法规

名称	制定部门	颁布时间
法律		
《中华人民共和国母婴保健法》	全国人大常委会	1994年
《中华人民共和国妇女权益保障法》	全国人大常委会	1992年
法规		
《计划生育技术服务管理条例》	国务院	2001年
《中华人民共和国母婴保健法实施办法》	国务院	2001年
规章		
《托儿所幼儿园卫生保健管理办法》	卫生部、教育部	2010年
《妇幼保健机构管理办法》	卫生部	2006年

续表

名　称	制定部门	颁布时间
《关于禁止非医学需要的胎儿性别鉴定和选择性别的人工终止妊娠的规定》	国家卫生和计划生育委员会 卫生部 国家药品监督管理局	2002年
《产前诊断技术管理办法》	卫生部	2002年
《婚前保健工作规范（修订）》	卫生部	2002年
《爱婴医院管理监督指南》	卫生部	2002年
《母婴保健专项技术服务许可及人员资格管理办法》	卫生部	1995年
《母婴保健专项技术服务基本标准》	卫生部	1995年
《母婴保健医学技术鉴定管理办法》	卫生部	1995年

（三）母婴保健法研究现状

1．时间分布

从时间分布来看，1995—2005年与母婴保健法相关的研究较多（图3-10）。通过分析，这可能与相关法律的出台和对母婴保健的重视有关。

2．学科分布

从学科分布来看，对母婴保健法的研究主要集中于预防医学与卫生学、行政法及地方法制方面（图3-11）。

3．关键词分布

从关键词分布来看，与母婴保健法相关的关键词主要为"母婴保健

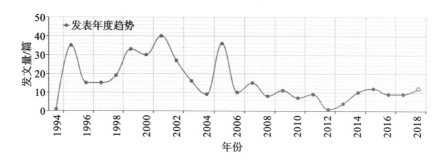

图 3-10 母婴保健法研究时间分布(1994—2018 年)

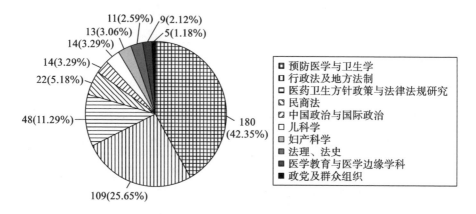

图 3-11 母婴保健法研究学科分布(1994—2018 年)

法""母婴保健"和"妇幼保健",其他比较重要的关键词有"执法""管理"等(图 3-12)。由此可见,母婴保健法研究的重点在于通过法律法规的力量达到保障妇女儿童健康权益的目的。

二、母婴保健法实施现状

(一)防控体系建设情况

医疗保健机构是指各级妇幼保健院以及经卫生行政部门批准并登

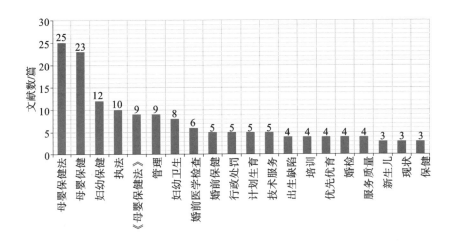

图 3-12 母婴保健法研究现状关键词分布（1994—2018 年）

记注册的医疗机构。母婴保健法规定，省级人民政府卫生行政部门指定的母婴保健机构，即各省、自治区、直辖市妇幼保健院负责本行政区域内的母婴保健监测和技术指导。医疗保健机构要按照《妇幼保健机构管理办法》《关于优化整合妇幼保健和计划生育技术服务资源的指导意见》《国家卫生计生委关于妇幼健康服务机构标准化建设与规范化管理的指导意见》等，负责其职责范围内的母婴保健工作，建立母婴保健工作规范，提高医学技术水平，采取各种措施方便人民群众，做好母婴保健服务工作。

（二）母婴保健保障体系

1. 人力资源

2016 年，全国妇幼保健机构总职工数为 46.0 万人；省级妇幼保健机构职工总数平均为 806.5 人，地市级 267 人，县区级 62 人；省、市、县区各级卫生技术人员占总职工数的比例分别为 83.1%、83.3% 和

81.5%;省、市、县区级机构中本科及以上学历卫技人员比例分别为70.1%、60.7%和36.0%。

2．资产

2016年,全国妇幼保健机构总资产为2557.1亿元;省级、市级和县区级妇幼保健机构平均总资产分别为61178.6万元、7695.2万元和1400.0万元。

3．设备

2016年,全国妇幼保健机构万元以上设备总数为36.0万台;省、市、县区级机构平均拥有万元以上设备数分别为948台、189台和42台。

4．业务用房

2016年,全国妇幼保健机构购建业务用房总面积为2060.7万平方米。省、市、县区级妇幼保健机构平均购建业务用房面积分别为39909.0平方米、10129.6平方米和3022.0平方米。

5．床位

2016年,全国提供住院服务的各级妇幼保健机构的床位总数为22.9万张;省、市、县区级机构平均实有床位数分别为536张、171张和58张。

6．经费收入和支出

2016年,全国妇幼保健机构总收入为1485.7亿元。省级机构年平均总收入为36181.0万元,地市级为7099.7万元,县区级为1198.3万元;全国妇幼保健机构总支出为1378.4亿元,省、市、县区级机构年平均总支出分别为37666.9万元、5888.2万元和1100.0万元;省、市、县区级妇幼保健机构处于亏损状态的比例分别为16.7%、18.3%和23.0%。

三、母婴保健法主要制度

(一) 婚前保健制度[①]

医疗保健机构应当为公民提供包括婚前卫生指导、婚前卫生咨询和婚前医学检查在内的婚前保健服务。婚前医学检查包括严重遗传性疾病、指定传染病和有关精神病的检查。经婚前医学检查,医疗保健机构应当出具婚前医学检查证明。对患指定传染病在传染期内或者有关精神病在发病期内的,医师应当提出医学意见;准备结婚的男女双方应当暂缓结婚。对诊断患医学上认为不宜生育的严重遗传性疾病的,医师应当向男女双方说明情况,提出医学意见;经男女双方同意,采取长效避孕措施或者行结扎手术后不生育的,可以结婚。但《中华人民共和国婚姻法》规定禁止结婚的除外。男女双方在取得婚前医学检查证明或者医学鉴定证明后,到婚姻登记机关进行结婚登记。

(二) 孕产期保健制度[②]

医疗保健机构应当为育龄妇女和孕产妇提供包括孕前、孕时、产时、产后的保健指导和服务。系列保健服务不仅保护母亲的健康,同时保护孩子的健康。医疗保健机构为产妇提供科学育儿、合理营养和母乳喂养的指导。医疗保健机构对婴幼儿进行体格检查和预防接种,逐步开展新生儿疾病筛查、婴幼儿多发病和常见病防治等医疗保健服务。孕产期保健服务的内容如下:母婴保健指导,对孕育健康后代以及严重遗传性疾病和碘缺乏病等地方病的发病原因、治疗和预防方法提供医

---

① 参见《母婴保健法》第二章。
② 参见《母婴保健法》第三章。

学意见;孕妇、产妇保健,为孕妇、产妇提供卫生、营养、心理等方面的咨询和指导以及产前定期检查等医疗保健服务;胎儿保健,为胎儿生长发育进行监护,提供咨询和医学指导;新生儿保健,为新生儿生长发育、哺乳和护理提供医疗保健服务。

医疗保健机构对患严重疾病或者接触致畸物质,妊娠可能危及孕妇生命安全或者可能严重影响孕妇健康和胎儿正常发育的,应当予以医学指导。在孕产期保健中,医师发现或者怀疑患严重遗传性疾病的育龄夫妇,应当提出医学意见。育龄夫妇应当根据医师的医学意见采取相应的措施。经产前检查,医师发现或者怀疑胎儿异常的,应当对孕妇进行产前诊断,即对胎儿进行先天性缺陷和遗传性疾病的诊断。有下列情形之一的,医师应当向夫妇双方说明情况,并提出终止妊娠的医学意见:胎儿患有严重遗传性疾病的;胎儿有严重缺陷的;因患严重疾病,继续妊娠可能危及孕妇生命安全或者严重危害孕妇健康的。依照《中华人民共和国母婴保健法》规定实施终止妊娠或者结扎手术,要采取本人自愿的原则。

四、母婴保健法评价

母婴保健管理工作关系到人类的健康生存和可持续发展,是人口质量的重要保障,关乎国家和民族的稳定和发展。通过立法保障母婴的健康权益不仅是现实之需,也是一个国家以人为本和社会文明程度的重要体现。我国母婴保健相关法律从《中华人民共和国宪法》对母亲、儿童权益的保护,到母婴保健方面的单行法、法规和制度规章,如《中华人民共和国母婴保健法》《中华人民共和国婚姻法》《中华人民共和国妇女权益保障法》和《中华人民共和国未成年人保护法》等法律中均肯定和保障母婴保健这一公民的基本权利。但经过实践,母婴保健相关法律也暴露出一些与母婴保健实际工作不适应的问题和情况,如部分法律规范制定时存在原则性和倡导性过强、缺乏可操作性等问题。

中国拥有世界上规模最大的妇女儿童群体,保护妇女儿童健康权益至关重要,以提高妇女儿童健康水平为目标,坚持以贯彻实施《中华人民共和国母婴保健法》和《中国妇女发展纲要(2011—2020年)》《中国儿童发展纲要(2011—2020年)》为核心,并随着经济社会发展和妇女儿童健康状况的不断改善逐步完善妇幼卫生法律法规、配套程序性文件和实施细则,构建适应新形势的母婴保健法律体系。

(陶思羽　陈默)

主要参考文献

[1] 倪念念.论英国1848年《公共卫生法案》[D].南京:南京大学,2012.

[2] 陈明亭,陈宝珍.卫生法制建设的成就与展望[J].中国公共卫生管理,2000,16(6),431-434.

[3] 张峰.职业危害防控的现状分析与对策探讨[D].杭州:浙江大学,2009.

[4] 马宁,严俊,马弘,等.2010年中国精神卫生机构和床位资源现状分析[J].中国心理卫生杂志,2012,26(12):885-889.

[5] 王坤.我国精神卫生专业机构经济运行研究[D].武汉:华中科技大学,2012.

[6] 袁素维,马进.国际精神卫生筹资现状及对我国的启示[J].中国

卫生政策研究,2014,7(5):27-32.

[7] 《中华人民共和国精神卫生法医务人员培训教材》编写组.中华人民共和国精神卫生法医务人员培训教材[M].北京:中国法制出版社,2013.

第四章

医疗服务法发展研究

第一节
医疗服务法概述

一、医疗服务法的概念与特征

卫生法是由国家制定或认可并由国家强制力保证实施的,旨在保护人体健康的法律规范的总称。

卫生法有狭义和广义之分。狭义的卫生法,仅指由全国人民代表大会常委会制定、颁布的卫生法律,即卫生基本法或基本法以外的卫生单行法。在我国,《中华人民共和国基本医疗卫生和健康促进法》可以成为卫生基本法。现有的13部卫生法律是由全国人民代表大会常委会制定、颁布的,为基本法以外的卫生单行法。广义的卫生法除狭义的卫生法外,还包括宪法和其他部门法中有关卫生内容的规定及其他国家机关依照法定程序制定、颁布的卫生法规、卫生规章和卫生条例等。

医疗服务法是卫生法的重要组成部分,更多地表现为狭义的卫生法,主要由一些单行性的卫生法律及规章组成。医疗服务法是为保障自然人健康权益的实现,加强对提供医疗服务的医疗机构及医务人员的管理,防范医疗纠纷,对医疗损害进行救济的法律规范的总称。

医疗服务法是一门多学科交叉的学科,采取了多种调节手段。它与医学、公共卫生学、法学、伦理学、公共健康政策学等学科都有交叉。医疗服务法调整的范围较广,是一个综合性的法律体系,有保护人民健康的宪法性规范,有调整国家对卫生事业管理的行政法律规范,有通过损害赔偿制度调整的侵权责任法律规范,有对危害自然人健康权益行为打击的刑事法律规范,可以说医疗服务法包含了宪法、行政法、民法、卫生法及程序法等法律规范,也是实体法与程序法的综合。

医疗服务法中包含大量技术规范。技术规范是人们在与客观事物打交道时所必须遵循的行为规则。漫长的历史发展进程中,人类在预防、治疗疾病的过程中,逐渐总结出来的防病治病的办法和操作规程,就是技术规范。医疗服务法中包含了国家通过一定程序法律化的技术规范。

医疗服务法中包含大量道德规范。在维护人体生命健康的医药卫生保健活动中,有许多道德性要求,譬如救死扶伤、尊重患者权利等,医疗服务法包含了许多卫生工作人员的职业道德规范。

医疗服务法的许多规范反映了保障国民健康权益的社会共同需求。疾病的流行没有地域、国界和人群的限制,是人类的共同敌人,防病治病的措施、方法和手段有普遍适用性。如今,健康问题已成为全世界都在共同探求解决的问题。世界各国的医疗服务法都反映了一些具有共性的规律。同时,各国的医疗服务法立法工作都注意加强国际合作和交流,以便更好地相互借鉴。

二、医疗服务法律体系

我国医疗服务法主要有宪法、法律、行政法规、行政规章、司法解释、地方性法规、自治条例和单行条例、特别行政区在医疗服务方面制定的法律规范、国际条约等。

我国《宪法》中有明确关于发展医疗事业、保障人民健康的规定:如第三十三条规定了国家尊重和保障人权;第二十一条规定了国家发展医疗卫生事业,发展现代医药和我国传统医药,保护人民健康;第四十五条规定了公民在年老、疾病或者丧失劳动能力的情况下,有从国家和社会获得物质帮助的权利。

在法律层面,我国目前没有制定统一的医疗服务法,但是已经有了多角度多层次的医疗服务方面的法律法规,如单行性的卫生法律法规《中华人民共和国执业医师法》《医疗机构管理条例》等,以及其他包含医疗服务规范的非专门卫生法,如《中华人民共和国侵权责任法》等。

我国的医疗服务法律体系从纵向来看多是由行政法规、规制组成,从横向来看主要包括四大内容体系。

一是医疗机构管理相关法律法规。其主要包括与医院管理、农村卫生管理、疗养院管理、血站管理、急救站管理等相关的法律法规。在医疗机构管理方面,我国形成了以《医疗机构管理条例》为核心的医疗机构管理法律法规[①]。随着互联网医疗的兴起,我国关于互联网医疗的立法工作也在不断推进,颁布了系列关于互联网医院、远程医疗服务管理等方面的制度规范[②]。

二是医疗卫生技术人员管理相关法律法规。其主要包括与医师管理、药师管理、护士管理以及助产士、临床检验人员、放射线技术人员、理疗人员管理等相关的法律法规。在各类医疗卫生技术人员管理方面,卫生主管部门先后颁布了《医院工作人员职责》《关于医务人员业余服务和兼职工作管理的规定》《外国医师来华短期行医暂行管理办法》

---

① 卫生主管部门颁布了《全国医院工作条例》《医院工作制度》《医院工作制度的补充规定(试行)》《医疗机构管理条例实施细则》《医疗机构监督管理行政处罚程序》《医疗机构设置规划指导原则(2016—2020 年)》《医疗机构诊疗科目名录》《医疗机构评审委员会章程》等规章。

② 如《互联网药品信息服务管理办法》《互联网药品交易服务审批暂行规定》《互联网医疗保健信息服务管理办法》《国务院关于积极推进"互联网+"行动的指导意见》《互联网诊疗管理办法(试行)》《互联网医院管理办法(试行)》《远程医疗服务管理规范(试行)》等。

等。1994年3月,人事部和国家医药管理局制定发布了《执业药师资格制度暂行规定》及其系列配套措施。1995年7月,人事部、国家中医药管理局联合颁布了《执业中药师资格制度暂行规定》及其配套措施,后于1999年4月1日废止。1998年6月26日,第九届全国人大常委会第三次会议通过了《中华人民共和国执业医师法》,并于1999年5月1日施行。

三是医疗技术管理相关法律法规。其主要包括个别重点医疗技术临床应用管理法律法规、医疗技术临床应用准入管理法律法规及医疗技术临床应用事中事后监管制度,如:卫生部颁布《人类辅助生殖技术管理办法》《人类精子库管理办法》《产前诊断技术管理办法》等;2007年3月31日国务院颁布《人体器官移植条例》,同年5月1日起施行;2018年8月13日国家卫生健康委员会颁布《医疗技术临床应用管理办法》,同年11月1日起施行。

四是对医疗损害进行救济的法律法规。其主要包括预防、处理医疗事故,医疗损害救济等相关的法律法规。2002年4月4日,国务院颁布《医疗事故处理条例》,并于同年9月1日起实施。2009年12月26日,第十一届全国人大常委会第十二次会议审议通过《中华人民共和国侵权责任法》,自2010年7月1日起施行。2018年6月20日国务院第十三次常务会议通过《医疗纠纷预防和处理条例》,自2018年10月1日起施行。

三、医疗服务法评价

检视我国医疗服务法律体系,可以看到我国医疗服务法律体系内容比较丰富,极大地促进了我国医疗卫生事业的发展,保障了国民健康权益,但仍然存在一些问题。

第一，医疗服务法律体系中缺少对医患关系进行调整处理的比较独立完善的法律制度，不利于促进医患关系的良性发展。我国现有的医疗服务法律体系更偏重行政管理层面的立法设计，更多地体现了国家对卫生事业的宏观管理，没有明确规制医患关系的法律制度设计，导致社会公众对医患关系的认识存在一定偏差。2018年颁布实施的《医疗纠纷预防和处理条例》从医疗纠纷民事责任预防角度规范了医患关系，具有积极意义。

第二，没有一部患者权利保护法。我国关于患者权利的规定零散分布在许多卫生法律中，并且很多关于患者权利的规定都是从规定医生权利的角度进行的推演，不像许多其他国家那样，对患者权利进行明确立法。这样不利于明确医患双方权利与义务，以及保障患者健康权益。

第三，立法位阶不高，多集中于行政法规及规章，甚至为意见及建议。一些法规、规章实际上架空了上位法，违背了上位法关于健康权益保障的基本原则、核心价值。

第四，一些法律规定存在互相矛盾、界定不清的问题。因为没有一部统一的患者权利保护法，所以涉及患者一些重要权利的规定，不同法律都从自己的视角进行重复性规定，且规定间存在矛盾。如关于患者知情同意权的规定，约有36个法律条款涉及患者知情同意权的内容，如《医疗机构管理条例》第三十三条、《中华人民共和国执业医师法》第二十六条、《中华人民共和国侵权责任法》第五十五条等，这些法律条款规定的患者知情同意权主体、内容及范围不尽相同，造成了事实上的患者知情同意权界定不清、临床实践中适用困难的现状。

第五，关于互联网医疗的法律规制尚不完善。随着互联网医疗的不断发展，凸显出许多法律问题，如互联网医疗的主体、互联网医疗法律关系、互联网医疗中患者的隐私权保护及互联网医疗的法律责任问题等,我国目前尚缺乏对互联网医疗进行系统规制的法律法规,为了更好地应对互联网医疗法律问题,亟待完善相关立法。

四、医疗服务法研究中的热点问题

一直以来,医疗服务法中围绕医疗纠纷及患者权利的研究数量居高不下,而防范医疗纠纷、保障患者健康权益也是医疗服务法的重要目的。

(一)关于医疗纠纷的研究

1. 时间分布

从时间分布来看,1996 年以前关于医疗纠纷的研究较少,年度发表文献量在 50 篇以下。从 1997 年开始,关于医疗纠纷研究的年度发表文献量维持在 50 篇以上;通过分析可知,随着人民生活水平的改善和维权意识的提高,医疗纠纷出现上升趋势,使得这方面的研究也日益增多,且增长较快。2011 年,关于医疗纠纷的研究最多,且主要是关于医疗纠纷第三方调解制度的研究;此后研究热度虽有所下降,但年度发表文献量仍维持在较高水平,可见医疗纠纷仍是当前热点问题之一,但随着各种制度措施的推行和《医疗纠纷预防和处理条例》等法律法规的出台,医疗纠纷得到了一定的控制和缓和(图 4-1,数据来源于知网数据库,本章下同)。

2. 学科分布

从学科分布来看,关于医疗纠纷的研究主要集中在公共卫生与预防医学、基础医学、法学、护理等领域(图 4-2)。

3. 主题分布

从主题分布来看,关于医疗纠纷研究的主题 34.92% 为医疗纠纷,

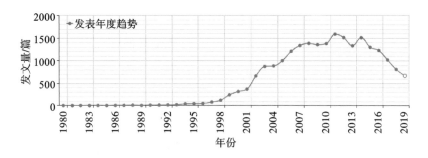

图 4-1 医疗纠纷研究时间分布（1980—2019 年）

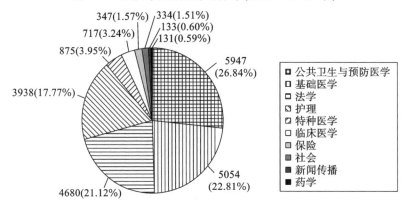

图 4-2 医疗纠纷研究学科分布（1980—2019 年）

33.23% 为民事纠纷，另外还有部分主题为医务人员、医患关系等（图 4-3）。从 21 世纪开始，伴随着暴力伤医事件的频繁发生，在医疗纠纷研究中关于医疗暴力问题的研究不断增加。赵敏、姜锚明等发表的论文《暴力伤医事件大数据研究——基于 2000 年—2015 年媒体报道》中指出，2005 年和 2013 年暴力伤医事件数量剧增，分别为 27 例和 59 例，且 2013 年暴力伤医事件数量是 2012 年的 4.5 倍。一些重大的医疗暴力事件接连发生，如"2012 年哈尔滨杀医案""2012 年天津中医药大学第一附属医院杀医案""2013 年浙江温岭杀医案""2016 年山东莱钢医院杀医案""2016 年广东省人民医院口腔科陈仲伟医师被杀案"

"2018年兰州特大暴力伤医案""2018年北大医院恶性伤医案""2018年武汉大学中南医院医生被刺"等。赵钰琪、沈春明发表的论文《我国医疗暴力防控政策的演变分析》指出,这些不断发生的医疗暴力事件,引起了政府的高度重视,因此关于医疗暴力的防控策略愈加严厉。1987年实施的《中华人民共和国治安管理处罚条例》将医疗秩序归入公共秩序,2012年卫生部、公安部联合发布《卫生部、公安部关于维护医疗机构秩序的通告》。2015年全国人大常委会表决通过"医闹入刑",2017年最高人民法院发布一系列医疗暴力典型案例。2018年国家发改委等28部门联合发布了《关于对严重危害正常医疗秩序的失信行为责任人实施联合惩戒合作备忘录》。医疗暴力"零容忍"的社会政策与法律环境已经形成。

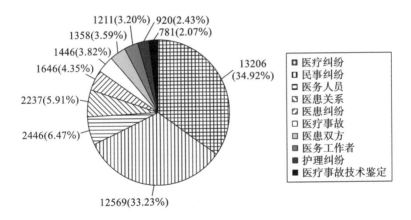

图4-3 医疗纠纷研究主题分布(1980—2019年)

4. 关键词分布

从关键词分布来看,医疗纠纷研究的主要关键词有"医疗纠纷""医患关系",其他比较重要的关键词有"对策""医患纠纷""防范""原因"等(图4-4)。由此可见,对医疗纠纷研究的主要目的在于对医疗纠纷的发生原因进行剖析,寻找对策解决和防范医疗纠纷,构建和谐医患关系。

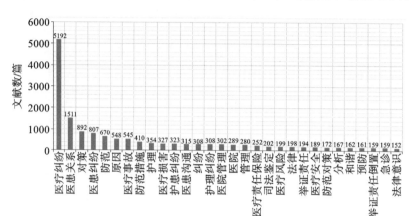

图 4-4　医疗纠纷研究关键词分布图(1980—2019 年)

（二）关于患者权利的研究

1. 时间分布

对 1996—2018 年关于患者权利研究的相关文献的发表情况进行梳理,可以看出我国患者权利相关研究的整体发展趋势。总体而言,对患者权利的研究基本呈波动趋势,大部分研究成果集中于 2002—2018 年,其中,2008 年(含)以前相关研究数量整体呈上升趋势,2011—2015 年迎来新的研究高潮,就文献数量来说,2011 年达到顶峰,有 135 篇。朱婧睿、郑梦圆等发表的论文《1996—2018 年患者权利研究综述》中提到,2002 年《医疗事故处理条例》的颁布实施,使得学界对医患冲突解决过程中的患者权利的关注有所提升,对患者权利种类、立法保护等的讨论研究明显增加;2009 年通过并于 2010 年正式实施的《中华人民共和国侵权责任法》针对目前医患关系中存在的问题制定了一系列措施,如过错原则、患者知情同意权、医务人员的告知义务等,对于医患纠纷的解决具有划时代的指导性意义,也解决了学者们在此前讨论的一些问题,因此,在2009年和2010年两年内对患者权利的研究明显减少,而在2011—2015年间,层出不穷的医患纠纷,使得学界基于《中华人民共和国侵权责任法》而对患者权利的研究又出现一个小高潮,到2016年相关的研究成果又有所减少(图4-5)。

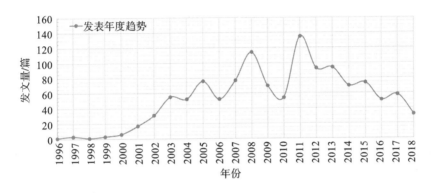

图 4-5　患者权利研究时间分布(1996—2018年)

在知情同意权研究的时间分布方面,由于患者知情同意权的研究涉及很多具体的医疗服务法律法规,所以一些重要的医疗服务法律法规对患者知情同意权的研究产生影响。《医疗事故处理条例》的颁布与实施,引起学界对知情同意的关注,但相关研究仍然较少。2007年"李丽云事件"等典型案例的出现使得患者知情同意权与生命健康权、医方特殊干涉权的冲突更加尖锐,涉及《医疗机构管理条例》第三十三条的实践运用,由此也引发了对一系列涉及医务人员告知说明义务及患者知情同意权规定的相关医疗服务法律法规如《中华人民共和国侵权责任法》《中华人民共和国执业医师法》《医疗机构管理条例》等的讨论与思考。患者权利(知情同意权、隐私权)研究时间分布(1998—2018年)如图4-6所示。

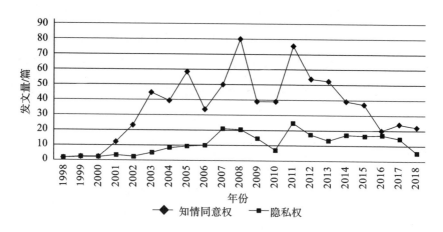

图 4-6 患者权利(知情同意权、隐私权)研究时间分布(1998—2018 年)

2. 学科分布

从学科分布来看,关于患者权利的研究超过 50% 为法学,接近 24% 为基础医学,12% 左右为公共卫生与预防医学,此外还有临床医学、护理、社会、哲学等学科(图 4-7)。

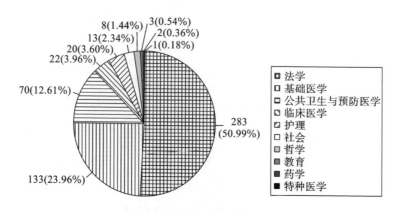

图 4-7 患者权利研究学科分布(1998—2018 年)

3. 主题分布

从主题分布来看,关于患者权利不同主题的研究在数量上的差异并没有特别悬殊,以笼统的患者权利为主题的研究,约占 21%;具体的权利研究主要集中在知情同意权和隐私权方面,其中以知情同意、患者知情同意权、知情同意权为主题的研究,合计约占 27%;以隐私权为主题的研究则约占 11%;能够系统分析患者权利冲突深层原因及损害赔偿责任的研究比较缺乏,呈现明显的研究失衡状态。以医患关系、医务人员为主题的研究占比也不少,均超过了 10%(图 4-8)。

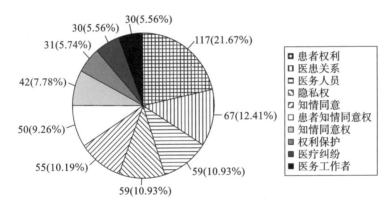

图 4-8 患者权利研究主题分布(1998—2018 年)

4. 关键词分布

从关键词分布来看,患者权利研究主要关键词为"患者权利""医患关系""知情同意权"等(图 4-9),此外还有一些重要的关键词,如"隐私权""权利保护""权利冲突"等。可见,对于患者权利的研究,主要是要探析在医患关系中患者应该享有哪些权利、如何对患者权利进行保护、如何解决医患之间权利冲突等问题,而患者权利中的知情同意权和隐私权则是需要重点研究的两项权利。

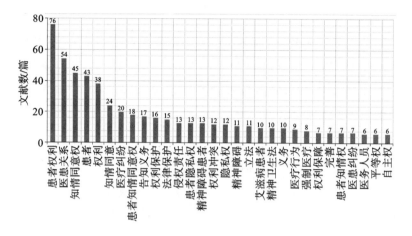

图 4-9　患者权利研究现状关键词分布(1998—2018 年)

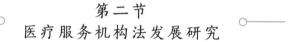

第二节
医疗服务机构法发展研究

一、医疗服务机构法概述

(一)医疗服务机构法的概念与体系

医疗服务机构法是调整医疗服务机构管理的法律规范的总称。

我国的医疗服务机构法律体系从纵向来看多是由行政法规、规制组成,从横向来看主要包括两个方面的内容。

一是与医疗机构管理相关的法律制度。其包括与医疗机构设置审批管理、急救医疗机构管理、康复医疗机构管理、社区医疗机构管理、中外合资合作医疗机构管理相关的法律制度,如《医疗机构管理条例》《中外合资、合作医疗机构管理办法》《院前医疗急救管理办法》《城市社区卫生服务中心基本标准》及互联网医疗管理的相关法律法规等。

二是与医院管理相关的法律制度。医院是指拥有一定数量的病床设施,具备相应的医务人员和医疗设备,通过医务人员的集体协作,对患者实行诊疗活动,达到防病治病、保障人体健康的目的的医疗机构。卫生部先后制定并发布了医院管理相关的一系列规章和规范性文件,如《全国医院工作条例》《医院工作制度》等。

(二) 医疗服务机构法发展

新中国第一部医疗机构管理方面的法律制度是《医院诊所管理暂行条例》,之后,国务院及原卫生部陆续制定了一些有关医疗机构管理方面的行政法规和部门规章,如《综合医院组织编制原则(试行草案)》《县卫生院暂行组织通则》等,但这些行政法规和部门规章没有得到很好的实施。

19世纪80年代以来,卫生部陆续颁布一些部门规章。1982年1月12日,卫生部颁布了《全国医院工作条例》,规定医院是治病防病、保障人民健康的社会主义卫生事业单位[1];随后又颁布了一系列关于医院管理的系列制度,有《医院工作制度》(1982年4月颁布)、《医院分级管理办法(试行)》(1989年11月颁布)、《医院工作制度的补充规定(试行)》(1992年3月颁布)。

1994年2月26日,国务院发布了《医疗机构管理条例》(同年9月1日起施行),对医疗机构的规划布局、设置审批、登记执业、监督管理、法律责任等方面做了明确规定。此后卫生部陆续颁布了《医疗机构管理条例实施细则》《医疗机构监督管理行政处罚程序》《医疗机构基本标

---

[1] 参见《全国医院工作条例》第一条。

准(试行)》《医疗机构设置规划指导原则》《医疗机构评审办法》《中外合资、合作医疗机构管理办法》等规章,各省、自治区、直辖市也相应制定了医疗机构管理条例实施办法等地方性法规。2000年2月,国务院办公厅转发了国务院体改办、卫生部等部门《关于城镇医药卫生体制改革的指导意见》,为贯彻落实该指导意见,国务院有关部委相继发布了《关于医疗卫生机构有关税收政策的通知》《关于城镇医疗机构分类管理的实施意见》《国家计委、卫生部印发关于改革医疗服务价格管理的意见的通知》等一系列配套规范性文件,这标志着我国医疗机构管理立法进入新阶段。

近些年来,国家卫生部门单独或与有关部门联合制定了一些新的法律法规,如关于规范医疗服务主体的法规。这些法规以《医疗机构管理条例》为核心,逐渐覆盖医疗机构执业所涉及的各个环节,也逐渐形成比较全面的医疗机构管理法律体系(表4-1)。

表4-1 医疗机构管理相关法律法规

名称	制定部门	生效时间
法规		
《医疗机构管理条例》	国务院	1994年
规章及规范性文件		
《全国医院工作条例》	卫生部	1982年
《医院工作制度》	卫生部	1982年
《医院消毒供应室验收标准(试行)》	卫生部	1988年
《医院分级管理办法(试行)》	卫生部	1989年
《医院工作制度的补充规定(试行)》	卫生部	1992年

续表

名　　称	制定部门	生效时间
《医疗机构管理条例实施细则》	卫生部	1994年，2017年修改
《医疗机构设置规划指导原则》	卫生部	1994年，2016年修改
《医疗机构基本标准（试行）》	卫生部	1994年
《医疗机构监督管理行政处罚程序》	卫生部	1994年
《医院感染管理规范（试行）》	卫生部	1994年，2000年修改
《医疗机构评审办法》	卫生部	1995年，1997年修改
《中外合资、合作医疗机构管理暂行办法》	卫生部、对外贸易与经济合作部	2000年
《关于城镇医疗机构分类管理的实施意见》	卫生部、国家中医药管理局、财政部、国家计委	2000年
《医院感染诊断标准（试行）》	卫生部	2001年
《医疗美容服务管理办法》	卫生部	2002年
《消毒管理办法》	卫生部	2002年，2016年修正，2017年修订
《医疗机构病历管理规定》	卫生部、国家中医药管理局	2002年，2013年修订

续表

名　称	制定部门	生效时间
《大型医用设备配置与使用管理办法》	卫生部、国家发改委、财政部	2004 年
《关于医疗机构冠名红十字（会）的规定》	卫生部、中国红十字总会	2007 年
《处方管理办法》	卫生部	2007 年
《医疗广告管理办法》	国家工商行政管理总局、卫生部	2007 年
《医学教育临床实践管理暂行规定》	卫生部、教育部	2008 年
《互联网医疗保健信息服务管理办法》	卫生部	2009 年
《卫生部办公厅、国家中医药管理局办公室关于做好互联网医疗保健信息服务管理工作的通知》	卫生部、国家中医药管理局	2009 年
《电子病历基本规范（试行）》	卫生部	2010 年
《中医病历书写基本规范》	卫生部、国家中医药管理局	2010 年
《医疗机构临床用血管理办法》	卫生部	2012 年
《国家卫生计生委关于推进医疗机构远程医疗服务的意见》	国家卫生计生委	2014 年

续表

名　　称	制 定 部 门	生 效 时 间
《村卫生室管理办法（试行）》	国家卫生计生委、国家发改委、教育部、财政部、国家中医药管理局	2014年
《国务院关于积极推进"互联网＋"行动的指导意见》	国务院	2015年
《国务院办公厅关于促进和规范健康医疗大数据应用发展的指导意见》	国务院办公厅	2016年
《医疗技术临床应用管理办法》	卫健委	2018年
《国务院办公厅关于促进"互联网＋医疗健康"发展的意见》	国务院办公厅	2018年
《国家卫生健康委员会、国家中医药管理局关于深入开展"互联网＋医疗健康"便民惠民活动的通知》	国家卫健委、国家中医药管理局	2018年
《互联网诊疗管理办法（试行）》	国家卫健委、国家中医药管理局	2018年
《互联网医院管理办法（试行）》	国家卫健委、国家中医药管理局	2018年
《远程医疗服务管理规范（试行）》	国家卫健委、国家中医药管理局	2018年

(三) 医疗服务机构法研究现状

1. 时间分布

从时间分布来看,《医疗机构管理条例》颁布以前,相关研究较少;《医疗机构管理条例》于1994年颁布,当年即引起了研究的高潮;1996—2004年,虽然研究热度有所下降,但相关研究仍有开展;从2004年开始,与《医疗机构管理条例》相关的研究上升趋势明显,此现象持续至2016年,这与2016年《医疗机构管理条例》的修订有关(图4-10)。

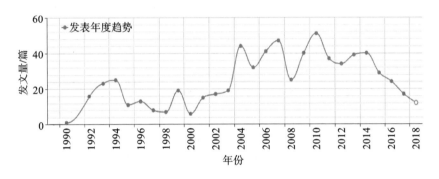

图4-10 医疗服务机构法研究时间分布(1990—2018年)

2. 学科分布

从学科分布来看,医疗服务机构法相关的研究分布在多个学科,有50%以上是关于法学的,近23%是关于公共卫生与预防医学的,约13%是关于基础医学的,还有一部分是关于药学、国民经济等学科的(图4-11)。

3. 主题分布

从主题分布来看,医疗服务机构法相关研究的主题主要有医疗机构执业许可证、医疗机构、卫生行政、行政处罚等(图4-12)。

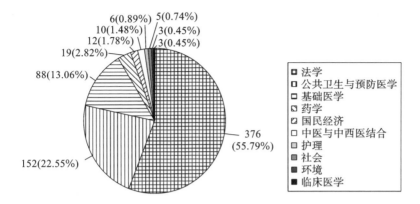

图 4-11　医疗服务机构法研究学科分布（1990—2018 年）

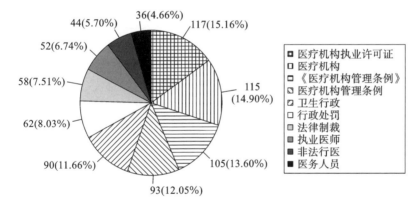

图 4-12　医疗服务机构法研究主题分布（1990—2018 年）

4．关键词分布

从关键词分布看,医疗服务机构法相关研究的关键词主要为"医疗机构""非法行医""行政处罚"和"法律适用",还有"医疗纠纷""医疗事故"和"医患关系"等(图 4-13)。由此可见,对医疗服务机构法律研究的重点在于规范管理医疗,预防、减少医疗事故和医疗纠纷。

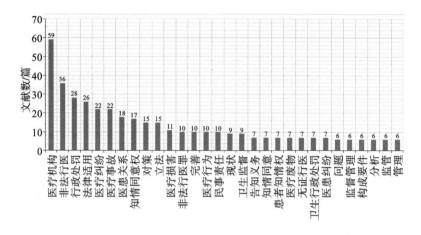

图 4-13 医疗服务机构法研究关键词分布(1990—2018 年)

二、医疗服务机构法主要制度

医疗机构是以救死扶伤、防病治病、保护公民健康为宗旨,从事疾病诊断、治疗、康复活动的社会组织。其必须经过登记取得医疗机构执业许可证。

按其功能、任务、规模等,我国医疗机构的类别主要有以下几种:①综合医院,中医医院,中西结合医院,民族医医院,专科医院,康复医院;②妇幼保健院;③中心卫生院,乡(镇)卫生院,社区(街道)卫生院;④疗养院;⑤综合门诊部,专科门诊部,中医门诊部,中西医结合门诊部,民族医门诊部;⑥中医诊所,民族医诊所,卫生所,医务所,医务室,卫生保健所,卫生站;⑦村卫生室(所);⑧急救中心,急救站;⑨临床检验中心;⑩专科疾病防治院(所,室);⑪护理院(站);⑫其他诊疗机构。

我国医疗机构管理的现行法律制度,主要包括以下几种:医疗机构设置规划和设置审批制度;医疗机构名称管理制度;医疗机构登记校验制度;医疗机构的执业规则制度,医疗机构评审制度;医疗机构广告管理制度;医疗机构监督管理制度。

(一)医疗机构设置审批制度[①]

医疗机构设置审批制度限定了医疗机构成立的基本条件。县级以上地方人民政府卫生行政部门应当根据本行政区域内的人口、医疗资源、医疗需求和现有医疗机构的分布状况,制定本行政区域医疗机构设置规划。机关、企业和事业单位可以根据需要设置医疗机构,并纳入当地医疗机构的设置规划。医疗机构的设置必须符合当地医疗机构设置规划。

(二)医疗机构的登记校验制度[②]

医疗机构的登记校验制度又称为医疗机构执业许可制度,体现了国家对医疗机构的严格准入,利于从主体层面保障医疗质量。

《医疗机构管理条例》及《医疗机构管理条例实施细则》对医疗机构的执业登记和校验制度做了规定。医疗机构通过登记,获得医疗机构执业许可证,取得执业权利;卫生行政部门则通过登记和校验,对医疗机构进行持续的监督管理。医疗机构登记校验制度包括登记机关和登记管辖权的划分、受理登记的条件、登记程序、登记事项、变更登记、注销登记、校验等内容。

(三)医疗机构的执业规则制度[③]

《医疗机构管理条例》及《医疗机构管理条例实施细则》对医疗机构的执业要求做了系统而具体的规定,包括如下四个方面:①医疗机构执

---

① 参见《医疗机构管理条例》第二章。
② 参见《医疗机构管理条例》第三章,《医疗机构管理条例实施细则》第三章。
③ 参见《医疗机构管理条例》第四章,《医疗机构管理条例实施细则》第五章。

业的基本要求;②医疗机构在执业过程中应当履行的法定义务;③医疗机构的社会法律责任;④医疗机构执业在内部管理上应当遵守的规则。

(四)医疗机构评审制度[①]

医疗机构评审制度是为综合评价医疗机构的执业活动、医疗服务质量和管理水平,检查医疗机构是否符合基本标准和是否能够提供符合标准的医疗服务,评定医疗机构能否继续执业而制定的一项法律制度。医疗机构评审办法和评审标准由国务院卫生行政部门制定。县级以上卫生行政部门负责组织本地区医疗机构评审委员会,并根据评审委员会的评审意见,对达到评审标准的医疗机构,发予评审合格证书;对未达到评审标准的医疗机构,提出处理意见。我国医院共分为三级十等,即一、二级医院各分为甲、乙、丙三等,三级医院分为特、甲、乙、丙四等。

(五)医疗机构监督管理制度[②]

医疗机构监督管理制度体现了卫生行政部门促进医疗质量、保障患者安全的管理手段及管理制度。国务院卫生行政部门负责全国医疗机构的监督管理工作,县级以上地方人民政府卫生行政部门负责本行政区域内医疗机构的监督管理工作。其监督管理职权如下:①负责医疗机构的设置审批、执业登记和校验;②对医疗机构的执业活动进行检查指导;③负责组织对医疗机构的评审;④对违反《医疗机构管理条例》的行为给予处罚。县级以上地方人民政府卫生行政部门设立医疗机构监督管理办公室和医疗机构监督员,履行规定的监督管理职责。

---

① 参见《医院分级管理办法》第二章。
② 参见《医疗机构管理条例》第五章。

(六) 医疗机构广告管理制度

医疗机构广告管理制度是指加强医疗广告管理,保障人民身体健康的相关制度。医疗机构广告管理制度包括发布前医疗广告审查制度、医疗广告内容规范制度、医疗广告形式规范制度等。

(七) 违反医疗机构管理制度的法律责任

对违反医疗机构管理制度的责任人追究法律责任,既是对受害人的法律救济,也是对因违反医疗机构管理制度、导致医疗风险发生的责任人的教育和惩戒。违反医疗机构管理制度的法律责任,从性质上可以分为行政责任、刑事责任和民事责任三类,从适用主体上分为医疗机构的责任、医疗机构负责人的责任和直接责任者个人的责任。

三、医疗服务机构法评价

我国医疗服务机构法以《医疗机构管理条例》为核心,以行政法规、部门规章及地方性法规为主要表现形式,比较系统地规定了我国医疗服务机构的设置审批、执业规则、风险控制及法律责任等相应制度,促进了我国医疗服务机构的良性运行与发展。但这一部分的法律也存在明显不足,如立法层级普遍偏低,最高层级的法律不过是国务院颁布的条例,且立法时间较早,一些规定具有一定的时代局限性;一些制度(如医院评级制度)在实施过程中,变相地促进了优质医疗资源的集中与垄断,导致分布本不太均衡的医疗资源分布更加不均衡;对于分级诊疗制度的保障与引导不够,造成了目前一、二、三级医疗资源中的医疗服务需求极端不均衡的现象;对营利性与非营利性医疗机构分类管理的法律规范不系统、不明确,营利性与非营利性医疗机构各自的准入标准、责任规定不明确,不利于非营利性医疗机构的健康发展。

第三节
卫生技术人员法发展研究

一、卫生技术人员法概述

（一）卫生技术人员法的概念与体系

卫生技术人员法是调整卫生技术人员管理的法律规范的总称。卫生技术人员是指受过高等或中等医药卫生教育或培训，掌握医药卫生知识，经卫生行政部门考试或考核并进行执业登记注册，从事医疗、预防、药剂、护理或其他专业的技术人员[①]。在我国，卫生技术人员有狭义和广义之分。狭义上的卫生技术人员主要是指医（包括乡村医生）、药、护、技 4 类，需要按照相关规定进行登记和注册。广义上的卫生技术人员，除包括狭义上的卫生技术人员外，还包括卫生技术管理人员，其一般按照行政职务的序列进行评定，并无强制登记和注册的要求。一般而言，卫生技术人员仅在狭义上进行使用。

我国的卫生技术人员法律体系从纵向来看由法律、行政法规、规制组成，从横向来看主要包括医师管理，药师管理，护士管理以及助产士、临床检验人员、放射线技术人员、理疗人员管理等法律法规。

（二）卫生技术人员法的发展

新中国成立以后，我国逐步加强了对卫生技术人员的管理，使其逐渐步入法制化的轨道。1951 年颁布《医师暂行条例》和《中医师暂行条

---

① 参考《卫生技术人员职务试行条例》。

例》。1978年党的十一届三中全会召开以后,卫生立法进程加速,颁布了一系列关于医务人员职责、职务及管理的法律法规。为了加强医师队伍的建设,提高医师的职业道德和业务素质,保障医师的合法权益,保护人民健康,第九届全国人民代表大会常务委员会第三次会议于1998年6月26日修订通过了《中华人民共和国执业医师法》,自1999年5月1日起施行。自此,以《中华人民共和国执业医师法》(以下简称《执业医师法》)为核心的卫生技术人员管理法律体系逐渐形成。

卫生技术人员相关法律法规如表4-2所示。

表4-2 卫生技术人员相关法律法规

名称	制定部门	生效时间
法律		
《中华人民共和国执业医师法》	全国人大常委会	1999年,2009年修正
《中华人民共和国中医药法》	全国人大常委会	2017年
法规		
《乡村医生从业管理条例》	国务院	2004年
《护士条例》	国务院	2008年,2020年修订
规章及规范性文件		
《卫生技术人员职务试行条例》	卫生部	1981年
《医院工作人员职责》	卫生部	1982年
《医师、中医师个体开业暂行管理办法》	卫生部	1988年

续表

名　　称	制定部门	生效时间
《外国医师来华短期行医暂行管理办法》	卫生部	1993年,2003年第1次修正,2016年第2次修正
《中华人民共和国护士管理办法》	卫生部	1994年
《执业药师资格制度暂行规定》	人事部、国家药品监督管理局	1994年
《执业中药师资格制度暂行规定》	人事部、国家药品监督管理局	1995年
《放射工作人员职业健康管理办法》	卫生部	2007年
《香港、澳门特别行政区医师在内地短期行医管理规定》	卫生部	2009年
《香港和澳门特别行政区医师获得内地医师资格认定管理办法》	卫生部、国家中医药管理局	2009年
《台湾地区医师在大陆短期行医管理规定》	卫生部	2009年
《台湾地区医师获得大陆医师资格认定管理办法》	卫生部、国家中医药管理局	2009年
《盲人医疗按摩管理办法》	卫生部、人力资源和社会保障部、国家中医药管理局、中国残疾人联合会	2009年
《香港和澳门特别行政区医疗专业技术人员在内地短期执业管理暂行规定》	卫生部	2011年

续表

名　　称	制定部门	生效时间
《医师执业注册管理办法》	国家卫生和计划生育委员会	2017 年

(三) 执业医师法研究现状

《执业医师法》是卫生技术人员法中最核心的一部法律,是对医务人员中最广大的医师群体进行管理与规范,保护人民健康的法律。对这部法律的研究情况进行分析,有助于我们更好地理解卫生技术人员法律。

1. 时间分布

从时间分布来看,1998—1999 年间关于《执业医师法》的研究的第一个高峰期,这主要与《执业医师法》的颁布施行有关。2006 年是《执业医师法》相关研究的第二个高峰期,通过分析,这与《处方管理办法》的颁布实施有关(图 4-14)。

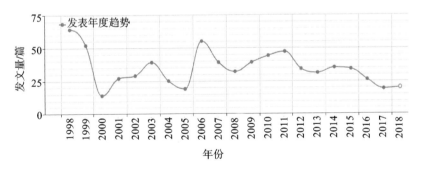

图 4-14 《执业医师法》研究时间分布(1998—2018 年)

2. 学科分布

从学科分布来看,《执业医师法》相关研究的学科集中在法学、基础医学、公共卫生与预防医学(图4-15)。

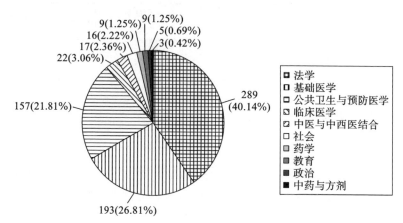

图4-15 《执业医师法》研究学科分布(1998—2018年)

3. 主题分布

从主题分布来看,《执业医师法》相关研究的主题主要是执业医师、执业医师法,此外还有医师执业证书、医师资格等(图4-16)。

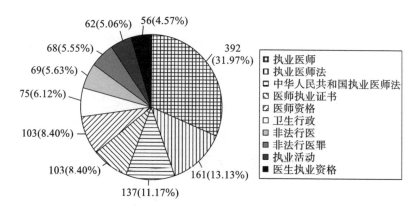

图4-16 《执业医师法》研究主题分布(1998—2018年)

4. 关键词分布

从关键词分布来看,《执业医师法》研究的关键词主要是"非法行医""执业医师""非法行医罪"(图4-17)。由此可见,对于《执业医师法》研究重点在于通过法律法规来打击非法行医,加强医师队伍的建设。

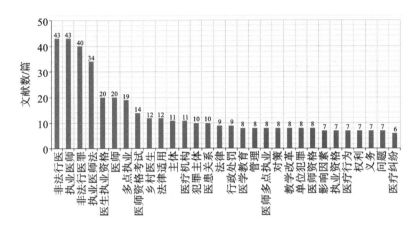

图4-17　《执业医师法》研究关键词分布(1998—2018年)

二、卫生技术人员法主要制度

卫生技术人员法的主要制度包括执业考试制度、执业注册制度、执业规则制度、继续教育等,如执业医师考试制度、执业药师考试制度、执业护士考试制度等。

(一)执业考试制度

从业资格是指从事某一专业(职业)学识、技术和能力的起点标准。执业资格是指政府对某些责任较大、社会通用性强、关系公共利益的专业(职业)实行准入控制,是依法独立开业或从事某一特定专业(职业)学识、技术和能力的必备标准。医师、护士、药师等都是必须通过国家的执业资格考试才能获得相应执业证书的人员。

1. 执业医师资格考试制度①

医师是指取得执业医师或执业助理医师资格，经注册取得医师执业证书后，在医疗、预防或保健机构（含计划生育技术服务机构）中执业的专业医务人员。《中华人民共和国执业医师法》第八条规定，国家实行执业医师资格考试制度。它是一种执业准入控制制度，是国家对重要岗位专业技术人员执业的准入控制。

执业医师资格考试制度的内容主要包括医师资格考试的组织管理，申报医师资格考试的条件以及取得医师资格的条件。医师资格考试分为执业医师资格考试和执业助理医师资格考试。医师资格可以通过考试或实践考核途径获得，合格者获得医师资格证书。

实践考核针对的是《中华人民共和国中医药法》第十五条规定的以师承方式学习中医或者经多年实践医术确有专长的人员，由至少两名中医医师推荐，经省、自治区、直辖市人民政府中医药主管部门组织实践技能和效果考核合格后，即可取得中医医师资格；按照考核内容进行执业注册后，即可在注册的执业范围内，以个人开业的方式或者在医疗机构内从事中医医疗活动。这类人员也被称为传统中医师。

2. 护士执业资格考试制度

为了维护护士的合法权益，规范护理行为，促进护理事业的发展，保障医疗安全和人体健康，2008年1月31日国务院颁布了《护士条例》，自2008年5月12日起施行。护士是指经执业注册取得护士执业证书，依照《护士条例》规定从事护理活动，履行保护生命、减轻痛苦、增进健康职责的卫生技术人员②。护理专业技术人员可分为主任护师、

---

① 参见《中华人民共和国执业医师法》第二章。
② 参见《护士条例》第二条。

副主任护师、主管护师、护师、护士、护理员六级。凡申请护士执业者，必须通过卫生部统一的执业考试，取得中华人民共和国护士执业证书。

3. 执业药师资格考试制度[①]

执业药师是指经国家统一考试合格，取得执业药师资格证书，并经注册登记，在药品生产、经营、使用单位中执业的药学技术人员。

执业药师资格考试属于职业准入性考试。经过本考试成绩合格者，国家发给执业药师资格证书，表明其具备执业药师的水平和能力，可在全国范围内的药品生产、经营、使用单位执业，可聘任其担任主管药师（中药师）专业技术职务。

（二）执业注册制度

医务人员的执业许可是通过执业注册制度实现的，主要有医师执业注册制度、护士执业注册制度、药师执业注册制度。执业注册是对医务人员执业能力和执业许可的又一管理手段，它规范医务人员必须依法执业。

1. 医师执业注册制度[②]

我国实行医师执业注册制度。医师执业注册制度，就是国家以法律形式规定，取得执业医师资格且准备从事医师业务的人员，应当向所在地县级以上人民政府卫生行政部门申请注册，只有经过注册，取得医师执业证书，即获得执业许可后，方可从事医师执业活动的法律制度。医师执业注册分为初次注册、重新注册、变更注册。经过注册后，允许医师从事医师执业活动，但应依法执业，承担相应的义务，遵守执业规则。医师变更执业地点、执业类别、执业范围等注册事项的，应当到准

---

① 参见《执业药师资格制度暂行规定》第二章。
② 参见《中华人民共和国执业医师法》第二章。

予注册的卫生行政部门办理变更注册手续。

2010年北京市高级人民法院二审判决的"熊卓为案",从某种程度上揭示了医师执业注册制度在现实操作中的尴尬,医学实习生、实习医生在实践中能否独立执业?按照现行的《中华人民共和国执业医师法》的规定,没有经过注册的取得医师执业证书者,不能从事医师执业活动;试用期医学毕业生在指导医师的监督、指导下,可以为患者提供相应的临床诊疗服务。

实践中,经常发生在高铁、飞机及公共场所出现突发疾病的患者需要及时医疗救护的情况,医师能否跨执业地点跨执业范围进行及时医疗救护呢?当然可以。根据《关于医师执业注册中执业范围的暂行规定》第五条,医师注册后对患者实施紧急医疗救护的,不属于超范围执业。医师的这种院外救护行为也属于民法中规定的无因管理行为,应该受到保护。《中华人民共和国民法总则》第一百八十四条的规定:因自愿实施紧急救助行为造成受助人损害的,救助人不承担民事责任。这一规定鼓励公民对不负救助义务的他人进行救助,体现了善意救助者责任豁免的理念。

2. 护士执业注册制度[①]

我国实行护士执业注册制度。护士执业,应当经执业注册取得护士执业证书。通过国务院卫生主管部门组织的护士执业资格考试,并取得相应学历证书,符合国务院卫生主管部门规定的健康标准,可以申请护士执业注册。护士执业注册分为首次注册、延续注册及变更注册。护士在其执业注册有效期内变更执业地点的,应当向拟执业地省、自治区、直辖市人民政府卫生主管部门报告,办理变更注册登记。

---

① 参见《护士条例》第二章。

3. 执业药师注册制度①

国家实行执业药师注册制度,只有注册才能执业,未经注册者,不得以执业药师身份执业。国家药品监督管理局是全国执业药师资格注册的管理机构,各省、自治区、直辖市药品监督管理局为注册机构。申请注册者,必须取得执业药师资格证书,遵纪守法、遵守药师职业道德,身体健康、能坚持在执业药师岗位工作,以及经所在单位考核同意。

(三) 执业规则制度

1. 医师执业规则②

医师在执业活动中应遵守的执业规则如下。①医师实施医疗、预防、保健措施,签署有关医学证明文件,必须亲自诊查、调查,并按照规定及时填写医学文书,不得隐匿、伪造或者销毁医学文书及有关资料。医师不得出具与自己执业范围无关或者与执业类别不相符的医学证明文件。②对急危患者,医师应当采取紧急措施进行诊治;不得拒绝急救处置。③医师应当使用经国家有关部门批准使用的药品、消毒药剂和医疗器械。除正当诊断、治疗外,不得使用麻醉药品、医疗用毒性药品、精神药品和放射性药品。④医师应当如实向患者或者其家属介绍病情,但应注意避免对患者产生不利后果。医师进行实验性临床医疗,应当经医院批准并征得患者本人或者其家属同意。⑤医师不得利用职务之便,索取、非法收受患者财物或者牟取其他不正当利益。⑥遇有自然灾害、传染病流行、突发重大伤亡事故及其他严重威胁人民生命健康的紧急情况时,医师应当服从县级以上人民政府卫生行政部门的调遣。⑦医师发生医疗事故或者发现传染病疫情时,应当按照有关规定及时向所在机构或者卫生行政部门报告。医师发现患者涉嫌伤害事件或者

---

① 参见《执业药师资格制度暂行规定》第三章。
② 参见《中华人民共和国执业医师法》第三章。

非正常死亡时,应当按照有关规定向有关部门报告。

2. 护士执业规则①

护士在执业活动中具有以下义务:①护士执业,应当遵守法律、法规、规章和诊疗技术规范的规定。②护士在执业活动中,发现患者病情危急,应当立即通知医师;在紧急情况下为抢救垂危患者生命,应当先行实施必要的紧急救护。护士发现医嘱违反法律、法规、规章或者诊疗技术规范规定的,应当及时向开具医嘱的医师提出;必要时,应当向该医师所在科室的负责人或者医疗卫生机构负责医疗服务管理的人员报告。③护士应当尊重、关心、爱护患者,保护患者的隐私。④护士有义务参与公共卫生和疾病预防控制工作。发生自然灾害、公共卫生事件等威胁公众生命健康的突发事件,应当服从县级以上人民政府卫生主管部门或所在医疗卫生机构的安排,参加医疗救护。

3. 执业药师职责②

根据执业药师资格制度规定,执业药师必须遵守职业道德,忠于职守,以对药品质量负责、保证人民用药安全有效为基本准则。①执业药师必须严格执行《中华人民共和国药品管理法》(以下简称《药品管理法》)及国家有关药品研究、生产、经营、使用的各项法规和政策。执业药师对违反《药品管理法》及有关规定的行为和决定,有责任提出劝告、制止、拒绝执行并向上级报告。②执业药师在执业范围内负责对药品质量的监督和管理,参与制定、实施药品全面质量管理及对本单位违反规定的处理。③执业药师负责处方的审核及监督调配,提供用药咨询与信息,指导合理用药,开展治疗药物的监测及药品疗效的评价等临床药学工作。

---

① 参见《护士条例》第三章。
② 参见《执业药师资格制度暂行规定》第四章。

(四) 继续教育

1. 医师考核和培训[①]

国家建立医师工作考核制度。这是对医师进行管理的一个主要环节。县级以上人民政府卫生行政部门负责指导、检查和监督医师考核工作。县级以上人民政府卫生行政部门应当制订医师培训计划,对医师进行多种形式的培训,为医师接受继续医学教育提供条件。受县级以上人民政府卫生行政部门委托承担医师考核任务的医疗卫生机构,应当为医师的培训和接受继续医学教育提供和创造条件。医疗、预防、保健机构应当按照规定和计划保证本机构医师的培训和继续医学教育。

2013年12月31日,国家卫生计生委、中央编办、国家发展改革委、教育部、财政部、人力资源社会保障部、国家中医药管理局联合发布的《关于建立住院医师规范化培训制度的指导意见》指出,住院医师规范化培训是培养合格临床医师的必经途径。规定到2015年,各省(区、市)全面启动住院医师规范化培训工作;到2020年,基本建立住院医师规范化培训制度,所有新进医疗岗位的本科及以上学历临床医师均接受住院医师规范化培训。住院医师规范化培训是指医学专业毕业生在完成医学院校教育之后,以住院医师的身份在认定的培训基地接受以提高临床能力为主的系统性、规范化培训。"5+3"是住院医师规范化培训的主要模式,即完成5年医学类专业本科教育的毕业生,在培训基地接受3年住院医师规范化培训。合格者颁发统一制式的住院医师规范化培训合格证书,该证书的获取作为临床医学专业中级技术岗位聘用的条件之一。

---

① 参见《中华人民共和国执业医师法》第四章。

2. 执业护士考核和培训[①]

县级以上地方人民政府卫生主管部门应当建立本行政区域的护士执业良好记录和不良记录，并将该记录记入护士执业信息系统。护士执业良好记录包括护士受到的表彰、奖励以及完成政府指令性任务的情况等内容。护士执业不良记录包括护士因违反本条例以及其他卫生管理法律、法规、规章或者诊疗技术规范的规定受到行政处罚、处分的情况等内容。

医疗卫生机构应当制订、实施本机构护士在职培训计划，并保证护士接受培训。护士培训应当注重新知识、新技术的应用；根据临床专科护理发展和专科护理岗位的需要，开展对护士的专科护理培训。医疗卫生机构应当建立护士岗位责任制并进行监督检查。护士因不履行职责或者违反职业道德受到投诉的，其所在医疗卫生机构应当进行调查。经查证属实的，医疗卫生机构应当对护士做出处理，并将调查处理情况告知投诉人。

3. 执业药师继续教育[②]

为了加快执业药师的知识更新，掌握最新医药信息，保持较高的专业水平，更好地履行职责，《执业药师资格制度暂行规定》规定，执业药师必须接受继续教育，实行继续教育登记制度，执业药师接受继续教育经考核合格后，由培训机构在证书上登记盖章，并以此作为再次注册的依据。

三、卫生技术人员法评价

我国卫生技术人员管理的法制建设不断进步和发展，基本上形成

---

① 参见《护士条例》第二章、第四章。
② 参见《执业药师资格制度暂行规定》第五章。

了一个完整的制度体系,但仍然存在立法层次偏低、内容比较陈旧、不能适应健康中国战略需要等问题。

第一,我国卫生技术人员法律制度中,目前只有《执业医师法》的立法层级较高,其他多是部门规章,甚至是行政文件及意见,法律体系化及法律刚性仍显不足。

第二,在医师准入及管理领域,我国仍然存在多门槛准入问题,在执业医师管理体系之外,还存在乡村医师管理体系,如何合理区分两类医师的管理及执业范围,形成有机互补,仍是需要研究的问题。

第三,对药师的管理制度仍没有形成统一的体系,也没有建立统一的药师管理相关法律制度,药师、执业药师和临床药师并存,管理路径及制度各不相同,药师在促进国民健康中的作用发挥受到极大影响。

第四,《护士条例》中确定了一些护士保障制度,但在医疗实践中,护士编制不足、超负荷运转现象仍然是常见问题,护理在促进国民健康中的作用发挥仍有待加强。

我国现有的卫生技术人员法律制度尚需进一步梳理、修正和完善。《基本医疗卫生与健康促进法》用专章(第四章)对医疗卫生人员进行了规定,这必然有助于我国卫生技术人员法律制度的完善与提升。

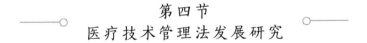

第四节 医疗技术管理法发展研究

一、医疗技术管理法概述

(一)医疗技术管理法的概念与体系

医疗技术,是指医疗机构及其医务人员以诊断和治疗疾病为目的,对疾病做出判断和消除疾病、缓解病情、减轻痛苦、改善功能、延长生命、帮助患者恢复健康而采取的医学专业手段和措施[①]。医疗技术包括诊断性技术和治疗性技术。

医疗技术管理法是指调整医疗技术管理的法律规范的总称。医疗技术管理法是我国卫生法律规范的组成部分,也是国家法律体系的一部分。

目前我国的医疗技术管理法律体系的纵向体系即立法层级,主要包括行政法规、部门规章和规范性文件,主要立法机关为国家卫生健康委员会(简称卫健委)及其他相关机构,如国家市场监督管理总局、国家中医药管理局等。现阶段,我国医疗技术管理尚无专门性法律,最高层级的法规仅有国务院制定的《人体器官移植条例》,其余多为部门规章和规范性文件。

从横向体系来说,目前我国的医疗技术管理法律体系体现为医疗技术法规及规范性文件的内容分类,主要包括对医疗技术综合管理的法律制度、对具体专项技术管理的法律制度。前者一般涉及医疗技术管理的全程或某些管理制度,如《医疗技术临床应用管理办法》《涉及人的生物医学研究伦理审查办法》等;后者仅针对某个具体医疗技术,如《人体器官移植条例》《人类辅助生殖技术管理办法》《产前诊断技术管理办法》等。这些包括管理规范及技术指南的立法文件,初步形成我国医疗技术管理法规体系。

(二)医疗技术管理法的发展

我国医疗技术管理之前主要是行业和医疗机构内部管理。目前能

---

① 参见《医疗技术临床应用管理办法》第二条。

够查到的最早的规范性文件是2001年2月20日卫生部发布并于同年8月1日起施行的《人类辅助生殖技术管理办法》，它推进了我国医疗技术管理的法制建设，首次建立了我国医疗技术准入制度。现行医疗技术管理立法层级最高的是行政法规，目前仅一部，是国务院在2007年3月21日通过并于同年5月1日施行的《人体器官移植条例》，其他的现行立法文件主要是原卫生部暨原国家卫计委发布的规章和规范性文件。2007年1月11日卫生部发布并实施的《涉及人的生物医学研究伦理审查办法（试行）》确立了我国新技术研究及临床试验的伦理审查制度。2018年11月1日施行的《医疗技术临床应用管理办法》建立了医疗技术临床应用管理顶层设计，建立了医疗技术临床应用的相关管理制度和工作机制，强化了医疗机构在医疗技术临床应用管理中的主体责任以及卫生行政部门的监管责任。一方面有利于规范医疗技术临床应用管理，保障医疗技术的科学、规范、有序和安全发展；另一方面，为医疗质量和医疗安全提供法治保障，维护人民群众的健康权益。《医疗技术临床应用管理办法》建立起了我国医疗技术五大管理制度：医疗技术临床应用"负面清单管理"制度、限制类医疗技术临床应用备案制度、医疗技术临床应用质量管理与控制制度、医疗技术临床应用规范化培训制度、信息公开制度。

医疗技术管理相关法律法规如表4-3所示。

表4-3 医疗技术管理相关法律法规

名称	制定部门	生效时间
法规		
《人体器官移植条例》	国务院	2007年
规章及规范性文件		

续表

名　称	制定部门	生效时间
《人类辅助生殖技术管理办法》	卫生部	2001年
《人类精子库管理办法》	卫生部	2001年
《人类辅助生殖技术规范》	卫生部	2001年,2003年修订
《人类精子库技术规范》	卫生部	2001年,2003年修订
《人类精子库基本标准》	卫生部	2001年,2003年修订
《实施人类辅助生殖技术的伦理原则》	卫生部	2001年,2003年修订
《脐带血造血干细胞库设置管理规范(试行)》	卫生部	2001年
《产前诊断技术管理办法》	卫生部	2003年,2019年修订
《非血缘造血干细胞采集技术管理规范》	卫生部	2006年
《人体器官移植技术临床应用管理暂行规定》	卫生部	2006年
《医疗机构临床基因扩增检验实验室管理办法》	卫生部	2010年
《医疗机构手术分级管理办法(试行)》	卫生部	2012年

续表

名　　称	制 定 部 门	生 效 时 间
《内镜诊疗技术临床应用管理暂行规定》	国家卫生和计划生育委员会	2013年
《医疗卫生机构开展临床研究项目管理办法》	国家卫生和计划生育委员会、国家食品药品监督管理总局、国家中医药管理局	2014年
《医疗质量管理办法》	国家卫生和计划生育委员会	2016年
《涉及人的生物医学研究伦理审查办法》	国家卫生和计划生育委员会	2016年
《涉及人的生物医学研究伦理审查办法》	国家卫生和计划生育委员会	2016年
《医疗技术临床应用管理办法》	国家卫生健康委员会	2018年
技术指南、管理规范		
《肝脏移植技术管理规范》《肾脏移植技术管理规范》《心脏移植技术管理规范》《肺脏移植技术管理规范》	卫生部	2006年
《综合介入诊疗技术管理规范》	卫生部	2012年
《人工膝关节置换技术管理规范（2012年版）》	卫生部	2012年

续表

名　称	制定部门	生效时间
《口腔种植技术管理规范》	国家卫生和计划生育委员会	2013年
《呼吸内镜诊疗技术管理规范(2013版)》	国家卫生和计划生育委员会	2013年
《消化内镜诊疗技术管理规范(2013版)》	国家卫生和计划生育委员会	2013年
《普通外科内镜诊疗技术管理规范(2013版)》	国家卫生和计划生育委员会	2013年
《关节镜诊疗技术管理规范(2013版)》	国家卫生和计划生育委员会	2013年
《脊柱内镜诊疗技术管理规范(2013版)》	国家卫生和计划生育委员会	2013年
《泌尿外科内镜诊疗技术管理规范(2013版)》	国家卫生和计划生育委员会	2013年
《胸外科内镜诊疗技术管理规范(2013版)》	国家卫生和计划生育委员会	2013年
《妇科内镜诊疗技术管理规范(2013版)》	国家卫生和计划生育委员会	2013年
《儿科呼吸内镜诊疗技术管理规范(2013版)》	国家卫生和计划生育委员会	2013年

续表

名　　称	制 定 部 门	生 效 时 间
《儿科消化内镜诊疗技术管理规范（2013版）》	国家卫生和计划生育委员会	2013年
《造血干细胞移植技术管理规范（2017版）》	国家卫生和计划生育委员会	2017年
《同种胰岛移植技术管理规范（2017版）》	国家卫生和计划生育委员会	2017年
《同种异体运动系统结构性组织移植技术管理规范（2017版）》	国家卫生和计划生育委员会	2017年
《同种异体角膜移植技术管理规范（2017版）》	国家卫生和计划生育委员会	2017年
《同种异体皮肤移植技术管理规范（2017版）》	国家卫生和计划生育委员会	2017年
《性别重置技术管理规范（2017版）》	国家卫生和计划生育委员会	2017年
《质子和重离子加速器放射治疗技术管理规范（2017版）》	国家卫生和计划生育委员会	2017年
《放射性粒子植入治疗技术管理规范（2017版）》	国家卫生和计划生育委员会	2017年
《肿瘤深部热疗和全身热疗技术管理规范（2017版）》	国家卫生和计划生育委员会	2017年

续表

名　称	制定部门	生效时间
《肿瘤消融治疗技术管理规范(2017版)》	国家卫生和计划生育委员会	2017年
《心室辅助技术管理规范(2017版)》	国家卫生和计划生育委员会	2017年
《人工智能辅助诊断技术管理规范(2017版)》	国家卫生和计划生育委员会	2017年
《人工智能辅助治疗技术管理规范(2017版)》	国家卫生和计划生育委员会	2017年
《颅颌面畸形颅面外科矫治技术管理规范(2017版)》	国家卫生和计划生育委员会	2017年
《口腔颌面部肿瘤颅颌联合根治技术管理规范(2017版)》	国家卫生和计划生育委员会	2017年
《癌症疼痛诊疗规范(2018年版)》	卫健委	2018年

(三)《人体器官移植条例》研究现状

《人体器官移植条例》是为了规范人体器官移植,保证医疗质量,保障人体健康,维护公民的合法权益而制定的[①]。它是现行的医疗技术管理法律中立法层级最高的行政法规,也是比较有代表性的医疗技术管理法律规范,下面对《人体器官移植条例》的研究现状进行整体分析,帮

---

① 参见《人体器官移植条例》第一条。

助我们了解学界对医疗技术管理法律的研究思路与路径。

1. 时间分布

从时间分布来看,随着 2007 年《人体器官移植条例》的颁布和实施,与前几年相比,人体器官移植法律相关的研究较多。2013 年左右关于《人体器官移植条例》的研究最多(图 4-18),通过分析,这与 2011 年《中华人民共和国刑法修正案(八)》新增组织出卖人体器官罪内容有关。

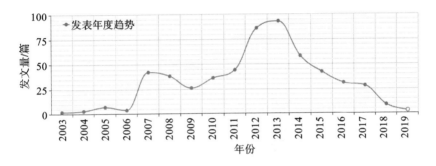

图 4-18 《人体器官移植条例》研究时间分布(2003—2019 年)

2. 学科分布

从学科分布来看,对《人体器官移植条例》的研究集中在法学,其次是基础医学(图 4-19)。

3. 主题分布

从主题分布来看,关于《人体器官移植条例》研究的主题中,约 40% 为器官移植手术和器官移植,15.53% 为人体器官,12.69% 为人体器官移植条例,12.19% 为器官捐献(图 4-20)。

4. 关键词分布

从关键词来看,人体器官移植法律相关研究的关键词主要是"器官移植",其他还有"人体器官""器官捐献""组织出卖人体器官罪"等。

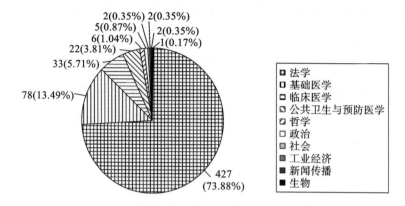

图 4-19 《人体器官移植条例》研究学科分布(2003—2019年)

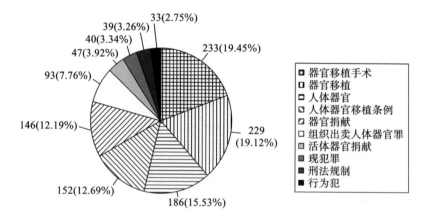

图 4-20 《人体器官移植条例》研究主题分布(2003—2019年)

可见,对《人体器官移植条例》研究主要是规范器官移植、器官捐献,打击组织出卖人体器官的行为(图 4-21)。

二、医疗技术临床应用管理制度

医疗技术临床应用,是指将经过临床研究论证且安全性、有效性确切的医疗技术应用于临床,用以诊断或者治疗疾病的过程。

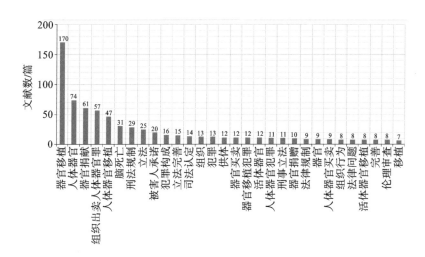

图 4-21 《人体器官移植条例》研究关键词分布（2003—2019 年）

2016 年的"魏则西事件"及 2018 年的"贺建奎基因编辑婴儿事件"都警示我们应加强对医学技术的临床应用管理。

（一）医疗技术临床应用管理制度的发展

我国医疗技术临床应用管理经历了从针对个别重点医疗技术的准入管理、全面医疗技术临床应用准入管理到医疗技术临床应用事中事后监管三个阶段。

1. 针对个别重点医疗技术的准入管理

与发达国家相比，我国的医疗技术准入管理起步较晚，2000—2008 年才有了针对个别重点医疗技术的准入与监管制度，如《人类辅助生殖技术管理办法》等。《人体器官移植条例》的颁布和实施标志着我国重点医疗技术的准入与监管制度开始上升到国家法规层面。

2. 全面医疗技术临床应用准入管理

2009—2015 年，我国逐步建立起医疗技术临床应用准入管理体系。2009年卫生部以规范性文件形式印发的《医疗技术临床应用管理办法》,明确了国家建立医疗技术临床应用准入和管理制度,对医疗技术实行分级分类管理,即将医疗技术分为三类,对第二类、第三类医疗技术实施准入管理。卫生部负责第三类高风险医疗技术的审定和临床应用管理,并负责制定和调整第三类医疗技术目录。《医疗技术临床应用管理办法》的发布填补了我国在医疗技术准入管理领域的空白,从源头上规范了技术使用,避免未成熟、违背伦理或已淘汰医疗技术的滥用,从而保障医疗安全。其实施以来,国家卫生部门组织有关学会、协会及相关专业的专家,起草或修订了一批医疗技术临床应用的技术指南、管理规范,约100多项,如《医疗机构手术分级管理办法(试行)》《内镜诊疗技术临床应用管理暂行规定》等。为各级卫生行政部门、医疗机构的规范管理和医疗技术应用提供了政策管理依据,在保障医疗质量和医疗安全,管控伦理道德风险,维护患者健康权益等方面发挥了积极作用。

3. 建立医疗技术临床应用事中事后监管制度[①]

2015年至今,取消医疗技术临床应用准入审批,开始研究建立医疗技术临床应用事中事后监管制度和机制。

为贯彻落实国务院行政审批制度改革要求,保证医疗技术临床应用管理平稳衔接、有序过渡,保障医疗质量和安全,2015年6月29日国家卫生和计划生育委员会印发《国家卫生计生委关于取消第三类医疗技术临床应用准入审批有关工作的通知》,对第三类医疗技术临床应用准入审批取消后加强事中事后监管提出工作要求,同时废止2009年

---

① 参见《国家卫生计生委关于取消第三类医疗技术临床应用准入审批有关工作的通知》。

5月22日发布的《首批允许临床应用的第三类医疗技术目录》。医疗机构开展《限制临床应用的医疗技术（2015版）》在列医疗技术临床应用进行备案管理，对于未在上述名单内的其他技术，如自体免疫细胞（T细胞、NK细胞）治疗技术、干细胞治疗相关技术等按照临床研究的相关规定执行。法律法规已经设立行政许可的医疗技术临床应用，如母婴保健专项技术、计划生育专项技术、人类辅助生殖技术、人类精子库技术、器官移植技术等，依照有关的法规及政府规章的规定执行。

明确取消第三类医疗技术临床应用准入审批后，医疗机构对本机构医疗技术临床应用和管理承担主体责任。

要求各级卫生行政部门依据职责加强辖区内医疗机构医疗技术临床应用监管。涉及使用药品、医疗器械或具有相似属性的相关产品、制剂等的医疗技术，在药品、医疗器械或具有相似属性的相关产品、制剂等未经食品药品监督管理部门批准，医疗机构不得开展临床应用。

（二）医疗技术临床应用"负面清单管理"制度

在取消第三类医疗技术临床应用准入审批后，国家卫健委通过《医疗技术临床应用管理办法》明确了医疗技术临床应用"负面清单管理"制度。

1. 禁止类技术管理[①]

医疗技术具有下列情形之一的，禁止应用于临床（以下简称禁止类技术）：①临床应用安全性、有效性不确切；②存在重大伦理问题；③该技术已经被临床淘汰；④未经临床研究论证的医疗新技术。禁止类技术目录由国家卫健委制定发布或者委托专业组织制定发布，并根据情

---

① 参见《医疗技术临床应用管理办法》第九条。

况适时予以调整。

2. 限制类技术管理[①]

禁止类技术目录以外并具有下列情形之一的,作为需要重点加强管理的医疗技术(以下简称限制类技术),由省级以上卫生行政部门严格管理:①技术难度大、风险高,对医疗机构的服务能力、人员水平有较高专业要求,需要设置限定条件的;②需要消耗稀缺资源的;③涉及重大伦理风险的;④存在不合理临床应用,需要重点管理的。国家限制类技术目录及其临床应用管理规范由国家卫生健康委制定发布或者委托专业组织制定发布,并根据临床应用实际情况予以调整。

2017年2月,国家卫生计生委下发了《造血干细胞移植技术管理规范(2017版)》等15个"限制临床应用"医疗技术管理规范和质量控制指标的规范性文件。省级卫生行政部门可以结合本行政区域实际情况,在国家限制类技术目录基础上增补省级限制类技术相关项目,制定发布相关技术临床应用管理规范,并报国家卫生健康委备案。以上海为例,《上海市限制临床应用医疗技术目录》(2015版)规定了35个项目。

3. 其他技术管理[②]

未纳入禁止类技术和限制类技术目录的医疗技术,医疗机构可以根据自身功能、任务、技术能力等自行决定开展临床应用,并应当对开展的医疗技术临床应用实施严格管理。

---

① 参见《医疗技术临床应用管理办法》第十条。
② 参见《医疗技术临床应用管理办法》第十二条。

(三)限制类医疗技术临床应用备案制度[①]

对限制类技术实施备案管理。医疗机构拟开展限制类技术临床应用的,应当按照相关医疗技术临床应用管理规范进行自我评估,符合条件的可以开展临床应用,并于开展首例临床应用之日起15个工作日内向核发其医疗机构执业许可证的卫生行政部门备案。

医疗机构拟开展存在重大伦理风险的医疗技术,应当提请本机构伦理委员会审议,必要时可以咨询省级和国家医学伦理专家委员会。未经本机构伦理委员会审查通过的医疗技术,特别是限制类医疗技术,不得应用于临床。

(四)医疗技术临床应用质量管理与控制制度[②]

国家建立医疗技术临床应用质量管理与控制制度,充分发挥各级、各专业医疗质量控制组织的作用,以"限制类技术"为主加强医疗技术临床应用质量控制,对医疗技术临床应用情况进行日常监测与定期评估,及时向医疗机构反馈质控和评估结果,持续改进医疗技术临床应用质量。

1. 成立医疗技术临床应用管理的专门组织

医疗机构应当成立医疗质量管理委员会或工作小组,应当下设医疗技术临床应用管理的专门组织,由医务、质量管理、药学、护理、院感、设备等部门负责人和具有高级技术职务任职资格的临床、管理、伦理等相关专业人员组成。该专门组织的负责人由医疗机构主要负责人担任,由医务部门负责日常管理工作,管理本医疗机构临床应用的医疗

---

① 参见《医疗技术临床应用管理办法》第十一条、第十三条。
② 参见《医疗技术临床应用管理办法》第三章。

技术。

2. 建立本机构医疗技术临床应用管理制度

医疗机构应当建立本机构医疗技术临床应用管理制度,包括目录管理、手术分级、医师授权、质量控制、档案管理、动态评估等制度,保障医疗技术临床应用质量和安全。

3. 建立医疗技术临床应用论证制度

医疗机构应当建立医疗技术临床应用论证制度。对已证明安全有效,但属本机构首次应用的医疗技术,应当组织开展本机构技术能力和安全保障能力论证,通过的论证方可开展医疗技术临床应用。

4. 建立医疗技术临床应用评估制度

医疗机构应当建立医疗技术临床应用评估制度,对限制类技术的质量安全和技术保证能力进行重点评估,并根据评估结果及时调整本机构医疗技术临床应用管理目录和有关管理要求。对存在严重质量安全问题或者不再符合有关技术管理要求的,要立即停止该项技术的临床应用。医疗机构应当根据评估结果,及时调整本机构医师相关技术临床应用权限。

5. 建立医疗技术临床应用的动态监管制度

医疗机构在医疗技术临床应用过程中出现下列情形之一的,应当立即停止该项医疗技术的临床应用:①该医疗技术被国家卫生健康委员会列为"禁止类技术";②从事该医疗技术的主要专业技术人员或者关键设备、设施及其他辅助条件发生变化,不能满足相关技术临床应用管理规范要求,或者影响临床应用效果;③该医疗技术在本机构应用过程中出现重大医疗质量、医疗安全或者伦理问题,或者发生与技术相关的严重不良后果;④发现该项医疗技术临床应用效果不确切,或者存在重大质量、安全或者伦理缺陷。

（五）医疗技术临床应用规范化培训制度①

医疗机构应当加强首次在本医疗机构临床应用的医疗技术的规范化培训工作。国家建立医疗技术临床应用规范化培训制度。拟开展限制类技术的医师应当按照相关技术临床应用管理规范要求接受规范化培训，参培医师完成培训后应当接受考核。

（六）信息公开制度

医疗机构开展的限制类技术目录、手术分级管理目录和限制类技术临床应用情况应当纳入本机构院务公开范围，主动向社会公开，接受社会监督。

（七）医疗技术临床应用的监督管理②

县级以上地方卫生行政部门应当加强对本行政区域内医疗机构医疗技术临床应用的监督管理。县级以上地方卫生行政部门应当将本行政区域内经备案开展限制类技术临床应用的医疗机构名单及相关信息及时向社会公布，接受社会监督。

国家级、省级卫生健康行政管理部门分级建立国家级、省级医疗技术临床应用信息化管理平台，对限制类技术临床应用相关信息进行收集、分析和反馈。医疗机构应当按照要求，及时、准确、完整地向全国和省级医疗技术临床应用信息化管理平台逐例报送限制类技术开展情况数据信息。

国家建立医疗技术临床应用评估制度。对医疗技术的安全性、有效性、经济适用性及伦理问题等进行评估，作为调整国家医疗技术临床

---

① 参见《医疗技术临床应用管理办法》第三章、第四章。
② 参见《医疗技术临床应用管理办法》第五章。

应用管理政策的决策依据之一。

国家建立医疗机构医疗技术临床应用情况信誉评分制度,与医疗机构、医务人员信用记录挂钩,纳入卫生健康行业社会信用体系管理,接入国家信用信息共享平台,并将信誉评分结果应用于医院评审、评优、临床重点专科评估等工作。

(八)法律责任[①]

医疗机构未按照规定管理医疗技术的,承担限制类技术临床应用规范化培训的医疗机构未按照要求开展培训、考核的,医疗机构违反规定开展医疗技术临床应用的,医疗机构管理混乱导致医疗技术临床应用造成严重不良后果并产生重大社会影响的,都会涉及法律责任的承担。

三、医疗技术临床研究管理法

为加强医疗卫生机构临床研究管理,规范临床研究行为,促进临床研究健康发展,2014 年 10 月 16 日国家卫生计生委、国家食品药品监督管理总局、国家中医药管理局共同制定了《医疗卫生机构开展临床研究项目管理办法》。在医疗卫生机构内开展的所有涉及人的药品(含试验药物)和医疗器械(含体外诊断试剂)医学研究及新技术的临床应用观察等都必须依照执行[②]。

(一)资质管理[③]

医疗卫生机构开展临床研究应当取得法律法规规定的资质,药物

---

① 参见《医疗技术临床应用管理办法》第六章。
② 参见《医疗卫生机构开展临床研究项目管理办法》第二条。
③ 参见《医疗卫生机构开展临床研究项目管理办法》第三条、第四条。

和医疗器械临床试验机构应当按相应要求获得资格认定,并具备相应的能力。医疗卫生机构应当按照相关法律、法规、部门规章、临床试验管理有关规范性文件及本办法的要求,加强对临床研究的管理。

(二)组织管理①

开展临床研究的医疗卫生机构应当成立临床研究管理委员会和伦理委员会,设立或者指定专门部门(以下称临床研究管理部门)负责临床研究管理。

临床研究管理委员会由医疗卫生机构相关负责人、相关职能部门负责人和临床研究专家代表组成,负责医疗机构临床研究的决策、审核、管理和监督。临床研究管理部门在临床研究管理委员会指导下,负责临床研究的立项审查、实施控制、档案管理等具体管理工作。

伦理委员会按照相关规定承担所在医疗卫生机构开展临床研究的伦理审查,确保临床研究符合伦理规范。

药物临床试验研究负责人应当具备法律法规规定的资质。其他临床研究负责人应当为相关专业科室负责人或具有副高级以上职称的卫生专业技术人员。

(三)立项管理②

临床研究实行医疗卫生机构立项审核制度,经医疗卫生机构批准立项的临床研究方可在该机构内实施。临床研究项目经医疗卫生机构审核立项的,医疗卫生机构应当与临床研究项目负责人签订临床研究项目任务书,并在30日内向核发其医疗机构执业许可证的卫生计生行政部门(含中医药管理部门)进行临床研究项目备案。医疗卫生机构受

---

① 参见《医疗卫生机构开展临床研究项目管理办法》第二章。
② 参见《医疗卫生机构开展临床研究项目管理办法》第三章。

其他机构委托、资助开展临床研究或者参与多中心临床研究的,项目资金应当纳入项目负责人所在医疗卫生机构统一管理。

(四)财务管理①

医疗卫生机构应当建立临床研究经费管理制度,对批准立项的临床研究经费进行统一管理,经费的收取、使用和分配应当遵循财务管理制度,实行单独建账、单独核算、专款专用。医疗卫生机构内设科室和个人不得私自收受临床研究项目经费及相关设备。

临床研究项目的委托方、资助方已经支付临床研究中受试者用药、检查、手术等相关费用的,医疗卫生机构不得向受试者重复收取费用。

临床研究项目负责人应当严格按照本机构的规定和临床研究项目经费预算,合理使用研究经费,不得擅自挪作他用。

(五)实施管理②

医疗卫生机构应当按照相关法律法规并遵循相关国际规范,制定临床研究项目管理制度和操作规程,加强临床研究项目管理。

医疗卫生机构临床研究管理委员会及临床研究管理部门应当对临床研究项目实施全过程监管,定期组织进行伦理、安全性、财务合规性和效果评价,确保临床研究项目的顺利进行。

临床研究项目应当严格按照任务书开展,项目实施过程中应当遵守国家有关知识产权创造、运用、保护管理的法律法规及保密、安全的相关规定。

(六)监督管理③

各级卫生行政部门应当加强对辖区内医疗卫生机构开展临床研究

---

① 参见《医疗卫生机构开展临床研究项目管理办法》第四章。
② 参见《医疗卫生机构开展临床研究项目管理办法》第五章。
③ 参见《医疗卫生机构开展临床研究项目管理办法》第六章。

项目的监督管理。发现医疗卫生机构违反本办法规定的,应当责令其立即停止该研究,并按照相关法律法规给予行政处罚及处分。

四、医疗技术管理法评价

分析目前体系建设的现状、存在的不足及未来的发展应关注以下四个方面。

第一,制定涉及医疗技术管理基本制度的,覆盖医疗技术管理各方面,具有宏观性、全面性、综合性的法律规范文件。

第二,提升立法层次级别。可以在条件成熟时,将《医疗技术临床应用管理办法》上升为国务院《医疗技术管理条例》。

第三,尽快出台有关新医疗技术、探索性医疗技术临床试验管理的法律法规,从程序到内容各方面规范医疗技术的临床试验活动。实现确保患者生命健康安全是医疗技术管理首要政策目标。

第四,逐步增加关于现有技术及新技术的临床应用指南及管理规范,以应对当前医学技术的快速发展。

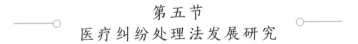

第五节 医疗纠纷处理法发展研究

一、医疗纠纷处理法概述

(一)医疗纠纷处理法的概念与体系

医疗纠纷处理法是指调整医疗纠纷处理及医疗损害责任法律关系的法律规范的总称。根据《医疗纠纷预防和处理条例》(以下简称《预防条例》)的规定,医疗纠纷是指医患双方因诊疗活动引发的争议①。医疗纠纷具有以下特点:发生于医方和患方之间,因诊疗活动而起,以及医患之间存在争议。

医疗损害及医疗事故是引发医疗纠纷的最典型事件,有些医疗纠纷构成医疗事故,需要追究行政责任及民事责任;有些医疗纠纷不属于医疗事故,只需追究民事赔偿责任,这种民事赔偿责任主要表现为医疗损害赔偿责任。

从纵向来看,我国的医疗纠纷处理法律体系由法律、行政法规、规制组成。从横向来看,我国的医疗纠纷处理法律体系主要包括医疗纠纷预防与处理法律制度、医疗事故认定与处理制度及医疗损害责任认定与处理法律制度。

(二)医疗纠纷处理法的发展

新中国成立以来我国医疗纠纷的处理经过了三个阶段,与此相应,医疗纠纷的法律发展也经历了三个阶段。

第一阶段(1950—1958年):这是我国医疗事故纠纷处理的起步阶段。此阶段我国关于医疗纠纷的法律比较缺乏,一旦发生了医疗纠纷,往往由司法部门直接予以裁决。

第二阶段(1959—1977年):这个阶段对医疗事故的处理主要由卫生行政部门定性处理,法院基本不介入,侧重于法律裁决。

第三阶段(1978年以后):这个阶段是医法结合处理医疗纠纷的阶段,开始有了关于医疗纠纷处理的特别立法,把医患关系置于法律的规范与约束下,也是医疗纠纷处理法制化的新阶段。对医疗纠纷进行专

---

① 参见《医疗纠纷预防和处理条例》第二条。

门立法始于医疗事故。1987年6月29日,国务院颁布了《医疗事故处理办法》(以下简称《办法》)。《办法》将医疗事故分为责任事故和技术事故。责任事故是指医务人员因违反规章制度、诊疗护理常规等失职行为所致的事故;技术事故是指医务人员因技术过失所致的事故[1]。根据给患者直接造成损害的程度,将医疗事故分为三级,并规定由县级以上地方政府按行政区域成立医疗事故技术鉴定委员会[2],由卫生行政部门负责,对医疗事故争议进行技术鉴定。对确定为医疗事故的由医疗机构给予一次性经济补偿。1988年5月,为解决各地在贯彻执行《办法》过程中有待明确的问题,卫生部颁布了《卫生部关于〈医疗事故处理办法〉若干问题的说明》。随着时间的推移,司法实践中对于《办法》确定的医疗事故鉴定及医疗事故损害补偿制度的质疑声不断出现,1996年天津市第一中级人民法院关于"李新荣案"的判决突破了《办法》关于鉴定制度及医疗事故损害补偿制度的规定,对其后发生的类似案件产生很大影响,逐渐动摇了《办法》在医疗事故争议处理中的主导地位,出现了法律适用及赔偿二元化的苗头,客观上推进了关于医疗纠纷处理的立法及法律理论的发展。

为适应医疗纠纷处理的新形势和新要求,2002年4月4日,国务院颁布了《医疗事故处理条例》(以下简称《条例》),并于同年9月1日起实施。《条例》对《办法》进行了重大修改:取消了医疗事故的分类,扩大了事故的范围,将医疗事故由三级修改为四级;将医疗事故技术鉴定由卫生行政部门组织调整为由医学会组织;对确定的医疗事故由补偿改为赔偿;对医疗机构加大了处罚力度;对患者及家属实质性参与医疗

---

[1] 参见《医疗事故处理办法》第五条。
[2] 参见《医疗事故处理办法》第六条。

事故争议的处理做了制度性安排。此后,原卫生部和国家中医药管理局又相继配套颁布了系列部门规章或行业规范,构建了以《条例》为主干的关于医疗事故争议处理的法律系统。《条例》对妥善处理医疗纠纷发挥了重要作用,实现了行政责任处理模式向民事及行政责任处理模式的重大变革,但由于效力等级的局限性,未能从根本上解决法律适用二元化的问题。

2003年1月6日发布的《最高人民法院关于参照〈医疗事故处理条例〉审理医疗纠纷民事案件的通知》规定:医疗事故处理条例施行后发生的医疗事故引起的医疗赔偿纠纷,诉到法院的,参照《条例》的有关规定办理;因医疗事故以外的原因引起的其他医疗赔偿纠纷,适用民法通则的规定[1]。同年,《最高人民法院关于审理人身损害赔偿案件适用法律若干问题的解释》(以下简称《人身损害赔偿司法解释》)规定的人身损害的赔偿项目和计算方法,与《条例》规定的医疗事故赔偿项目和计算方法也不一致。

医疗纠纷处理中存在的法律适用、赔偿、鉴定二元化问题损害了我国法制的统一性和严肃性,加剧了医患矛盾。2009年12月26日,第十一届全国人大常委会第十二次会议审议通过《中华人民共和国侵权责任法》(以下简称《侵权责任法》),自2010年7月1日起施行。该法第七章以专章的形式对医疗损害责任进行了规定[2],内容包括医疗损害责任的归责原则、患者知情同意权、医疗过错认定、医疗侵权责任形态、医疗损害责任豁免事由等方面。

---

[1] 参见《最高人民法院关于参照〈医疗事故处理条例〉审理医疗纠纷民事案件的通知》第一条。

[2] 参见《中华人民共和国侵权责任法》第七章。

《侵权责任法》颁布实施以前,特别是《人身损害赔偿司法解释》出台前,《条例》以特别法的优势地位在医疗事故处理方面一直是优先适用的,但《侵权责任法》实施后,《条例》的规定与《侵权责任法》不一致的,应以《侵权责任法》为准,而与《侵权责任法》不相矛盾的地方,主要是有关医疗事故行政监督及预防处置的内容,仍然继续有效。

为正确审理医疗损害责任纠纷案件,依法维护当事人的合法权益,推动构建和谐医患关系,促进卫生健康事业发展,根据《侵权责任法》《中华人民共和国民事诉讼法》等法律规定,结合审判实践,2017年12月13日最高人民法院发布《最高人民法院关于审理医疗损害责任纠纷案件适用法律若干问题的解释》,对医疗损害纠纷案件审理中的一些疑难问题进行了明确规定。

为了预防和妥善处理医疗纠纷,国务院于2018年6月通过了《医疗纠纷预防和处理条例》,自同年10月1日起施行,《预防条例》突出了医疗纠纷预防,规范了医疗损害鉴定,要求充分发挥人民调解作用,明确了医疗纠纷处理途径和程序。《预防条例》明确规定,对诊疗活动中医疗事故的行政调查处理,依照《条例》的相关规定执行。这就意味着《条例》与《预防条例》并存,《条例》中关于医疗事故认定及行政处理的内容仍然有效,而与《预防条例》重复的预防与处理的内容,应以《预防条例》为准。

2018年10月,国家卫生健康委员会和司法部下发《医疗损害鉴定管理办法(征求意见稿)》,该草案统一了医疗损害鉴定体制,强调了坚持科学性、公正性、同行评议及鉴定专家负责制的原则。

医疗纠纷处理的相关法律法规如表4-4所示。

表 4-4　医疗纠纷处理的相关法律法规

名　　称	制 定 部 门	生 效 日 期
法律		
《中华人民共和国侵权责任法》	全国人大常委会	2010 年
法规		
《医疗事故处理办法》	国务院	1987 年
《医疗事故处理条例》	国务院	2002 年
《医疗纠纷预防和处理条例》	国务院	2018 年
司法解释		
《最高人民法院关于参照〈医疗事故处理条例〉审理医疗纠纷民事案件的通知》	最高人民法院	2003 年
《最高人民法院关于民事诉讼证据的若干规定》	最高人民法院	2002 年，2019 年修正
《最高人民法院关于审理人身损害赔偿案件适用法律若干问题的解释》	最高人民法院	2004 年
《最高人民法院关于审理医疗损害责任纠纷案件适用法律若干问题的解释》	最高人民法院	2017 年
规章及规范性文件		
《关于预防和处理医疗事故的暂行规定（草案）》	卫生部	1978 年
《关于〈医疗事故处理办法〉的若干问题的说明》	卫生部	1988 年
《医疗事故技术鉴定暂行办法》	卫生部	2002 年
《医疗事故技术鉴定专家库学科专业组名录（试行）》	卫生部	2002 年

续表

名　　称	制 定 部 门	生 效 日 期
《医疗事故分级标准(试行)》	卫生部	2002 年
《医疗事故争议中尸检机构及专业技术人员资格认定办法》	卫生部等	2002 年
《重大医疗过失行为和医疗事故报告制度的规定》	卫生部等	2002 年

(三)《医疗事故处理条例》研究现状

在我国的医疗纠纷处理立法中,《医疗事故处理条例》的颁布发挥了承上启下的重要作用,它改变了之前单一事故处理及医疗事故行政补偿的立法思路,开启了医疗事故预防及医疗事故责任民事赔偿理念的新时代,在它发挥作用的 2002—2010 年,正是我国医疗体制改革不断深化、医患关系发生深刻变革的 8 年,对《医疗事故处理条例》的研究进行了解,可以帮助我们更好地把握我国医疗纠纷处理法律的变迁。

1. 时间分布

从时间分布来看,2002—2003 年关于医疗事故处理条例的研究最多,这主要是因为 2002 年国务院通过了《医疗事故处理条例》。从 2010 年开始,关于医疗事故处理条例的研究下降(图 4-22),通过分析可知,这主要是受到《侵权责任法》的影响,《侵权责任法》的出台,使得《医疗事故处理条例》的部分规定不再适用,故此方面的研究便有所下降。

2. 学科分布

从学科分布来看,关于《医疗事故处理条例》研究的学科主要分布在法学、基础医学、公共卫生与预防医学(图 4-23)。

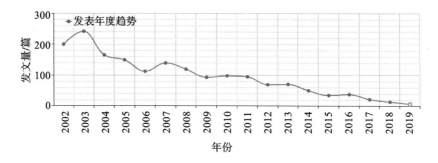

图 4-22 《医疗事故处理条例》研究时间分布(2002—2019 年)

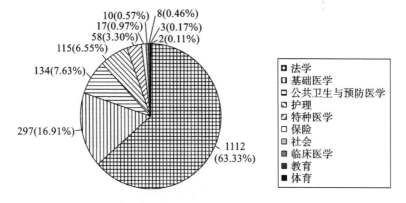

图 4-23 《医疗事故处理条例》研究学科分布(2002—2019 年)

3. 主题分布

从主题分布来看,《医疗事故处理条例》的研究主题主要是医疗事故、《医疗事故处理条例》、医疗纠纷、民事纠纷等(图 4-24)。

4. 关键词分布

从关键词分布来看,《医疗事故处理条例》研究的关键词主要是"医疗事故""医疗纠纷""医疗损害",此外还有一些比较重要的关键词,如"法律适用""医患关系""医疗损害赔偿"等。由此可见,对于医疗纠纷处理法律研究的主要目的在于正确处理医疗事故,保护患者和医疗机构及其医务人员的合法权益,维护医疗秩序,保障医疗安全(图 4-25)。

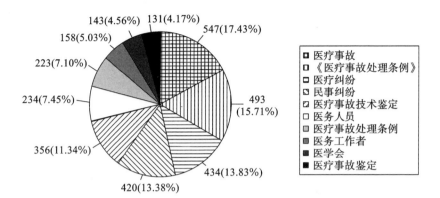

图 4-24 《医疗事故处理条例》研究主题分布(2002—2019 年)

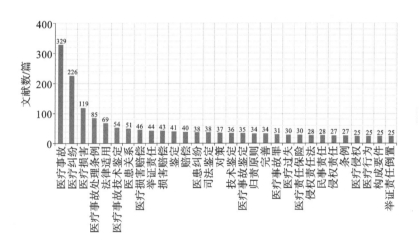

图 4-25 《医疗事故处理条例》研究现状关键词分布(2002—2019 年)

二、医疗纠纷处理主要制度

(一) 医疗事故处理制度

医疗事故,是指医疗机构及其医务人员在医疗活动中,违反医疗卫生管理法律、行政法规、部门规章和诊疗护理规范、常规,因过失造成患者人身损害的事故[1]。根据患者人身造成的损害程度,医疗事故分为四级。一级医疗事故:造成患者死亡、重度残疾的。二级医疗事故:造成患者中度残疾、器官组织损伤导致严重功能障碍的。三级医疗事故:造成患者轻度残疾、器官组织损伤导致一般功能障碍的。四级医疗事故:造成患者明显人身损害的其他后果的[2]。

医疗事故的构成要件概括为以下五个:医疗机构及其医务人员(主体),医疗机构及其医务人员有违法行为,造成了患者人身损害,医疗机构及其医务人员主观上具有过失,以及过失行为与损害后果之间具有因果关系。

(二)医疗损害责任制度

1. 医疗损害责任的构成要件

医疗损害是指因医疗机构及其医务人员的过错或缺陷医疗产品,对就医患者造成的身体上或精神上的损害。医疗损害的概念是民事法律的概念,体现的是民事责任问题。

作为一种特殊的民事侵权责任,医疗损害责任的构成要件主要包括以下几个方面:医疗损害的行为人主要是医疗机构或者其他医务人员,在医疗产品损害的情形下,医疗产品的生产者及销售者可以成为医疗损害责任的主体;具有损害后果;医疗机构及其医务人员在诊疗活动中有违反医疗卫生管理法律、行政法规、部门规章和诊疗规范、常规的行为;存在因果关系;具有主观过错。

---

[1] 参见《医疗事故处理条例》第二条。
[2] 参见《医疗事故处理条例》第四条。

2. 医疗损害责任的类型[①]

按照《侵权责任法》的规定,可将医疗损害责任分为以下四种类型。

(1) 医疗技术损害责任。医疗机构及医务人员从事病情检验、诊断、治疗方法的选择,治疗措施的执行,病情发展过程的追踪,以及术后照护等医疗行为,存在不符合当时医疗水平的过失,造成患者损害,医疗机构应当承担侵权赔偿责任。这是医疗损害责任的最基本类型。

(2) 医疗伦理损害责任。医疗机构及医务人员从事各种医疗行为时,违背职业良知和医疗伦理的要求,违背医疗机构和医务人员的告知或保密义务,造成患者人身损害以及其他合法权益损害,应承担侵权赔偿责任。

(3) 医疗产品损害责任。医疗机构在医疗过程中使用有缺陷的药品、消毒药剂、医疗器械以及不合格血液等医疗产品,造成患者人身损害,医疗机构或者医疗产品生产者所应承担损害赔偿责任。

(4) 医疗管理损害责任。医疗机构和医务人员违背医疗管理规范和医疗管理职责的要求,具有医疗管理过错,造成患者人身损害、财产损害的,应承担侵权赔偿责任。

3. 医疗损害责任的归责原则[②]

医疗损害责任的归责原则,是指确定医疗机构或其他责任人承担医疗损害赔偿责任的一般准则,是在受害患者的人身损害事实已经发生的情况下,为确定医疗损害责任人对自己的行为所造成的损害是否需要承担赔偿责任的准则。《侵权责任法》依据不同情况,确定了过错原则和无过错责任原则相结合的二元归责原则体系。一般情况下适用

---

① 参见《中华人民共和国侵权责任法》第五章、第七章。
② 参见《中华人民共和国侵权责任法》第七章。

过错责任原则,即以过错判断行为人对其造成的损害应否承担侵权责任的归责原则;特定的情况下,通过推定过错的规定,来缓解患者的举证压力。医疗产品损害等特别案件适用无过错责任原则,即没有过错造成他人损害的,依法律规定应由与造成损害原因有关的人承担民事责任的原则。

4. 医疗损害责任的特殊免责事由[①]

免责事由是指免除或减轻行为人责任的事由。医疗损害责任的免责事由,是指原告针对被告的诉讼请求而提出的,证明原告所主张的医疗侵权事由不成立或者不完全成立的事实。医疗损害责任免责事由的举证责任由医方承担。

医疗损害责任的特殊免责事由,是指仅适用于医疗机构对抗患者或家属提出的医疗损害责任的抗辩事由,主要有:①患者或者其近亲属不配合医疗机构进行符合诊疗规范的诊疗,但医疗机构及其医务人员也有过错的,应当承担相应的赔偿责任;②医务人员在抢救生命垂危的患者等紧急情况下已经尽到合理诊疗义务;③限于当时的医疗水平难以诊疗。

(三) 医疗损害鉴定制度

《侵权责任法》没有规定医疗损害鉴定问题,目前对于诊疗行为引起的医疗损害的鉴定,仍然存在着二元化的鉴定体制,即医学会的"医疗事故(医疗损害责任)技术鉴定"和司法鉴定机构的"医疗过错司法鉴定"。《医疗纠纷预防和处理条例》提出了"医疗损害鉴定"的新思路,希望构建统一的医疗损害鉴定专家库。《医疗损害鉴定管理办法(征求

---

① 参见《中华人民共和国侵权责任法》第六十条。

意见稿)》规定了统一的医疗损害鉴定制度的相关程序。

对医疗器械、产品、药品、药液、血液等质量性的专门性问题,需要委托的鉴定,由具有检验资格的检验机构进行。

(四)医疗损害赔偿制度

赔偿是承担医疗损害责任的最主要形式,它是一种对过错行为所造成损失的经济上的弥补,也是侵权行为承担法律责任的形式,具有惩罚性。

确定医疗损害赔偿数额,应当综合考虑医疗过错行为在医疗损害后果中的责任程度,医疗损害后果与患者原有疾病状况之间的关系以及医疗发展水平、医疗风险状况等因素。

患者遭受医疗损害获得赔偿的范围包括医疗费、误工费、护理费、交通费、住宿费、住院伙食补助费、必要的营养费、残疾赔偿金、残疾辅助器具费、被扶养人生活费、康复费、后续治疗费、精神损害赔偿金、残废赔偿金、交通费、丧葬费等费用。实行一次性结算,如果赔偿义务人一次性支付确有困难的,可以分期支付。

医疗产品的生产者、销售者明知医疗产品存在缺陷仍然生产、销售,造成患者死亡或者健康严重损害,被侵权人请求生产者、销售者赔偿损失及二倍以下惩罚性赔偿的,人民法院应予支持[①]。

(五)医疗纠纷的预防和处理[②]

《医疗纠纷预防和处理条例》规定了政府主导、多部门参与的医疗纠纷社会预防制度,细化了强调人文关怀、遵守法律法规、促进医患有

---

① 参见《最高人民法院关于审理医疗损害责任纠纷案件适用法律若干问题的解释》第二十三条。
② 参见《医疗纠纷预防和处理条例》第二章、第三章。

效沟通的医疗机构的预防制度,明确了发生医疗纠纷后医疗机构的告知内容,规定了病历资料和现场实物封存的程序及尸检及尸体处理制度,完善了医疗纠纷的预防体系。

《预防条例》规定了医疗纠纷的解决途径,即双方自愿协商,申请人民调解,申请行政调解,向人民法院提起诉讼,以及法律、法规规定的其他途径。

(六)法律责任

卫生行政部门及其工作人员在处理医疗纠纷中存在不当行为的、医疗机构及其他有关机构与人员在预防及处理医疗事故中有不当行为的,都会涉及行政责任的承担;发生医疗事故的,医疗机构及医务人员应承担相应的行政责任,并应该承担民事赔偿责任。构成医疗事故罪的,医务人员要承担刑事责任。

三、医疗纠纷处理法评价

我国现有医疗纠纷处理法律体系经过30多年的发展,已不断完善。

第一,医疗纠纷处理法律体系已经建立,并逐渐统一。医疗事故的认定与处理遵循《医疗事故处理条例》,医疗纠纷的预防和处理遵循《医疗纠纷预防和处理条例》,医疗损害民事责任的认定与赔偿主要遵循《侵权责任法》,这些法律法规各有侧重,初步构建起了全社会防控医疗纠纷的机制。

第二,医疗损害鉴定二元化制度有望得到解决。《医疗纠纷预防和处理条例》已经尝试构建统一的医疗损害鉴定程序与鉴定专家库,虽然仍会有医学会和司法鉴定机构等不同鉴定组织的存在,但遵循统一程序及统一鉴定原则,这样实质上统一的医疗损害鉴定体制就会初步建立。

第三,在缺陷医疗产品损害责任处理上,对于医疗机构应该承担什么责任,以及审判机关应该按最终责任原则判定缺陷产品损害责任承担者还是笼统判决由医疗产品生产者及医疗机构共同承担损害赔偿责任,在司法实务中并没有得到统一。

(赵敏 乐虹)

主要参考文献

[1] 田侃,冯秀云.卫生法学[M].北京:中国中医药出版社,2017.

[2] 赵敏,何振.卫生法学概论[M].武汉:华中科技大学出版社,2016.

[3] 赵敏.医疗法律风险预防与处理[M].杭州:浙江工商大学出版社,2012.

[4] 张静,赵敏.卫生法学[M].北京:清华大学出版社,2014.

第五章

药品管理法发展研究

第一节 药品管理法概述

一、药品管理法的概念

药品管理法是为了加强药品管理,保证药品质量,保障公众用药安全和合法权益,保护和促进公众健康而制定的法律。在中华人民共和国境内从事药品研制、生产、经营、使用和监督管理活动的单位或者个人必须遵守[①]。

药品管理法以《中华人民共和国药品管理法》(以下简称《药品管理法》)和《中华人民共和国药品管理法实施条例》(以下简称《药品管理法实施条例》)为核心,分别在药品研发、生产、经营和使用环节延展等方面,对药品进行全过程全周期系统监督管理,以此保证药品质量和用药安全。

二、药品管理法发展概述

药品管理法发展历经了四个阶段。

第一阶段:1984 年制定第一部《药品管理法》,初具药品监管雏形。

1984 年 9 月我国第一部药品管理基本法《药品管理法》,经由第六届全国人民代表大会常务委员会第七次会议审核通过,并于 1985 年生效。

---

① 参见《中华人民共和国药品管理法》第一条和第二条。

此阶段成果主要如下：①确立药品监督制度原则，设置药政机构和药品检验机构，建立以卫生行政部门为核心的监督体制。②实行许可证管理，建立由药品生产经营主管部门、卫生行政部门、工商行政管理部门三个部门联合管理的药品企业"两证一照"（药品生产许可证、药品经营许可证和营业执照）、"先证后照"制度。③建立法定的药品标准，实行药品生产批准文号制度。④授权国务院制定管理办法，对特殊药品实行特殊管理制度，如精神药品指定生产和指定供应制度。⑤对生产销售假药劣药的建立单位和个人双重责任体系。

第二阶段：2001年修订《药品管理法》，药品监管从单一重心转向双重心。

进入21世纪后，我国经济快速发展，为更好处理新情况、新问题，并与国际接轨，2001年2月全国人大常委会对《药品管理法》进行第一次修订，对其中有关药品标准、商标、定价、药品进口和违法责任等条款进行修改。与之相配套的《药品管理法实施条例》也于2002年9月施行。

此阶段，一方面将监督管理权责从卫生行政部门转到药品监督管理部门，确认了专设监督管理部门进行药品监管的体制。另一方面监管理念从药品质量安全的单一重心转至质量安全和经济行为并重的双重心。其主要成果如下：①简化生产企业、经营企业申办审批程序，变"两证一照"为"一证一照"。②将质量管理规范认证制度法定化。在完善认证监督检查制度的同时，明确了药品监督管理部门对认证企业实行跟踪检查的义务，并规定政府监管部门相关人员违反法定义务需承担行政处分和刑事责任。政府完善了监管部门的责任体系，突出了权责一致的法律原则，即在赋予监管职权的同时，明确规定不依法履责的法律责任。③按照国际通行惯例，建立处方药与非处方药分类管理制度,保障患者用药安全。④首次将药品价格纳入监管范围。

第三阶段:2013年和2015年修正《药品管理法》,转变监管职能,全面放松市场管制。

为适应市场经济体制改革深入推进的思路,全国人大常委会分别于2013年和2015年两次修正了《药品管理法》,集中体现了放松市场经济性行为管制的监管趋势。其主要成果如下:①药品监管部门从"重事前审批"向"重事中事后监管"转变,审批权由国务院药品监督管理部门转移至省、自治区和直辖市政府药品监督管理部门。②解决了之前《药品管理法》中药品生产、经营许可与工商登记注册互为前置许可条件的逻辑难题,实现药品生产、经营资格资质与营业执照分离,完善了药品生产、经营企业的退出机制。③推进药品价格改革,定价体系由以政府为主导转至以市场为主导,突出尊重市场规律的价格监管理念。

第四阶段:2019年修订《药品管理法》,鼓励研究和创制新药,加强药品全生命周期管理,强化药品监管方式方法的创新,助推我国从制药大国向制药强国的快速转变。

2019年8月,《药品管理法》完成第二次修订。篇章结构有重大调整,从10章104条变为12章155条,主要成果有:①强化药品研制管理、上市后监管和药品供应保障的同时也强化了严惩重处违法行为。②第一次提出药品管理的立法宗旨为"保护和促进公众健康"。这一宗旨将有力提高药品管理工作者的主动性,使他们更加勇于作为和担当。③确定药品管理基本原则为风险管理、全程管控和社会共治,并建立与之相适应的监管制度、机制和方式,着力推进药品监管的现代化。④确立了药品上市许可持有人制度、机制和方式,着力推进药品监管的现代化。⑤强化监管体系和监管能力建设,强调建立职业化、专业化的检查员队伍。⑥完善药品安全责任制度,坚持重典治乱,严惩各种违法行为。

三、药品管理法研究现状

(一) 时间分布

从时间分布来看,1993年以后,药品管理法相关的研究开始增多,在2014年达到最高峰。此研究热可能与2013年和2015年《药品管理法》的两次修正相关(图5-1,数据来源于知网数据库,本章下同)。

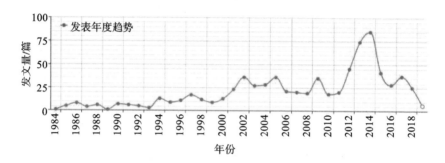

图5-1 药品管理法研究时间分布(1984—2018年)

(二) 内容分布

药品管理法研究内容主要集中在药品管理法、《药品管理法》、行政处罚和法律制裁等方面(图5-2)。

(三) 关键词分布

与药品管理法相关的关键词主要有"药品管理法""药品""假药"和"执业药师",其他比较重要的关键词有"立法""劣药"和"法律责任"等。以此判断,药品管理法的研究重点是通过对药品质量监管和从业资格管理来维护用药安全和用药合法权益(图5-3)。

四、药品管理立法现状

药品管理法律体系以《宪法》为最终依据,以《药品管理法》和《药品

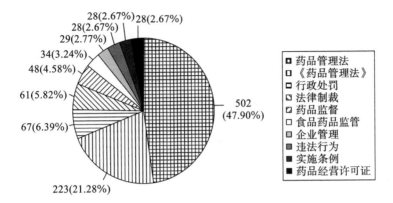

图 5-2　药品管理法律研究内容分布（1984—2018 年）

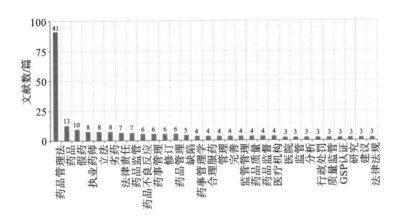

图 5-3　药品管理法律研究关键词分布（1984—2018 年）

管理法实施条例》为主干,强调 4 个立法层面:加强药品管理;保证药品质量;保障公众用药安全和合法权益;保护和促进公众健康。下面从纵向和横向两个方面来呈现其架构。

（一）纵向架构

从纵向来看,药品管理法律体系由涉及药品管理的法律、行政法规、部门规章、地方法规和地方规章等一系列规范性文件构成。

1. 法律 《中华人民共和国药品管理法》是我国目前药品管理法律体系中最主要的法律依据,相关法律有《中华人民共和国刑法》《中华人民共和国行政处罚法》《中华人民共和国行政诉讼法》《中华人民共和国广告法》《中华人民共和国价格法》等。

2. 行政法规 如《中华人民共和国药品管理法实施条例》《中药品种保护条例》《医疗用毒性药品管理办法》《麻醉药品和精神药品管理条例》《放射性药品管理办法》等。

3. 部门规章 如《药品注册管理办法》《药品说明书和标签管理规定》《药品流通监督管理办法》等。

4. 地方法规 如《江苏省药品监督管理条例》《吉林省药品监督管理条例》等。

5. 地方规章 如《广东省药品包装用材料、容器管理办法》等。

(二) 横向架构

从横向来看,药品管理法律体系包含药品研制注册、生产、流通、使用、上市后的管理和监管等方面的法律法规。后面章节将重点讨论横向领域。

五、药品管理法的影响因素

首先,药品管理法律法规体系作为行业监管的法律制度,不仅肩负行业整体监管,保障公众用药安全,以及规范药品研制、注册、生产、流通和使用全生命周期管理过程的责任;而且肩负鼓励创新、引导产业良性发展等责任。药品管理法律法规应与当下改革的大方向和趋势保持一致,在明确立法宗旨,药品管理基本原则、目标、关键环节和核心节点的前提下,不断完善药品管理法及其配套文件,以此助推我国从制药大国向制药强国转变。

其次,药品管理法律体系是发展的,相关制度措施、法律法规修正或修订不可能一蹴而就,一劳永逸,修订工作应与当期的体制改革协调推进,循序渐进完善药品管理和监管体系。

第二节 药品研制注册法发展研究

一、药品研制注册法的概念

药品研制注册法是指在中华人民共和国境内从事药品研制活动,开展药物非临床研究、临床试验,申请上市注册和监督管理必须遵守的法律法规综合。

二、药品研制注册法发展概述

药品的研制注册管理是控制药品市场准入的前置性管理制度,是对药品上市的事前管理,其核心是采用规范的法定程序控制药品的市场准入,从而保障人体用药的安全性、有效性和质量可控性。我国的药品研制注册法发展经历了三个阶段。

第一阶段(1984—1997年):药品研制注册法初始阶段。

1984年,《药品管理法》颁布,标志着我国第一次以法律形式建立了药品注册管理制度。1985—1997年,相继出台《新药审批办法》《新生物制品审批办法》《中华人民共和国药品管理法实施办法》《进口药品管理办法》等,药品注册审评审批法律制度日趋完善。与此同时,1986

年卫生部成立药品审评办公室专门负责药品审评工作。1995年,审评办公室发展为审评中心,从机构上保障了药品注册法律法规的有效实施。

第二阶段(1998—2014年):药品注册立法框架形成阶段。

1998年,国家药品监督管理局成立。为加强与国际接轨,1999年国家药品监督管理局颁布《新药审批办法》《新生物制品审批办法》《仿制药品审批办法》等部门规章,进一步明确新药审批、新生物制品审批、仿制药品审批程序,提出建立部分创新药品可以由国家药品监督管理局加快审评的制度。

2002年,为适应修订的《药品管理法》和《药品管理法实施条例》以及我国加入世界贸易组织(WTO)全面整合药品注册管理法律法规的需要,颁布了《药品注册管理办法(试行)》。该办法明确了"药品注册"的法规概念,并将仿制药注册审批权限上收至国家药监管理部门。2005年,为适应《中华人民共和国行政许可法》,进一步鼓励药物研发创新,《药品注册管理办法》规定:未曾在中国境内上市销售的药品,已上市药品改变剂型、改变给药途径、增加新适应证的仍按照新药申请管理;对创新新药、治疗疑难危重疾病的新药和突发事件应急所需的药品实行快速审批制度。

2007年发布并施行的《药品注册管理办法》中,严格要求改变剂型但不改变给药途径,以及增加新适应证的注册申请获得批准后不发给新药证书。此外,为了加强社会监督,开始对新药审批实行主审责任制、责任追究制和专家公示制,对新药审评实行集体负责制,防止个人滥用权力。

第三阶段(2015年至今):药品研制注册法进入发展完善阶段。

为鼓励创新、满足公众用药需求,国务院分别于2015年8月和

2017年10月发布《国务院关于改革药品医疗器械审评审批制度的意见》《关于深化审评审批制度改革鼓励药品医疗器械创新的意见》等系列重要法规文件,积极推动了医药产业创新升级,加快了境外新药、抗肿瘤药上市的节奏。

2019年8月,新修订的《药品管理法》从以下八个方面优化药品研制注册管理,引导和鼓励研究及创制新药。

(1) 明确鼓励方向,重点支持以临床价值为导向、对人体疾病具有明确或特殊疗效的药物创新,重点列举鼓励具有新的治疗机理、治疗严重危及生命的疾病或者罕见病的新药和儿童用药、短缺药品的研发和创新。

(2) 创新优化临床试验许可制。将临床试验由批准制调整为到期默示许可制,将临床试验机构的认证管理调整为备案管理,提高新药临床试验阶段的审评审批效率。

(3) 健全审评机制。强化审评队伍的能力建设,完善与注册申请人的沟通交流机制,建立专家咨询制度,进一步优化审评流程,提高审评效率。

(4) 建立药品上市许可持有人制度。持有药品技术的药品研发机构和企业在药品上市许可申请成功后同时获得药品上市许可批件,并对药品质量在其整个生命周期内承担主要责任。其他研制、生产、经营、使用等活动的单位和个人承担相应责任。

(5) 建立关联审评审批。在审评审批药品时,将化学原料药、辅料、直接接触药品的包装材料和容器调整为与制剂同时审评审批,加快新药审评审批速度。

(6) 实行优先审评审批。对临床急需的短缺药品、防治重大传染病和罕见病等疾病的新药、儿童专用药开设绿色通道,优先审评审批。

(7) 建立附条件批准制度。对治疗严重危及生命且尚无有效的治疗手段的疾病,以及公共卫生急需的药品,前期的临床试验已有数据显示疗效并能预测临床价值的,可以附条件批准,提高急需药品的可及性。

(8) 生物等效性试验实行备案制度,加快申报上市流程。

三、药品研制注册法实施现状

药品研制注册法以《药品注册管理办法》为核心构筑了系列立法体系(表5-1)。管理办法是我国药品研制注册管理领域的基础法规,构筑了我国药品研制注册管理的基本法律框架。2007年版《药品注册管理办法》的实施有力保障了我国药品注册管理的法规体系建设,促进了医药产业的发展。由于我国医药产业快速发展和药品研发全球化的趋势,现行立法思路和相关法规已不能适应药物创新和注册监管的要求。

表 5-1 药品研制注册管理主要法律法规

主要法律法规	制定(颁发)机构	实施年份
《中华人民共和国药品管理法》	全国人民代表大会常务委员会	2019年
《中华人民共和国药品管理法实施条例》	国务院	2019年
《药品注册管理办法》	国家食品药品监督管理局	2007年
《药物非临床研究质量管理规范》	国家食品药品监督管理总局	2017年
《药物临床试验质量管理规范》	国家食品药品监督管理局	2003年
《药品注册现场核查管理规定》	国家食品药品监督管理局	2008年

续表

主要法律法规	制定（颁发）机构	实施年份
《医疗机构制剂注册管理办法》（试行）	国家食品药品监督管理局	2005年
《药品进口管理办法》（2012修正）	卫生部、海关总署	2012年
《体外诊断试剂注册管理办法修正案》	国家食品药品监督管理总局	2017年
《国家食品药品监督管理局药品特别审批程序》	国家食品药品监督管理局	2005年

2020年1月,《药品注册管理办法》经国家市场监督管理总局审议通过,自2020年7月1日起施行。

四、药品研制注册法评价

2019年新修订的《药品管理法》建立的药品上市许可持有人制度是我国药品注册改革的核心内容,其在执行过程中需要继续完善与之对应的机构和机制,才能真正保障药品全生命周期风险可控。

在药品上市许可持有人制度下,确保注册上市药品风险可控的关键措施是判定其是否具备药品质量安全责任承担能力。判定其承担能力不仅仅基于相关文件证明,更基于核实持有人具有系统完善的质量控制机构和机制,具备在药品生命周期内切实承担药品质量责任的能力。这要求上市许可持有人内部的监管机构和机制的建立是未来改革的重点,只有建立和完善相关机构和机制,才能真正地推动动态监管、多元参与、社会共治的药品监管体制创新。

持续完善市场经济体制,为药品上市许可持有人创造共担风险的保险机制和制度,激发研究机构和个人的创新活力。

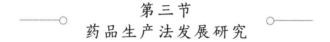

第三节　药品生产法发展研究

一、药品生产法的概念

药品生产法是指(食品)药品监督管理部门依法对药品生产条件和生产过程进行审查、许可、监督检查等管理活动的法律法规综合。

二、药品生产法发展概述

我国药品生产法律体系的建立和完善经历了三个阶段。

第一阶段(1984—1997年):药品生产管理立法框架初步建立。

1984年,我国第一部《药品管理法》颁布,明确规定对药品生产实行"两证一照"的市场准入制度。1994年国务院发布《国务院关于进一步加强药品管理工作的紧急通知》,1996年国务院办公厅发布《国务院办公厅关于继续整顿和规范药品生产经营秩序加强药品管理工作的通知》,要求各地严格执行药品市场准入"两证一照"规定,取缔证照不全、违法经营的企业。

第二阶段(1998—2011年):药品生产管理立法进入发展阶段。

1998年国家药品监督管理局成立,专门负责对药品和医疗器械研发、生产、流通和使用进行行政技术监督,实行中央统一领导、省以下垂直管理的药品监管模式。生产监管和药品质量管理标准逐步走向规范化、法制化和国际化。

2001年,我国修订《药品管理法》,2002年8月发布的《药品管理法实施条例》指出,进一步完善药品生产的市场准入、质量监管和新药注册审批制度。除了规定严格执行"两证一照"制度外,还对药品生产许可证实行定期审查和有效期满(五年)再审查制度,对有效期满(五年)的药品批准文号实行再注册制度。

2005年颁发的《药品生产质量管理规范认证管理办法》对所有药品生产企业实行生产质量管理规范认证。国家和省级食品药品监督管理局对符合认证标准的企业,颁发有效期为五年的药品生产质量管理规范(GMP)证书。

第三阶段(2012年至今):药品生产管理立法进入完善阶段。

根据2010年修订的《药品生产质量管理规范》的要求,血液制品、疫苗、注射剂等无菌药品的生产应在2013年12月31日前达到新的修订标准;其他类别药品的生产应在2015年12月31日前达到新的修订标准。药品生产的市场准入和质量监管进入规范化、法制化和国际化阶段。

三、药品生产法实施现状

我国已建立较完善的药品生产管理法律体系(表5-2)。

首先,我国已建立较完善的市场准入审核法律法规体系。药品监督管理部门对拟开办企业进行准入审核,重点审核开办企业的生产条件和生产过程,向符合条件的发放有效期五年的药品生产许可证,定期检查已取得许可证的企业,清理不符合规定的企业。

表 5-2　药品生产主要法律法规

主要法律法规	制定（颁发）机构	实施年份
《中华人民共和国药品管理法》	全国人民代表大会常务委员会	2019 年
《中华人民共和国药品管理法实施条例》	国务院	2019 年
《药品生产监督管理办法》	国家市场监督管理总局	2020 年
《药品生产质量管理规范》	卫生部	2011 年
《药品说明书和标签管理规定》	国家食品药品监督管理局	2006 年
《直接接触药品的包装材料和容器管理办法》	国家食品药品监督管理局	2004 年
《医疗机构制剂配制监督管理办法》（试行）	国家食品药品监督管理局	2005 年
《医疗机构制剂配制质量管理规范》（试行）	国家药品监督管理局	2001 年
《生物制品批签发管理办法》	国家食品药品监督管理总局	2018 年

其次，我国已建立较完善的药品生产质量管理规范认证法律法规体系。药品监督管理部门组织药品生产质量管理规范（GMP）评审专家，按照相关规范对药品生产环节、质量管理环节进行评审认证，向符合 GMP 要求的企业发放有效期五年的药品 GMP 证书。

四、药品生产法评价

目前国家药品监督管理局正在探索药品生产质量管理规范认证与药品生产许可证"两证合一"的可行性,加强事中事后监管。监管理念将由过去以检查企业为主转变为以检查品种为主。在监管方式上将充分利用抽检、监测、价格、投诉等信息排查问题线索。在监管制度上将强化稽查和检查的衔接联动。总体而言,我国现行的药品生产法律法规建设朝着强化企业主体责任、宽进严管、注重准入后的持续评价、建立持续动态的药品生产管理制度发展并不断完善。

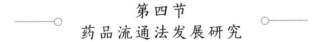

第四节 药品流通法发展研究

一、药品流通法的概念

药品流通法是指在中华人民共和国境内从事药品购销及监督管理的单位或者个人,应当遵守的法律法规综合①。药品流通法对药品经营企业的药品采购、验收、储存、养护、出库、运输、配送以及药品广告、价格、分类管理、销售和售后服务等活动进行管理。

二、药品流通法发展概述

以药品在流通环节的经营许可和质量管理规范为主线,可从以下

---

① 参见《药品流通监督管理办法》第二条。

三个阶段看药品流通法律法规发展。

第一阶段(1984—1999年):初步形成阶段。

1984年国家开展药品流通体制改革,取消药品统购统销按级调拨模式,实行多渠道少环节的流通管理模式,允许集体和民营企业开展药品购销活动。同年,《中华人民共和国药品管理法》颁布,对流通企业实行"一证一照"管理,规定药品经营企业必须持有药品监督管理部门批准的药品经营许可证和工商行政管理部门颁发的营业执照。

随着各类流通主体进入市场,竞争日趋激烈。1996年发布的《药品价格管理暂行办法》规定:对药品流通环节价格实行差率控制,医院药房以实际进价加规定的批零差率作为最终零售价,以解决医药卫生体制改革后公立医院经费不足的问题。

第二阶段(2000—2012年):逐步发展阶段。

伴随市场经济改革的深入,我国放开了对药品经营的准入限制,包括外资在内的各类资本纷纷进入医药流通市场,医药流通行业呈现产权和经营方式多元化的同时,也呈现出多、小、散、乱的状况,不正当竞争加剧。

2000年,为保障流通环节的药品质量,国家药品监督管理局颁布《药品经营质量管理规范》,对药品批发企业和零售企业进行区分管理,GSP开始纳入法的范畴。

2003年,开始对药品经营企业全面实行GSP认证。

2004年,随着履行加入WTO的承诺,医药流通行业正式对外开放,国家对药品流通监管力度加大。同年4月1日,开始实施新的《药品经营许可证管理办法》,一方面规范药品经营资质的认证和管理,另一方面对药品销售、运输、仓储等方面提出更严格的要求。

第三阶段(2013年至今):全面完善阶段。

2013年,修订《药品经营质量管理规范》,全面推进计算机信息管理系统,强化药品购销渠道和仓储温湿度控制两个重点环节,突破票据管理、冷链管理和药品运输三个难点问题。

2015年,再次修订《药品经营质量管理规范》,引入供应链管理理念,增加计算机信息化管理、体系内审、验证等理念和管理方法,以此适应国家监管发展的要求,使药品经营软硬件基本与欧美发达国家的GSP理念接轨。

2016年,《国家食品药品监督管理总局关于修改〈药品经营质量管理规范〉的决定》发布,落实了药品追溯、疫苗储运和三证合一等内容,适应国家加快推进重要产品追溯体系建设,并与《疫苗流通和预防接种管理条例》等新的立法文件紧密衔接。

2017年,国家卫生计生委等七部门发布《关于全面推开公立医院综合改革工作的通知》,通知要求:2017年7月31日前,所有地市出台城市公立医院综合改革实施方案;2017年9月30日前,全面推开公立医院综合改革,所有公立医院全部取消药品加成(中药饮片除外)。药品零差率改革在公立医院全面实施。

三、药品流通法实施现状

药品在流通过程中,质量受到多种因素的影响,因此需要制定系统的法律法规对药品流通进行严格管理,以此保障药品的质量安全。药品流通不仅受《中华人民共和国药品管理法》的约束,也受《中华人民共和国行政许可法》《中华人民共和国行政处罚法》《中华人民共和国价格法》《中华人民共和国广告法》《中华人民共和国反不正当竞争法》《中华人民共和国产品质量法》《中华人民共和国消费者权益保护法》《中华人民共和国国家赔偿法》《中华人民共和国侵权责任法》《中华人民共和国民法总则》《中华人民共和国民法通则》《中华人民共和国刑法》等诸多法律调整。这些法律在《药品管理法》没有规范或者规范不全的时候，有相应的补充作用；与《药品管理法》规范重叠时，优先适用《药品管理法》。

因为药品的特殊性，为确保流通环节药品的质量安全，药品流通法律法规对药品流通进行了全程监管。相关法律制度主要有《中华人民共和国药品管理法》《药品管理法实施条例》《药品流通监督管理办法》《药品经营质量管理规范》等(表5-3)。

表5-3 药品流通主要法律法规

主要法律法规	制定(颁发)机构	实施年份
《中华人民共和国药品管理法》	全国人民代表大会常务委员会	2019年
《中华人民共和国药品管理法实施条例》	国务院	2019年
《药品流通监督管理办法》	国家食品药品监督管理局	2007年
《药品经营许可证管理办法》(2017修正)	国家食品药品监督管理总局	2017年
《药品经营质量管理规范》	国家食品药品监督管理总局	2015年
《中华人民共和国广告法》(2015修订)	全国人民代表大会常务委员会	2015年
《药品广告审查发布标准》	国家工商行政管理总局、国家食品药品监督管理局	2007年
《处方药与非处方药分类管理办法》(试行)	国家药品监督管理局	2000年

续表

主要法律法规	制定（颁发）机构	实施年份
《药品进口管理办法》	国家食品药品监督管理局、海关总署	2004年（之后进行了修改）
《进口药材管理办法（试行）》	国家食品药品监督管理局	2006年
《互联网药品信息服务管理办法》（2017修正）	国家食品药品监督管理总局	2017年

（1）对药品进行综合监督与管理。以《药品流通监督管理办法》为核心，以《国务院办公厅转发国务院体改办等部门关于整顿和规范药品市场意见的通知》和《国务院关于加强食品等产品安全监督管理的特别规定》等为主要内容，形成了比较完备的药品流通市场监管体系。

（2）对药品经营机构实行准入制度。以《药品经营许可证管理办法》为主体，以《国家食品药品监督管理局关于贯彻执行〈药品经营许可证管理办法〉有关问题的通知》和《国家食品药品监督管理局关于加强药品经营许可监督管理工作的通知》等为主要内容，系统地规定了药品经营企业的开办条件和药品经营管理规范。

（3）对药品采购、储存、销售、运输等环节采取有效的质量控制管理。以《药品经营质量管理规范》为核心，以《国家药品监督管理局关于印发〈药品经营质量管理规范实施细则〉的通知》《国家药品监督管理局关于印发GSP认证现场检查工作程序的通知》等为主要内容，系统地确保药品在流通中的质量安全，建立药品追溯系统，实现药品可追溯。

（4）实施执业药师制度。凡从事药品经营、使用的单位应配备相应的执业药师，并以此作为开办药品经营和使用单位的必备条件之一。

国家药品监督管理局负责对需由执业药师担任的岗位做出明确规定并进行检查。

（5）对药品价格的管理。《推进药品价格改革的意见》《国家卫生计生委办公厅关于公布国家药品价格谈判结果的通知》《人力资源社会保障部关于将36种药品纳入国家基本医疗保险、工伤保险和生育保险药品目录乙类范围的通知》等系列文件出台，标志着现阶段的药品价格管理已逐渐由政府定价、招标产生实际价格、医保被动接受的价格机制向医保支付标准发挥主导作用的价格机制转变。

（6）对药品广告宣传的管理。发布药品广告，需遵守《中华人民共和国广告法》《中华人民共和国药品管理法》和《中华人民共和国药品管理法实施条例》《中华人民共和国反不正当竞争法》及国家有关法规。放射性、医疗用毒性、精神和麻醉等药品等不得发布广告；处方药不得在大众传播媒介发布广告或者以其他方式进行以公众为对象的广告宣传，可以在卫健委和国家市场监督管理总局共同指定的医学、药学专业刊物上发布广告等。

（7）实行处方药与非处方药分类管理。以《处方药与非处方药分类管理办法》（试行）为核心，以《关于我国实施处方药与非处方药分类管理若干意见的通知》《国家药品监督管理局关于印发处方药与非处方药流通管理暂行规定的通知》等系列配套文件为主要内容，对药品分别按处方药与非处方药进行系统管理。处方药必须凭执业医师或执业助理医师处方才可调配、购买和使用；非处方药不需要凭执业医师或执业助理医师处方即可自行判断、购买和使用。

（8）进口药品管理。以《药品进口管理办法》和《进口药材管理办法》为主体，以《国家药品监督管理局关于印发进口药品国内销售代理商备案规定的通知》《关于施行〈进口药材管理办法（试行）〉有关事宜的通知》等配套文件为主要内容,对进口药品和药材的代理、备案、抽检和管理等内容进行系统管理。

(9) 规范互联网药品购销行为。药品生产企业、药品经营企业和医疗机构之间提供互联网药品信息服务活动的企业,通过自身网站与本企业成员之外的其他企业进行互联网药品交易的药品生产企业和药品批发企业,以及提供互联网药品交易服务的企业等均应遵守《互联网药品信息服务管理办法》。

(10) 对生物制品疫苗和血液制品经营进行专项管理。专门法规文件如《疫苗流通和预防接种管理条例》规定预防传染病的菌苗、疫苗等生物制品由卫生防疫机构统一向生物制品生产单位订购,其他任何单位和个人不得经营。

四、药品流通法评价

从整体来看,我国药品流通法律法规基础系统化建设比较完善。国家近年推行的"两票制"和"营改增"制度,运输冷藏、冷冻药品的企业必须符合各项冷链管理要求的制度,以及以企业为责任主体建立药品追溯体系等,标志着我国流通法律体系建设的法制化和规范化程度正进一步加深。

从动态发展来看,下面重点讨论两点。

第一,虚假药品广告是我国广告违法案件的重点,且呈逐年攀升的态势。一些企业为获得更多利润,发布虚假广告,夸大药品疗效,误导消费者现象严重。违法企业违法成本较低,致使药品广告违法率居高不下。

第二,2016版《药品经营管理规范》首次将药品追溯体系的建立法定化,规定药品生产经营企业为建立药品追溯体系的首要责任主体。

《国务院办公厅关于加快推进重要产品追溯体系建设的意见》对药品流通环节中药品经营企业执行药品追溯制度提出了操作性要求,但之前推行的具有药品追溯功能的药品电子监管码却未覆盖医院及药品企业外的其他医疗机构,药品追溯无法监管到医院终端。

第五节 医疗机构药品管理法发展研究

一、医疗机构药品管理法的概念

医疗机构药品管理法是指对医疗机构的购药、仓储、临床用药、制剂的配制等活动进行管理的法律法规综合。

二、医疗机构药品管理法发展概述和实施现状

医疗机构药品管理是保障患者用药的重要环节,主要包含药事管理、医疗机构自配制剂管理、药品采购验收仓储管理、处方调剂管理和特殊药品管理五个方面。

医疗机构药品管理主要法律法规如表 5-4 所示。

表 5-4 医疗机构药品管理主要法律法规

主要法律法规	制定(颁发)机构	实施年份
《中华人民共和国药品管理法》	全国人民代表大会常务委员会	2019 年
《中华人民共和国药品管理法实施条例》	国务院	2019 年

续表

主要法律法规	制定（颁发）机构	实施年份
《医疗机构药事管理规定》	卫生部、国家中医药管理局、总后勤部卫生部	2011年
《医疗机构制剂配制监督管理办法》（试行）	国家食品药品监督管理局	2005年
《医疗机构制剂注册管理办法》（试行）	国家食品药品监督管理局	2005年
《医疗机构药品集中采购工作规范》	卫生部等	2010年
《处方管理办法》	卫生部	2007年
《麻醉药品和精神药品管理条例》（2016修订）	国务院	2016年
《放射性药品管理办法》（2017修订）	国务院	2017年

医疗机构药品管理法律体系建设起步较晚，至目前为止，仍在完善之中。我国对社会药房的开办实行审批许可制，而对医疗机构药房的设置仅在法律法规层级。《药品管理法》《药品管理法实施条例》中均未对医疗机构药房设置提出准入要求，仅《医疗机构管理条例》第八条规定：医疗机构的设置应当符合医疗机构设置规划和医疗机构基本标准。

下面根据主要内容构成对医疗机构药品管理法律体系做简单梳理。

（一）医疗机构药品管理

2002年，卫生部和国家中医药管理局联合下达关于印发《医疗机构药事管理暂行规定》的通知,并依据《药品管理法》《医疗机构管理条例》《卫生技术人员职务试行条例》具体制定《医疗机构药事管理规定》。该规定明确了药事管理委员会和各学科部门的人员组成及人员的职责,就临床药学、药品供应、药品调剂、临床制剂、药学研究和药学专业技术人员的培养与管理等方面进行了阐述。

2011年,卫生部、国家中医药管理局、总后勤部卫生部印发了《医疗机构药事管理规定》,明确界定医疗机构药事管理是指医疗机构以患者为中心,以临床药学为基础,对临床用药全过程进行有效的组织实施与管理,促进临床科学、合理用药的药学技术服务和相关的药品管理工作。此规定有力促进了合理用药,保障了患者用药安全,促进了临床药学和医院药学部门的建设。

(二)医疗机构制剂管理

医疗机构制剂是指医疗机构根据本单位临床需要经批准而配制、自用的固定处方制剂。[①]

2001年,国家药品监督管理部门根据《药品管理法》规定,参照《药品生产质量管理规范》的基本准则,制定《医疗机构制剂配制质量管理规范》(试行)。该规范对医疗机构制剂配制的机构、人员、房屋、设施设备、物料卫生及质量检验等做了具体规定,医疗机构负责规范的实施和制剂质量的控制。

2005年颁布的《医疗机构制剂注册管理办法》(试行)和《医疗机构制剂配制监督管理办法》(试行),第一次从国家层面规范医院制剂的注册和监管,为医院制剂的发展提供了良好的法规依据及支持。

---

① 《医疗机构制剂注册管理办法》(试行)第三条。

2010年发布的《关于印发加强医疗机构中药制剂管理意见的通知》中对"传统工艺配制"和"5年使用历史"做出了更详细的解释。

(三) 医疗机构药品采购

20世纪80年代初,我国药品采购模式为中国医药总公司统一规划、层层调拨的统购统销模式。1984年开始,国家实行市场经济体制改革,药品采购以医疗机构分散采购为主。

随着我国经济水平的大幅提高,政府逐渐意识到分散采购浪费严重。2000年发布《关于印发医疗机构药品集中招标采购试点工作若干规定的通知》,开始推行以地市为单位,以医疗机构为采购主体,委托中介机构进行药品集中采购的模式。之后发布的《关于进一步做好医疗机构药品集中招标采购工作的通知》《进一步规范医疗机构药品集中采购工作的意见》和《关于印发〈进一步规范医疗机构药品集中采购工作的意见〉有关问题说明的通知》逐步完善地市为主的药品招采模式。经过10年发展,2010年发布《建立和规范政府办基层医疗卫生机构基本药物采购机制的指导意见》,要求各地开展基本药物采购工作,正式建立以省为单位的集中采购模式。2015年印发的《国务院办公厅关于完善公立医院药品集中采购工作的指导意见》明确指出要坚持以省(区、市)为单位的网上药品集中采购方向。2017年发布了《国家卫生计生委办公厅关于公布国家药品价格谈判结果的通知》《人力资源社会保障部关于将36种药品纳入国家基本医疗保险、工伤保险和生育保险药品目录乙类范围的通知》等系列文件,我国医疗机构药品采购进入医保支付标准模式探索阶段。

此外,为规范药品流通秩序,减少流通环节,降低虚高药价,打击"过票洗钱"的现象,应强化医药市场监督管理。2016年12月发布的

《关于在公立医疗机构药品采购中推行"两票制"的实施意见》(试行),标志着我国公立医疗机构药品采购政策法规已成体系化发展。

(四)处方调配

2004年为进一步加强处方开具、调剂、使用和保存的规范化管理,提高处方质量,促进合理用药并保障患者用药安全,卫生部和国家中医药管理局颁布《处方管理办法(试行)》。2006年2月,卫生部发布《处方管理办法》,并于2007年5月1日施行,原试行办法废止。

2018年6月29日,国家卫生健康委员会办公厅、国家中医药管理局办公室、中央军委后勤保障部办公厅联合印发《医疗机构处方审核规范》,对处方审核的基本要求、审核依据和流程、审核内容、审核质量管理、培训等做出规定,明确药师是处方审核工作的第一责任人,所有处方均应在审核通过后才可进入划价收费和调配环节,未经审核的处方不得收费和调配。本规范适用于二级以上医院、妇幼保健院和专科疾病防治机构,其他医疗机构参照执行。

(五)特殊药品使用

特殊药品涵盖麻醉药品、精神药品、医疗用毒性药品、放射性药品等。

1. 麻精药品管理

1984年《药品管理法》将部分毒、限剧药正式更名为精神药品,规定国家对麻精药品(麻醉药品、精神药品)实行特殊管制,如定点生产、定点供应、控制进出口等管制。麻精药品管理进入法制化管制程序。1985—1989年,我国加入《联合国禁止非法贩运麻醉药品和精神药物公约》体系。按照公约,国务院颁布《麻醉药品管理办法》和《精神药品管理办法》,分别对麻醉药品和精神药品进行管制。由卫生部制定的精神药品目录也于 1989 年 2 月公布,包含第一类精神药品 39 种,第二类精神药品 65 种。

1998 年国家药品监督管理局成立,特殊药品监管职能由卫生部移到国家药品监督管理局。之后,我国又发布《关于公布麻醉药品和精神药品品种目录的通知》《麻醉药品和精神药品生产管理办法(试行)》《麻醉药品和精神药品经营管理办法(试行)》《麻醉药品和精神药品运输管理办法》《关于麻醉药品和精神药品实验研究管理规定的通知》《麻醉药品、精神药品处方管理规定》等一系列文件,对麻精药品的生产、经营、贮存、运输、研究、使用等各环节做了详细的规定。

进入 21 世纪,随着毒品管控形势的变化,麻精药品管制的重点逐渐转移到含麻精药品的复方制剂等易流入非法渠道制毒、贩毒的药品。国家食品药品监督管理局参照国际麻醉药品管制局关于含麻醉药品复方制剂的管制原则,发布了《关于含麻醉药品复方制剂管理的通知》《关于进一步加强含麻黄碱类复方制剂管理的通知》《关于切实加强部分含特殊药品复方制剂销售管理的通知》,对含特殊药品复方制剂的购买与销售、监督以及处罚等进行了详细规定,以此遏制麻精管制药品从药用渠道流失或滥用现象。

至此,麻精药品管理法律体系和监管不断规范和完善。

2. 放射性药品管理

放射性药品是指用于临床诊断或者治疗的放射性核素制剂或者其标记药物[①]。1989 年,国务院发布《放射性药品管理办法》,并分别于 2011 年和 2017 年进行了修订。2017 年《放射性药品管理办法》的修订较大,主要表现为以下四个方面。①将全国放射性药品监督管理的

---

① 参见《放射性药品管理办法》第二条。

工作职责由卫生部门转移至药品监督管理部门。②明确生产经营管理工作由国务院环境保护主管部门负责。③规定进口的放射性药品品种,必须依照《药品管理法》的规定取得进口药品注册证书。④具备资质的医疗单位使用放射性药品需由所在地的省、自治区、直辖市药品监督管理部门核发相应等级的放射性药品使用许可证。

三、医疗机构药品管理法评价

《医疗机构药事管理规定》《医疗机构制剂注册管理办法》(试行)《放射性药品管理法》等的颁布,标志医疗机构多层级药品管理监管法律体系正在形成。但近年来频发的医疗机构药品质量问题,也提示现行的监管手段对防范违法违规行为仍有持续完善的空间。

第一,除以上提及的医疗机构药房准入尚未进入法制化管制程序外,《药品管理法》对医疗机构药剂人员购进、验收、调配和保管药品只提出原则性的要求。现行的《药品经营质量管理规范》中阐述医疗机构药房和计划生育技术服务机构的药品采购、贮存、养护等质量管理规范由原国家食品药品监督管理总局相关主管部门另行制定,但至今为止仍未发布相关实操细则进行监管,致使医疗机构药品常规监管多为形式监管。

第二,遵循药品市场规律。中国药品销售以医疗机构药品销售为主,部分省份实施的药品集中带量采购,强制采取措施进行最低价联动。各省采购药物的数量不同,覆盖群体不同,筹资体系不同,临床处方习惯、品种类别和用量也不尽相同。如果无视这些现实差异,很容易造成企业对创新药研发和新技术引进乏力,严重影响未来中国的医药发展。既要用市场规律引导企业增强对新药新技术研发的积极性,又要保障全民用药的可及性,将是医疗机构药品采购监管面临的巨大的挑战。

第三,伴随新药审评审批制度改革,国内医疗机构临床研究数量日益增多。由于我国 GCP 药房起步时间较晚,临床试验药物管理法律法规仍需逐渐完善。

四、案例讨论——销售假药法律法规探讨

自 2011 年《中华人民共和国刑法修正案(八)》通过后,从"倪海清案""陆勇案"到近期的"聊城主任医师开假药案",销售假药罪的争议不断。

1979 年《中华人民共和国刑法》第一百六十四条规定:以营利为目的,制造、贩卖假药危害人民健康的,处二年以下有期徒刑、拘役或者管制,可以并处或者单处罚金。该规定中贩卖假药罪不仅要求有客观上危害健康的具体的危险,更要求具有以营利为目的的主观构成要件要素。1997 年刑法中保留了该条文,并完善了罚金的规定。2011 年通过的《中华人民共和国刑法修正案(八)》,将此条款修改为生产、销售假药的,处三年以下有期徒刑或者拘役,并处罚金。取消了原先的危害人体健康的规定,使得该罪从具体危险犯变为抽象危险犯。由于 2015 年修正的《药品管理法》规定:依照本法必须批准而未批准生产、进口,或者依照本法必须检验而未经检验即销售的药品按假药论处。

通过以上分析可以看出,我国不仅在刑事立法上确立了销售假药罪的抽象危险犯形式,更确立了形式化的判断假药标准。

一方面,这种以单纯形式判断代替实害判断而作为入罪标准的立法例,实质上是将本罪所保护的法益在事实上改变为药品管理制度本身。这种维度是否正确,存在异议。

另一方面,我国采取的是行政处罚与刑事处罚的二元处罚体制,分别由行政机关行使行政处罚权,由司法机关行使刑事处罚权。两种处罚制度所处罚的行为,除了一部分在性质上区分以外,绝大多数是同一种行为根据其情节轻重分别受到行政处罚与刑事处罚。为实现这种二元处罚体制,刑法对犯罪设置了数额与情节的限制,但在行政处罚与刑事处罚的衔接点,施以行政处罚还是刑事处罚也容易出现异议。

为此,2019年修订的《药品管理法》对未经批准进口的药品,按"假药"论的情形进行了修订。其第六十五条规定,医疗机构因临床急需进口少量药品的,经国务院药品监督管理部门或者国务院授权的省、自治区、直辖市人民政府批准,可以进口。进口的药品应当在指定医疗机构内用于特定医疗目的。个人自用携带入境的少量药品,按照国家有关规定办理。

(常非凡 何国蕊)

主要参考文献

[1] 梁毅.药品安全监管实务[M].北京:中国医药科技出版社,2017.

[2] 陈永法.药品注册法律法规[M].北京:中国医药科技出版社,2011.

[3] 梁毅.药品生产监管法律法规[M].北京:中国医药科技出版社,2011.

[4] 邵蓉.药品流通监管法律法规[M].北京:中国医药科技出版社,2011.

[5] 丁锦希.医疗机构药品监管政策法规[M].北京:中国医药科技出版社,2011.

[6] 邵蓉.药品监管相关政策法规[M].北京:中国医药科技出版社,2011.

[7] 高红梅.法律制度创新与药品监管改革:《药品管理法》立法回顾与前瞻[J].中国食品药品监管,2019(1):16-23.

[8] 张晓东,王庆利,周跃华,等.我国《药品注册管理办法》修订工作及有关思考[J].中国新药杂志,2017,26(13):1494-1497.

[9] 王晨光.药品上市许可持有人制度——我国药品注册制度改革的突破口[J].中国食品药品监管,2016(7):21-24.

[10] 国家发改委经济研究所课题组,臧跃茹,孙学工,等.中国药品生产流通的体制现状及存在的主要问题[J].经济研究参考,2014(31):4-27.

[11] 陈昊.开启大市场——专药品监管新模式[J].中国卫生,2018(4):27-28.

[12] 陈永法,戈颖莹,倪永兵.完善我国医疗机构药品质量监管立法的建议[J].中国药房,2018,29(1):1-4.

[13] 满春霞,邹武捷,杨淑苹,等.麻醉药品和精神药品管制研究Ⅳ——我国麻醉药品和精神药品的管制历程与现状[J].中国药房,2017,28(1):18-22.

[14] 陈兴良.风险刑法理论的法教义学批判[J].中外法学,2014,(26)1:103-127.

[15] 薛松.新常态下的药品价格监管[J].中国价格监管与反垄断,2017(10):43-45.

第六章

食品安全法发展研究

第一节
食品安全法概述

一、食品及食品安全的概念

(一) 食品的概念

定义性规范是法律规范的一项重要内容,食品安全法律规范对食品进行了定义性规范。食品是指各种供人食用或者饮用的成品和原料以及按照传统既是食品又是中药材的物品,但是不包括以治疗为目的的物品。[①] 民以食为天,食以安为先,食品是人类赖以生存与发展的基础,食品安全应放在最优先的地位。食品安全不仅关系到一个国家公众的健康,还关系到社会政治经济文化的正常发展,同时也能反映执政党及政府的执政能力。

(二) 食品安全的概念

食品安全是由联合国粮食及农业组织提出的一个相对广义的概念,内容主要包括以下几点:一是从数量角度,要求国家能够提供给公众足够的食物,满足社会稳定的基本需要;二是从卫生安全角度,要求食品对人体健康不造成任何危害,并获取充足的营养;三是从发展角度,要求食品的获得要注重生态环境的良好保护和资源利用的可持续性。我国食品安全法定义的食品安全,是一个相对狭义的概念。2015年修订并实施的《中华人民共和国食品安全法》中对食品安全的定义如

---

① 参见《中华人民共和国食品安全法》第一百五十条。

下:食品无毒、无害,符合应当有的营养要求,对人体健康不造成任何急性、亚急性或者慢性危害。从这一概念看出食品安全既包括生产、经营的安全也包括过程与结果的安全以及现实与未来的安全。

二、食品安全法的概念

食品安全法是指由国家制定或认可,在保证食品安全、保障公众身体健康和生命安全过程中产生的各种社会关系的法律规范的总和。食品安全法是以现行的《中华人民共和国食品安全法》(以下简称《食品安全法》)为主体的有关食品生产经营等相关法律、法规、规章及食品安全标准等构成的法律制度体系。

食品安全关乎我国乃至全球的未来,在当今食品安全已成为世界性问题的背景下,各国都把保障食品安全作为政府工作的重要任务,纷纷加强了对食品生产经营及相关领域的法律制度建设,并且加强了食品安全监管力度。我国已将食品安全问题提升为事关党执政能力的重大事项进行谋划。2015年5月中共中央政治局进行集体学习时,习近平强调用最严谨的标准、最严格的监管、最严厉的处罚、最严肃的问责,确保广大人民群众"舌尖上的安全"。为此我国立法部门在充分调研、评估、论证的基础上,逐步建立健全食品安全法律制度体系,加强了综合监管与执法力度,使食品安全法治化进程提速。

三、食品安全法的基本原则

食品安全法的基本原则是由食品安全法确立的反映食品安全法本质,对食品安全法的制定、实施起普遍指导作用的基本准则。食品安全法的基本原则是预防为主、风险管理、全程控制、社会共治[1]。

(一) 预防为主

食品安全预防为主,是指将食品安全治理的关口前移,从事后监管惩处移到事前预防,通过加强事前及事中的监管工作,消除隐患,防患未然。

(二) 风险管理

风险管理是国际上通行已久的食品安全管理制度。广义的食品安全风险管理,是指包括食品安全风险监测、风险评估、风险监督管理等在内的所有与食品安全风险管理有关的制度。我国在建立健全食品安全法律体系时充分借鉴了成功的国际经验,对食品安全风险监测与评估进行了专章翔实规定。

(三) 全程控制

食品生产经营过程链条长且环节多,每一环节都有可能出现安全隐患,因此食品安全法律建立了从农田到餐桌的全过程管理制度,强化食品安全的全程监管与控制。全程控制为保障食品生产经营全产业链安全提供了有效工具。

(四) 社会共治

食品安全社会共治,是指调动社会各方力量,多主体共同参与食品安全监管工作,形成食品安全社会共治的格局。社会共治是我国社会治理改革的创新成果,在很多领域广泛运用。社会共治可解决食品安全监管中监管力量相对不足的问题。食品安全关乎健康中国的建立,人人有责。社会共治有望成为食品安全的重要策略之一。

---

[1] 参见《中华人民共和国食品安全法》第三条。

四、食品安全监管体制

(一) 国家层面食品安全监管体系

我国食品安全立法呈现了行政监管体制改革的成果。食品安全行政监管从过去多部门分段监管改为由食品药品监管部门统一监管。2018年国务院新一轮的机构改革后,成立了国家市场监督管理总局,涉及食品安全监管的所有事项均由市场监督管理总局承担。

食品安全监管体系的健全是食品安全的重要保障。食品安全法律从体制框架上健全了从中央到地方直至基层食品安全监管。国务院设立食品安全委员会[①],食品安全委员会的日常工作由国家市场监督管理总局的食品安全协调司承办。在食品安全委员会的统一领导下,多部门分工协作,其中市场监督管理总局依照食品安全法和国务院规定的职责,对食品生产经营活动实施监督管理。国务院其他食品安全相关部门依照食品安全法和国务院规定的职责,承担各自职能范围内的食品安全工作。如国家卫生健康委员会组织开展食品安全风险监测和风险评估,农业部负责食用农产品种植、养殖环节的质量安全,以及畜禽屠宰和生鲜乳收购环节的质量安全监管。国家市场监督管理总局负责食品生产经营环节的质量安全监管。国家卫生健康委员会同市场监督管理总局制定并公布食品安全标准,制定实施食品安全风险监测计划。公安部门负责食品安全刑事司法工作。我国的食品安全监管体系日趋完善。

(二) 地方层面食品安全监管体系

依属地管辖原则,县级以上地方人民政府对所辖行政区域的食品

---

① 参见《中华人民共和国食品安全法》第五条。

安全监督管理工作负责,统一领导、组织、协调本行政区域的食品安全监督管理工作以及食品安全突发事件应对工作,建立健全食品安全全程监督管理工作机制和信息共享机制。

县级以上地方人民政府依照《中华人民共和国食品安全法》和国务院的规定,确定本级食品药品监督管理、卫生行政部门和其他有关部门的职责。[1] 各有关部门各司其职,各负其责。

县级人民政府食品安全监督管理部门可以在乡镇或者特定区域设立派出机构。[2] 据此,广大的农村地区食品安全监管工作大大加强。

食品安全法确立了食品安全监管责任制。上级有对下级的食品安全监督管理工作进行评议、考核的责任。食品安全法特别强调县级以上人民政府应当将食品安全工作纳入本级国民经济和社会发展规划,还要将食品安全工作经费列入本级政府财政预算,加强食品安全监督管理能力建设,为食品安全工作提供保障。[3]

五、食品安全法研究现状

(一) 时间分布

从时间分布来看,1983—2007年与食品安全法相关的研究较少,这主要是因为之前一直是用"食品卫生"的概念,而2007—2019年食品安全相关研究较多,尤其是2009年前后和2015年前后出现两个高峰,这可能与2008年发生重大食品安全事故全社会高度重视食品安全、2009年颁布并实施《中华人民共和国食品安全法》、2015年修订并

---

[1] 参见《中华人民共和国食品安全法》第六条。
[2] 参见《中华人民共和国食品安全法》第六条。
[3] 参见《中华人民共和国食品安全法》第八条。

实施《中华人民共和国食品安全法》有关(图6-1,数据来源于知网数据库,本章下同)。

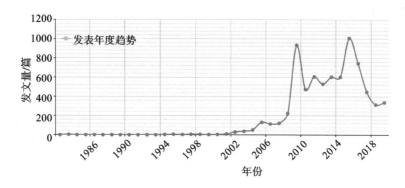

图6-1 食品安全法研究时间分布(1983—2019年)

(二)学科分布

从学科分布来看,对食品安全法的研究主要集中在法学领域,其次是国民经济与政治领域,这与食品安全的社会政治经济地位有很大关系(图6-2)。

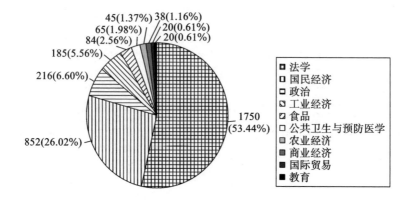

图6-2 食品安全法研究学科分布(1983—2019年)

(三) 关键词分布

从关键词分布来看,与食品安全法相关的关键词主要为"食品安全""食品安全法""惩罚性赔款"。由此可见,食品安全法研究重点关注食品安全的内涵、食品安全的监管与食品违法的处罚问题(图6-3)。

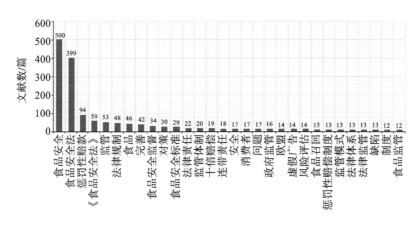

图6-3 食品安全法研究关键词分布(1983—2019年)

第二节 食品安全法律制度的发展历程

随着中国特色社会主义进入新时代,公众对食品的要求也逐渐从吃得饱到吃得好再到吃得健康转变。在实现健康中国战略的进程中,我国一直在不断探索如何建立高效的食品安全法律体系来解决食品安全问题。回顾我国食品安全法律制度发展历程,大致可分为四个阶段。

一、起步阶段(1949—1963年)

新中国成立初期,百废待兴,在法制建设上无论是立法理论还是技术都非常落后,法律的制定多集中在国家的重要制度建设上,如《宪法》《刑法》等,食品安全法的制定还不是当时立法工作的重点。加之这一时期经济发展较落后,食品工业较不发达,人民吃得饱都是问题,更谈不上吃得好、吃得健康,因此食品的安全问题还无暇顾及。再者当时的食品安全事件大部分都只发生在消费环节,而且多为食物中毒事故,因此这一时期食品安全与食品卫生是"画等号"的。管理上政事不分,食品卫生监管由卫生防疫机构负责,防疫机构身兼疾病预防与卫生行政执法双重职能。

这一时期,国家主要通过卫生部和有关部门制定发布的单项部门规章和食品标准来规范食品卫生。1953年卫生部发布《清凉饮食物管理暂行办法》,该办法是新中国成立后制定的第一部与食品相关的卫生部门规章,目的主要是规范冷饮卫生,有效遏制食物中毒和肠道疾病频发的状况,当时也确实实现了立法目标。1956年后政府各部门进行了职能调整,卫生部按照职能划分,开始联合其他相关部门对食品安全进行监管。1960年发布并实施的《食用合成染料管理办法》纠正了当时色素使用的乱象。这一时期还先后颁布了有关粮、油、乳等的卫生标准和管理办法。总之,这一时期由于受国家政治经济社会发展的影响,食品领域的重点是解决人民吃得饱的问题,安全问题还没有非常切实的现实解决需求,因此并未建立起真正意义的食品安全法律体系。

二、形成阶段(1964—1979年)

1965年,国务院批转了卫生部、商业部等联合起草的《食品卫生管理试行条例》。该条例着重强调加强食品卫生管理,表明食品卫生管理是保证食品质量、增进身体健康、防止食物中毒和肠道传染病的一项重要措施。该条例对食品生产经营等各环节进行规范,初步确定了我国食品卫生管理的主要内容与管理模式,还对食品生产经营者及主管单位的食品安全工作提出了明确要求。该条例作为新中国成立以来第一部国家层面的综合性的食品卫生管理法规,在内容上较多地体现了那一时期(计划经济年代)我国政府食品安全监管的特色。该条例的实行以行业主管部门监管为主、卫生及其他部门监督管理为辅,食品卫生管理由企业自身管理和行政管理共同承担。管理与控制大多是使用思想政治教育、质量竞赛与评比等组织内部的柔性手段;在奖惩方面,以简单的表扬或批评为主,辅以少量的内部行政处分,鲜有涉及刑事犯罪的,因此司法部门几乎未介入。改革开放以后,1979年国务院正式颁布了《中华人民共和国食品卫生管理条例》,该条例将食品卫生管理重点从预防肠道传染病发展到防范一切食源性疾病的新阶段,并对食品卫生标准、食品卫生要求、食品(包括进出口食品)卫生管理等方面做出了较全面、翔实的规定。该条例是对1964年《食品卫生管理试行条例》的补充和完善,标志着我国食品安全法律体系初步形成。

三、成熟阶段(1980—2008年)

这一时期是我国食品安全法律制度建设的成熟阶段。改革开放以后,随着经济的发展,人民生活水平得到稳步提高,食品供应上基本解决了吃得饱的问题,食品工业得到了快速发展,由于食品生产与经营市场发展不平衡,导致问题慢慢凸现。第五届全国人民代表大会常务委员会于1982年11月通过了《中华人民共和国食品卫生法(试行)》。这是新中国成立以来我国在食品卫生方面颁布的第一部法律,同样也是内容比较完整与系统的法律,该试行法对食品及相关产品等方面的卫生要求、食品卫生标准、食品卫生监管、法律责任等均做出了翔实的规定,为正式的食品卫生法的出台奠定了坚实的基础。该试行法实施十多年后,第八届全国人民代表大会常务委员会于1995年10月通过了正式的《中华人民共和国食品卫生法》(以下简称《食品卫生法》),该法初步构建起了我国较为成熟的食品安全法律制度框架。

这一时期,全国人民代表大会常务委员会先后制定了《中华人民共和国产品质量法》《中华人民共和国食品卫生法》等近20部与食品安全相关的法律,国务院也制定了《农药管理条例》《兽药管理条例》《生猪屠宰管理条例》等近40部相关行政法规,国务院农业、卫生、质检、工商等职能部门制定了《无公害农产品管理办法》《农业转基因生物安全评价管理办法》《新资源食品卫生管理办法》《转基因食品卫生管理办法》《食品广告管理办法》等近150部相关规章。

这些法律法规的出台,基本上形成了以《食品卫生法》为主体,集合诸多法律法规、食品标准及规范性文件的较为成熟的食品安全基本法律框架及其基本法律制度体系,在全面提高我国食品安全保障水平、规范食品生产经营、保障公众健康等方面发挥了重要作用。但是,由于立法中存在的问题,早期的食品安全监管体系设置不完整、法律适用乏力、内容不够全面以及职责不太清晰、法律责任追究过轻等问题存在,整个食品安全法律体系在实施过程中作用发挥不充分,重大食品安全事件频发。当时我国正处在经济体制转型初期,食品市场的不安全因素极有可能带来社会的不稳定,因此国家政府对此相当重视,完善我国食品安全法律制度被提上议事日程。

四、充分发展阶段(2009年至今)

2008年9月中旬,作为免检产品的三鹿奶粉曝出了"三聚氰胺事件",食品免检制度的合理性问题成为食品安全法律制度改革的序曲。当时全国上下开展了食品免检制度是否应当存在的大讨论,最后达成共识:大家一致认为为了保证食品质量安全,维护人民群众身体健康,应该废止食品免检制度。为此国务院办公厅正式发布了关于废止食品质量免检制度的通知。三鹿奶粉的"三聚氰胺事件"直接导致了免检制度的废止,也最终促成了《食品安全法》的提速出台。

2009年2月28日,历时多年并由社会广泛建言献策的《食品安全法》终于颁布,并于当年6月1日实施,食品领域的乱象得到了有效规制。该法涉及食品安全风险监测和评估、食品安全标准、食品生产经营、食品检验、食品进出口、食品安全事故处置、监督管理、法律责任等内容。[①]

2009年发布的《食品安全法》对规范食品生产经营活动、保障食品安全发挥了重要作用,食品安全整体水平得到较大提升,食品安全形势趋好。《食品安全法》经过几年的实施,我国食品安全违法的现象依然存在,重大食品安全事件也还时有发生,食品安全法律制度与行政监管尚不能完全适应食品安全的需要。食品从业者违法成本低,法的威慑作用未得到充分发挥,食品安全形势仍然严峻。鉴于此,国务院进一步进行改革完善我国食品安全监管体制的探索机制,着力建立健全最严格的食品安全监管体制,将社会共治运用到食品监管领域,并且取得了良好的社会效果。为了以法律形式巩固监管体制改革成果,完善监管制度机制,解决食品安全领域存在的许多突出问题,为最严格的食品安全监管提供体制与制度保障,修改《食品安全法》就此提上日程。2013年10月,国家食品药品监督管理总局向国务院报送《食品安全法》修订草案送审稿,提出了修订该法的总体思路与修订内容,依据科学与民主的立法原则,广泛征求意见并开专家论证会,经过多次讨论,2015年第

---

① 参见2009年版《中华人民共和国食品安全法》。

十二届全国人大常委会第十四次会议通过了《食品安全法》的修订。

2018年第十三届全国人大常委会通过了修正的《食品安全法》。为充分体现法的系统、有效及可操作性,目前陆续出台了十几部配套法规、规章和几十项重要配套规范性文件,构建起较为完善的食品安全法律制度体系,食品安全法律体系得到了充分发展。

食品安全相关法律法规及规章见表6-1至表6-3。

表6-1 食品安全相关法律

法律名称	制定部门	实施时间
《中华人民共和国标准化法》	全国人大常委员会	1989年(之后进行了一次修订)
《中华人民共和国国境卫生检疫法》	全国人大常委员会	1987年(之后进行了三次修正)
《中华人民共和国食品安全法》	全国人大常委员会	2009年(之后进行了一次修订、一次修正)
《中华人民共和国动物防疫法》	全国人大常委员会	1998年(之后进行了一次修订、两次修正)
《中华人民共和国农产品质量安全法》	全国人大常委员会	2006年(之后进行了一次修正)
《中华人民共和国刑法》	全国人民代表大会	1997年(之后进行了十次修正)
《中华人民共和国消费者权益保护法》	全国人大常委员会	1994年(之后进行了两次修正)
《中华人民共和国产品质量法》	全国人大常委员会	1993年(之后进行了三次修正)

续表

法律名称	制定部门	实施时间
《中华人民共和国进出境动植物检疫法》	全国人大常委员会	1992年（之后进行了一次修正）
《中华人民共和国进出口商品检验法》	全国人大常委员会	1989年（之后进行了四次修正）
《中华人民共和国计量法》	全国人大常委员会	1986年（之后进行了五次修正）

表 6-2　食品安全相关行政法规

行政法规名称	制定部门	实施时间
《中华人民共和国食品安全法实施条例》	国务院	2009年（之后进行了两次修订）
《中华人民共和国计量法实施细则》	国务院	1987年（之后进行了三次修订）
《农药管理条例》	国务院	1997年（之后进行了两次修订）
《无证无照经营查处办法》	国务院	2017年
《饲料和饲料添加剂管理条例》	国务院	1999年（之后进行了五次修订）
《国务院关于加强食品等产品安全监督管理的特别规定》	国务院	2007年
《中华人民共和国濒危野生动植物进出口管理条例》	国务院	2006年（之后进行了两次修正）

续表

行政法规名称	制定部门	实施时间
《中华人民共和国进出口商品检验法实施条例》	国务院	2005年（之后进行了四次修订）
《中华人民共和国工业产品生产许可证管理条例》	国务院	2005年
《中华人民共和国进出口货物原产地条例》	国务院	2005年（之后进行了一次修订）
《兽药管理条例》	国务院	2004年（之后进行了两次修订）
《中华人民共和国认证认可条例》	国务院	2003年（之后进行了一次修正）
《农业转基因生物安全管理条例》	国务院	2001年（之后进行了两次修订）
《中华人民共和国进出境动植物检疫法实施条例》	国务院	1997年
《中华人民共和国标准化法实施条例》	国务院	1990年
《中华人民共和国国境卫生检疫法实施细则》	国务院	1989年（之后进行了三次修订）

表6-3 食品安全相关部门规章

部门规章名称	制定部门	实施时间
《食品安全抽样检验管理办法》	国家市场监督管理总局	2019年
《出口食品生产企业备案管理规定》	国家质量监督检验检疫总局	2018年（之后进行了一次修正）

续表

部门规章名称	制定部门	实施时间
《网络餐饮服务食品安全监督管理办法》	国家食品药品监督管理总局	2018年
《食品安全信用信息管理办法》	国家食品药品监督管理总局	2016年
《保健食品注册与备案管理办法》	国家食品药品监督管理总局	2016年
《特殊医学用途配方食品注册管理办法》	国家食品药品监督管理总局	2016年
《食品生产经营日常监督检查管理办法》	食品生产安全监督管理总局	2016年
《食品药品投诉举报管理办法》	国家食品药品监督管理总局	2016年
《铁路运营食品安全管理办法》	国家食品药品监督管理总局会同中国铁路总公司	2016年
《食品召回管理办法》	国家食品药品监督管理总局	2015年
《食品生产许可管理办法》	国家市场监督管理总局	2020年
《中华人民共和国工业产品生产许可证管理条例实施办法》	国家质量监督检验检疫总局	2014年
《食品添加剂新品种管理办法》	卫生部	2010年（之后进行了一次修正）
《农产品产地安全管理办法》	农业部	2006年
《农产品包装和标识管理办法》	农业部	2006年
《食品生产加工企业质量安全监督管理实施细则》（试行）	国家质量监督检验检疫总局	2005年

第三节
食品安全风险监测和评估制度

食品安全风险监测与评估相互关联,食品安全风险监测是评估的基础,而评估结果为食品安全风险监测计划方案等的实施提供依据,也是食品安全监管的重要支撑,两者合力预防食品安全事件发生。

一、食品安全风险监测制度

(一)食品安全风险监测的概念及内容

食品安全风险监测是指系统和持续收集食源性疾病、食品污染以及食品中有害因素的监测数据及相关信息,并进行综合分析和及时通报的活动。国家建立食品安全风险监测制度,主要监测内容包括食源性疾病、食品污染以及食品中的有害因素。[1] 食品安全风险监测制度在很多发达国家实施了许多年,并且监测费列入国家预算。

(二)食品安全风险监测计划

食品安全风险监测计划是针对食源性疾病、食品污染以及食品中的有害因素进行监测的具体计划。根据食品安全法律的规定,国家食品安全风险监测计划由国务院卫生行政部门会同国务院食品药品监督管理、质量监督等部门制定、实施。2018年国务院机构改革后,由国务院卫生行政部门会同国家市场监督管理总局负责制订实施食品安全风险监测计划。

---

[1] 参见《中华人民共和国食品安全法》第十四条。

在国家食品安全风险监测计划的基础上,省、自治区、直辖市人民政府卫生行政部门会同同级食品药品监督管理(市场监督管理)等部门,根据国家食品安全风险监测计划,结合所辖行政区域的具体情况,制定、调整本行政区域的食品安全风险监测方案。

(三)食品安全风险监测机构的工作规范

食品安全风险监测由具有资质的技术机构承担。具有资质的技术机构应当根据食品安全风险监测计划和监测方案开展监测工作,保证监测数据真实、准确,并按照监测计划和监测方案的要求报送监测数据和分析结果。

食品安全风险监测机构的工作人员有权进入相关食用农产品种植养殖、食品生产经营场所采集样品、收集相关数据。

食品安全风险监测机构代表国家对食品安全进行监测,其监测过程所需要的有关费用由国家财政拨付。食品安全风险监测机构工作人员采样应当按照市场价格支付费用。

(四)食品安全风险监测结果的通报与运用

食品安全风险监测结果的通报与运用在保障食品安全中起着非常重要的作用。食品安全风险监测结果显示可能存在食品安全隐患的,县级以上人民政府卫生行政部门应当及时将相关信息通报同级市场监督管理等部门,并报告本级人民政府和上级人民政府卫生行政部门。市场监督管理等部门应当组织开展进一步调查。发现食品安全隐患后各部门之间相互协作与配合,实现全程监管。

食品安全风险监测仅仅是发现食品安全问题的第一步,后续还需要结合科学数据和有关信息开展评估、调查等工作,对食品安全问题做出进一步判断。市场监督管理等部门在接到卫生行政部门通报的食品安全隐患信息后,应当组织开展进一步调查,对发现安全隐患食品出现问题的原因、企业生产经营状况等情况进行查证。

二、食品安全风险评估制度

(一)食品安全风险评估的含义与内容

食品安全风险评估,是指运用科学方法,根据食品安全风险监测信息、科学数据以及有关信息,对食品、食品添加剂、食品相关产品中生物性、化学性和物理性危害因素进行风险评估[①]。食品安全风险评估是一项以科学为基础的工作,它的整个过程会运用到很多食品相关领域的专业知识,得出的数据必须精确无误,才能够有效防范可能存在的各种风险。食品安全风险评估的内容包括危害识别、暴露评估、风险特征描述。

(二)食品安全风险评估机构

食品安全风险评估是一项科学性很强的工作,必须由专业机构完成。依据食品安全法律的规定,国务院卫生行政部门,即卫生与健康委员会负责组织食品安全风险评估工作,成立由医学、农业、食品、营养、生物、环境等方面的专家组成的食品安全风险评估委员会,独立开展食品安全风险评估工作,以保障食品安全风险评估结果的科学、客观和公正。

(三)评估不得收费,采样应当付费

食品安全风险评估是政府为了对食品及食品相关产品中的危害因

---

① 参见《中华人民共和国食品安全法》第十七条。

素进行风险评估、防范食品安全风险而实施的一种政府行为,所需费用理应由国家财政支付,食品生产经营从业者对评估有配合采样的义务,但没有付费义务。为防止在风险评估过程中相关人员和机构借评估行为乱收费或者不合理地采集样品,影响评估结果的公正性和客观性,影响企业的正常生产经营,食品安全法律规定食品安全风险评估不得向生产经营者收取费用,采集样品应当按照市场价格支付费用。[1] 对于评估机构拒不支付样品费用的行为,企业有权向监管部门投诉举报。

(四) 食品安全风险评估结果的应用

食品安全风险评估结果是制定、修订食品安全标准和实施食品安全监督管理的科学依据。经食品安全风险评估,得出食品、食品添加剂、食品相关产品不安全结论的,国务院市场监督管理等部门应当依据各自职能立即向社会公告,告知消费者停止食用或者使用,并采取相应措施,确保该食品、食品添加剂、食品相关产品停止生产经营;需要制定、修订相关食品安全国家标准的,国务院卫生行政部门应当会同国务院市场监督管理总局立即制定、修订。[2]

国务院市场监督管理部门应当会同国务院其他有关部门,根据食品安全风险评估结果、食品安全监督管理信息,对食品安全状况进行综合分析。对经综合分析表明可能具有较高程度安全风险的食品,国务院市场监督管理部门应当及时提出食品安全风险警示,并向社会公布。

---

[1] 参见《中华人民共和国食品安全法》第十七条。
[2] 参见《中华人民共和国食品安全法》第二十一条。

第四节
食品生产经营管理制度

一、食品生产经营的许可制度

依据行政许可法的规定,直接涉及公共安全以及直接关系人身健康、生命财产安全等特定活动,需要按照法定条件予以批准的事项,可以设定行政许可。① 而食品生产经营涉及公共安全,直接关系公众人身健康和生命财产安全,有必要依法对其实行许可制度。《食品安全法》明确规定国家对食品生产经营实行许可制度。② 县级以上地方人民政府食品药品监督管理部门是食品生产经营的许可主体,2018 年国务院机构改革后此职能由市场监督管理部门承担。

新资源食品的许可主体是国务院卫生行政部门,即国家卫生健康委员会。

依据《食品安全法》的规定,国家对食品添加剂生产实行许可制度,③许可主体是县级以上人民政府市场监督管理部门。随着现代食品工业的发展,食品添加剂被广泛应用在食品中。众所周知,没有食品添加剂,就没有现代食品工业。正确添加使用食品添加剂,不会对人体造成危害,且有利于食品的存储和加工。令人担忧的是,某些不法商家往往违法使用食品添加剂,对人体造成不同程度的伤害。因此国家对食

---

① 参见《中华人民共和国行政许可法》第十二条。
② 参见《中华人民共和国食品安全法》第三十五条。
③ 参见《中华人民共和国食品安全法》第三十九条。

品添加剂生产实行许可制度,严格监管,明确要求从事食品添加剂生产,应当具有与所生产食品添加剂品种相适应的场所、生产设备或者设施、专业技术人员和管理制度,并依法取得食品添加剂生产许可。

二、食品安全全程追溯制度

建立食品安全全程追溯制度,是加强食品生产经营者自身管理、强化食品安全监管与社会共治、促进社会诚信建设、维护消费者合法权益的现实需要,也是全程控制基本原则的体现。食品安全涉及的从业主体多,生产供应链长,监管难度大。建立全程追溯制度,实现从农田到餐桌各个环节的可追溯,一旦出现食品安全问题,能及时找到问题环节所在,遏制事态扩大,也能及时找到责任主体,落实责任主体相应的法律责任。

(一)建立食品安全追溯体系

建立食品安全追溯体系是食品生产经营企业的义务。生产经营企业要落实主体责任,依法建立食品安全追溯体系,保证食品可追溯。①

(二)食品安全全程追溯协作机制

食品安全涉及从农田到餐桌的全过程,其管理工作需要由市场监督管理部门和农业行政部门按照职责进行分工。市场监督管理部门指导企业建立健全食品安全可追溯体系,建立全程追溯协作机制。食品生产经营企业的生产经营活动及食用农产品进入市场后的销售活动,由市场监督管理部门监管;食用农产品的生产养殖环节由农业行政部门监管。为了实现食用农产品的全过程监管,防止监管脱节,保证食用

---

① 参见《中华人民共和国食品安全法》第四十二条。

农产品的可追溯,由国务院市场监督管理和农业行政等有关部门建立食品安全全程追溯协作机制[①]。一方面,监管部门应当按照职责对其监管范围内的生产经营企业建立食品安全追溯体系进行监管;另一方面,又需要相互协作配合,信息共享公开。

三、食品安全责任保险制度

食品安全法鼓励食品生产经营企业参加食品安全责任保险。责任保险,也称第三者责任险。依据保险法的规定,责任保险是指以被保险人对第三者依法应负的赔偿责任为保险标的的保险。[②] 责任保险根据投保人是否自愿,可以分为自愿投保的责任保险和强制投保的责任保险。食品安全责任保险,是以被保险人对因其生产经营的食品存在缺陷造成第三者人身损害和财产损失时依法应负的经济赔偿责任为保险标的的保险。食品安全责任保险是分散食品从业者风险,增强其承担赔偿责任能力的重要措施,也能更好地保护消费者的合法权益,但目前鉴于我国的国情,食品安全法只是鼓励食品生产经营从业者自愿参加食品安全责任保险,并没有强制性参加责任保险的规定。

四、生产经营过程控制制度

（一）食品安全管理制度

（1）食品生产经营企业应当建立健全食品安全管理制度。[③] 完备的管理制度是生产安全食品的重要保障。食品生产经营从业者建立健

---

① 参见《中华人民共和国食品安全法》第四十二条。
② 参见《中华人民共和国保险法》第六十五条。
③ 参见《中华人民共和国食品安全法》第四十四条。

全完善的各项食品安全管理制度是保证其食品达到相应食品安全要求的基本前提,也是最重要的环节。食品生产经营企业的食品安全管理制度应涵盖从原材料采购到食品生产加工、包装、贮存、运输等全过程,具体可包括设备保养和维修制度,卫生管理制度,从业人员健康管理制度,食品原料、食品添加剂和食品相关产品的采购、验收、运输和贮存管理制度,进货查验记录制度,食品原料仓库管理制度,防止污染的管理制度,食品出厂检验记录制度,食品召回制度,培训制度和文件管理制度等。

(2) 食品生产经营企业应当对职工进行食品安全知识培训。从业人员的食品安全知识与素养对保障食品安全具有重要意义。为此,食品安全法规定了食品生产经营企业对从业人员有教育和培训的义务。

(3) 配备食品安全管理人员并进行培训和考核。食品生产经营企业是食品安全的第一责任人,企业食品安全管理水平的高低,在相当程度上决定了食品是否安全。每个食品生产经营企业都要配备食品安全管理人员,可以是专职人员也可以是兼职人员,并对其进行培训考核。

(二) 食品生产经营从业人员健康管理制度

食品生产经营企业应当建立并执行从业人员健康管理制度。《食品安全法》规定患有国务院卫生行政部门规定的有碍食品安全疾病的人员,禁止从事接触直接入口食品的工作。[1] 这是从预防传染病的传播和食源性疾病发生出发的。

(三) 食品生产经营企业制定并实施食品安全管理控制措施

食品生产经营企业生产过程中的食品安全控制措施是保障食品安全的重中之重。企业应高度重视生产加工、产品贮存和运输等食品生

---

[1] 参见《中华人民共和国食品安全法》第四十五条。

产、销售过程中的潜在危害,根据企业的实际情况制定并实施有效的控制措施,确保这些措施切实可行。

(四)食品生产经营者建立食品安全自查制度

依据《食品安全法》的规定,食品生产经营者应当建立食品安全自查制度,定期对食品安全状况进行检查评价。生产经营条件发生变化,不再符合食品安全要求的,食品生产经营者应当立即采取整改措施;有发生食品安全事故潜在风险的,应当立即停止食品生产经营活动,并向所在地县级人民政府市场监督管理部门报告。①

(五)食品召回制度

为加强食品生产经营管理,减少和避免不安全食品的危害,保障公众身体健康和生命安全,食品安全法律正式确立并完善了食品召回制度。

根据食品召回程序的启动方式,食品召回可分为食品生产经营者主动召回和监管部门责令召回两种。

(1)主动召回。一是食品生产者停止生产与召回,二是食品经营者召回。一般情况下,召回的是不符合食品安全标准或者可能存在食品安全隐患的食品,食品生产经营者应当对召回的食品采取无害化处理、销毁等措施,防止其再次流入市场。但是,对只是因标签、标志或者说明书不符合食品安全标准而被召回的食品,食品生产者在采取补救措施且能保证食品安全的情况下可以在向消费者表明补救措施后继续销售。② 食品生产经营者应当将食品召回和处理情况向所在地县级人

---

① 参见《中华人民共和国食品安全法》第四十七条。
② 参见《中华人民共和国食品安全法》第六十三条。

民政府市场监督管理部门报告;需要对召回的食品进行无害化处理、销毁的,应当提前报告时间、地点。市场监督管理部门认为必要的,可以赴无害化处理或者销毁现场进行监督,以确保存在安全隐患的被召回食品不会再次流入市场。[1]

(2)责令召回。责令召回的主体是县级以上人民政府市场监督管理部门。有权责令召回的主体发现食品从业者生产经营的食品不符合食品安全标准或者有证据证明可能危害人体健康,本应依法召回或者停止经营却未落实的,可以责令其召回或者停止经营。[2]

食品从业者在接到责令召回的通知后,应当立即停止生产或者经营,依法定程序召回不符合食品安全标准的食品,并将食品召回和处理情况向所在地市场监督管理部门报告。

第五节 食品安全法评价

随着社会的发展、健康中国战略的不断推进,我国在健全完善食品安全法律制度体系方面取得了显著成效,食品安全法律制度确立食品安全的基本原则为预防为主、风险管理、全程控制、社会共治。通过落实这四项原则来建立科学、严格的监督管理制度。在此基础上食品安全法还明确了食品行业自律的基本内容,进一步完善食品安全风险监测与评估制度。在食品的生产经营方面明确食品从业者为第一责任人、建立食品安全全程追溯制度、采集样品按市场价支付费用、增设监

---

[1] 参见《中华人民共和国食品安全法》第六十三条。
[2] 参见《中华人民共和国食品安全法》第六十三条。

管部门负责人约谈制,实行史上最严厉的法律责任追究制度等。这些都是食品安全的保障,也是食品安全法律制度的亮点。同时我们也应该知道,法律制度具有鲜明的时代性,因此,对每一法律制度的评价都不能脱离其产生的时代背景,从来就没有绝对完美的法律制度。食品安全法律制度随着时代的发展,仍有待不断完善。

一、制度设计缺陷与实施中存在的问题

(一)食品安全法律制度设计仍然存在缺陷

前面已叙述了食品安全法律制度建设方面的许多亮点,下面介绍仍需完善之处。目前食品安全法律制度在某些内容的界定上仍然比较模糊。例如《食品安全法》规定,省、自治区、直辖市应该制定食品生产加工小作坊和食品摊贩具体的管理办法。地方该如何进行地方立法?如何落实?又如政府责任的落实与追究问题,即行政主体的责任追究问题。在食品安全法律制度中虽然对各级政府及相关职能部门进行了责任划分,但现实中地方政府及各职能部门因不及时履行监管责任造成食品安全事故的责任很难划分,相关法律制度很难落实。再如食品安全法律制度中有食品安全责任保险的倡导性规定,如何鼓励企业,特别是中小企业参加食品安全责任保险?还有行政执法与刑事司法的衔接问题,公安机关打击整治食品安全犯罪工作由于缺少配套条例和具体裁量标准,对一些严重违法情形适用行政拘留的手段运用不够等。

(二)食品生产经营者主体责任意识较弱

食品生产经营者自觉遵守食品安全法律制度是保障食品安全的前提和关键。食品安全法律明确食品生产经营者是食品安全的第一责任人。但是目前仍有部分食品生产经营者的主体责任意识较弱。极少数食品生产经营者利益至上,依法经营意识较差,道德滑坡,诚信严重缺失,内部管理制度形同虚设,为追求自身经济利益,不惜掺假使假等,甚至进行违法犯罪活动。有的生产经营企业经营场所、设施、设备不达标,卫生条件差,潜在风险大;有的从业人员素质较差,管理水平低下,对食品安全自我把关不严,不能及时发现安全隐患。

(三)基层食品安全监管执法能力薄弱

基层的食品安全事件高发,基层食品安全监管既是监管的关键,同时也是监管的薄弱环节。尽管食品安全法规定县级人民政府市场监督管理部门可以在乡镇或者特定区域设立派出机构,绝大多数地区也依法设置了相应派出机构,但基层的监管能力仍比较薄弱,不能适应食品安全保障的需要。从机构的硬件配备来看,一些设立在基层的食品安全监管派出机构执法硬件条件相对较差,普遍缺乏执法车辆、食品快检设备以及工作经费。从机构的人员配备来看,基层监管部门存在专业人才匮乏、年龄老化、运用法律法规能力和专业判断能力不强等问题,导致执法效果大打折扣。

二、进一步完善食品安全法律制度的建议与思考

(一)完善食品安全法律体系建设

建议完善食品安全法律体系建设,修订配套规章及规范性文件,推动食品安全标准与国际标准对接,强化标准制定、执行和监管的衔接。建议制定配套规章,明确某些比较模糊的内容界定,形成共识。明确地方政府因不及时履行监管责任造成食品安全事故的,其相关部门与下级政府的责任划分。出台具体政策鼓励企业,特别是中小企业参加食品安全责任保险等。这些问题都需要在食品安全立法中予以细化。针

对公安机关打击整治食品安全犯罪工作缺少配套条例和具体裁量标准的现状,应该尽快出台标准,规范执法。完善办理危害食品安全刑事案件的司法解释,推动掺假造假行为直接入刑。

(二) 加大食品安全法律的宣传普及力度

全民守法知法是前提。政府及各有关职能部门、行业协会等要重视食品安全宣传贯彻普及工作,尤其是各行政机关要落实"谁执法谁普法"的要旨,把加强食品安全法律宣传与教育作为保障食品安全的基础性工作。应采取多种行之有效的方式,通过多种途径和媒介,广泛开展普及食品安全法的宣传教育工作,让食品生产经营者、社会各界深刻知晓并领会食品安全法精神和要旨,自觉遵守食品安全法规定;要做好面向公众的法律教育普及工作,提高公众的食品安全意识和自我保护能力,提高公众参与食品安全的社会共治的程度。

(三) 提高食品生产经营者主体责任意识,自觉承担起主体责任

要实施食品安全战略,形成严密高效、社会共治的食品安全治理体系,关键是提高食品生产经营者的主体责任意识,让食品生产经营者自觉承担起主体责任。做到严密高效的关键是食品生产经营者应按照食品安全法律制度的要求,落实与承担食品安全法规定的制度与责任。

(四) 强化基层执法监管能力建设

随着食品安全法律制度的健全,法的实施显得更为重要,而法的实施的重要内容之一就是法的适用,行政执法监管是法的适用的重要体现,而执法监管效果的好坏与执法机构与执法人员的能力关系密切,因此要高度重视执法机构与执法人员的能力建设,尤其是基层执法监管机构与人员的能力建设。基于此,要加快建立与完善食品安全监管派

出机构的建设,花大力气解决基层监管硬件缺乏与软件薄弱问题,提高整体监管水平。

(贾红英)

主要参考文献

[1] 信春鹰.中华人民共和国食品安全法释义[M].北京:法律出版社,2015.

[2] 陈卫洪,漆雁斌.中国食品安全政策的发展历程及其反思[J].全国商情(经济理论研究),2009(3):141-143.

第七章

国际卫生法律制度

第一节 国际卫生法概述

一、国际卫生现状对立法的挑战

传统意义上的人口健康安全措施是建立在国家基础上,由各国在长期应对卫生风险的过程中形成的一整套管理卫生服务、伤害与疾病预防以及健康促进的法律法规体系。然而,在高度发达的现代化和工业化进程中,人类健康安全威胁的增加来自人类自身行为和自制技术风险,如基因改良生物、药品、环境灾害、有害食品、电磁辐射与核辐射、经济与金融危机、恐怖袭击等。

随着人类活动范围的不断扩大,危险的致病因素与生活方式跨越了国界,威胁着全人类的生命、健康、安全以及社会秩序。生命健康风险(如病原体、空气、食物、水、生活环境、生活方式等)不再仅限于国内,它被全球化的进程裹挟着无情地蔓延至周边国家、地区,并对人类产生了巨大的影响。例如,席卷整个欧洲大陆的中世纪鼠疫起源于中亚,由亚欧商人传到欧洲,首先从意大利蔓延到西欧,然后到北欧、波罗的海地区直至俄罗斯……这场浩劫夺走了2500万欧洲人的性命,导致欧洲三分之一人口的丧生,对欧洲社会、经济和政治产生了巨大的影响。即使在医学科学得到巨大发展的21世纪,人类仍未阻止它的蔓延。世界卫生组织疫情报告显示,2014年2月开始暴发的埃博拉病毒疫情波及几内亚、利比里亚、塞拉利昂、马里、美国、尼日利亚、塞内加尔与西班牙等国家。截至2014年12月,累计出现埃博拉确诊、疑似和可能感染病例17290例,其中6128人死亡。2019年底爆发的COVID-19疫情在短短的半年内,已经波及200多个国家,将近1000万人确诊,接近50万人死亡,世界卫生组织为此发出警告,疫情大流行正在加速,世界正处于一个新的危险阶段。毫无疑问,人口密集、交通便利等经济发展的有利条件在面对突发公共卫生事件时,都成为威胁人类生命健康的一把利器。

长期以来,国家、地区间一直存在着巨大的健康不平等,这一状况并没有因如今快速发展的科学技术而有所缓解,反而在经济发展的不平衡和科学技术应用的无序中被强化和加剧。总体上,富裕国家和贫困国家之间的巨大不平等每年会导致约2000万人口的死亡。不得不承认,新的全球健康挑战正悄悄隐藏在人类不断膨胀的欲望中,它将大规模地出现并对人类产生不可忽视的影响,如慢性非传染性疾病的快速增加以及对气候变化的影响,尤其是对水、食品供应的影响。

面对如此严峻的形势,卫生已经不能仅仅被视为一个国家所要面对的问题,必须跨越国界并超越主权国家范围,组建真正的为确保全球公民健康而精心设置的国际风险管理屏障和国际法律保障体系。对世界各国来说,卫生法也不能只是国内法的一部分。除了开展国际卫生法领域的全方位合作和共同行动外,我们别无他法。

二、国际卫生法的主要渊源

为了使全世界人民获得尽可能高水平的身体、精神健康,各国必须采取集体行动,推动国家与国家、国家与非国家行为者之间以及政府和非政府组织、企业等之间的合作伙伴关系。国家和利益相关者不仅要具有足够的决心来形成国际规范,还必须将它们付诸实施。在过去的很多年里,在健康全球治理大潮流背景下,利用国际法改善全球公共卫生状况的做法取得了良好的效果。

在国家之间、政治实体之间以及国际组织之间,以保护人体健康活动中所产生的权利义务关系为调整对象,所形成的具有法律拘束力的一系列范围广泛的原则、规则和制度被统称为国际卫生法。国际卫生法涵盖了健康是人类基本权利的概念、全球卫生领域的使命、国际卫生法律渊源、国际卫生关键参与者和道德基础。

早在1851年,在巴黎举行了第一次国际卫生会议,会议目的是协调国际贸易及减轻战争带来的疾病,制定国际公约,虽未能成功,但会议的召开标志着国际卫生合作的开始。第二次世界大战后,特别是1948年世界卫生组织成立后,为履行使全世界人民获得尽可能高水平的健康的宗旨,各国提出了一系列的国际公约、协定,其内容涉及公共卫生与疾病控制、临床医疗、职业卫生、人口和生殖健康、特殊人群健康保护、精神卫生、卫生资源、药物管理、食品卫生、传统医学等许多方面,国际卫生法得到了迅速发展。

1892—2002年国际社会签订的国际卫生条约如表7-1所示。

表7-1 1892—2002年国际社会签订的国际卫生条约

年 份	条 约 名 称
1892年	《国际卫生公约》(International Sanitary Convention,1892)
1893年	《国际卫生公约》(International Sanitary Convention,1893)
1894年	《国际卫生公约》(International Sanitary Convention,1894)
1897年	《国际卫生公约》(International Sanitary Convention,1897)
1903年	《国际卫生公约》(International Sanitary Convention,1903)
1905年	《美洲卫生公约》(Inter-American Sanitary Convention,1905)

续表

年 份	条约名称
1912 年	《国际卫生公约》(International Sanitary Convention,1912)代替 1903 年《国际卫生公约》
1924 年	《泛美卫生法规》(Pan American Sanitary Code,1924)
	《为商船船员提供性病治疗的有关设施的协议》(Agreement Respecting Facilities to be Given to Merchant Seaman for the Treatment of Venereal Disease,1924)
1926 年	《国际卫生公约》(International Sanitary Convention,1926)修正 1912 年《国际卫生公约》
1927 年	《泛美卫生法规议定书》(Additional Protocol to the Pan American Sanitary Convention,1927)
1928 年	《泛美航空卫生公约》(Pan American Sanitary Convention for Aerial Navigation,1928)
1930 年	《关于抗击白喉血清条约》(Convention Concerning Anti-Diphtheritic Serum,1930)
	《关于抗击登革热的措施条约》(Agreement Regarding Measures to be Taken Against Dengue,1930)
1933 年	《空中航行的国际卫生条约》(International Sanitary Convention for Aerial Navigation,1933)
1934 年	《关于防治登革热的相互保护国际条约》(International Convention for Mutual Protection Against Dengue Fever,1934)

续表

年 份	条 约 名 称
1938 年	《国际卫生公约》(International Sanitary Convention,1938)修正 1926 年《国际卫生公约》
1944 年	《国际卫生公约》(International Sanitary Convention,1944)第二次修正 1926 年《国际卫生公约》 《空中航行的国际卫生条约》(International Sanitary Convention for Aerial Navigation,1944)修订 1933 年《空中航行的国际卫生条约》
1946 年	《关于延长 1944 年〈国际卫生公约〉的议定书》(The 1944 Protocol on the Extension of International Sanitary Convention,1946) 《世界卫生组织宪章》(The Constitution of World Health Organization,1946)
1949 年	国际医疗协会《国际医疗道德法典》(World Medical Association International Code of Medical Ethics,1949),后经 1968 年、1983 年、2006 年三次修正
1951 年	《国际卫生条例》(International Sanitary Regulations,1951)
1957 年	《废除强迫劳动公约》(Convention concerning the Abolition of Forced Labor,1957)
1961 年	《麻醉品单一公约》(Single Convention on Narcotic Drugs,1961)
1969 年	《国际卫生条例》(International Sanitary Convention,1969)取代 1951 年《国际卫生条例》,后经 1973 年、1981 年两次修改

续表

年份	条约名称
1971年	《精神药物公约》(The Convention on Psychotropic Substances,1971)
1972年	《禁止细菌(生物)及毒素武器的发展、生产及储存以及销毁这类武器的公约》(The Convention on the Prohibition of the Development, Production and Stockpiling of Bacteriological [Biological] and Toxin Weapons and on Their Destruction,1972) 《修正1961年麻醉品单一公约的议定书》(The 1961 Protocol Amending the Single Convention on Narcotic Drugs,1972)
1973年	《准予就业最低年龄公约》(Convention concerning Minimum Age for Admission to Employment,1973) 《关于防止海员职业事故的公约》(Convention concerning the Prevention of Occupational Accidents to seafarers,1973)
1979年	《消除对妇女一切形式歧视公约》(The Convention on the Elimination of All Forms of Discrimination against Women,1979)
1981年	《职业安全和卫生及工作环境公约(国际劳工组织第155号公约)》(Convention concerning Occupational Safety and Health and the Working Environment,1981,ILO No.155)
1984年	《禁止酷刑和其他残忍、不人道或有辱人格的待遇或处罚公约》(Convention against Torture and Other Cruel, Inhuman or Degrading Treatment or Punishment,1984)
1988年	《联合国禁止非法贩运麻醉药品和精神药物公约》(The United Nations Convention against Illicit Traffic in Narcotic Drugs and Psychotropic Substances,1988)
1989年	《儿童权利公约》(Convention on the Rights of the Child,1989)

续表

年　份	条　约　名　称
1991 年	《保护精神病患者和改善精神保健的原则》(The Protection of Persons with Mental Illness and the Improvement of Mental Health Care,1991)
1992 年	《生物多样性公约》(Convention on Biological Diversity,1992)
1998 年	《国际劳工组织关于工作中的基本原则与权利宣言》(The International Labor Organization Declaration on Fundamental Principles and Rights at Work and its Follow-up,1998)
1999 年	《关于禁止和立即行动消除最恶劣形式的童工劳动公约》(Convention concerning the Prohibition and Immediate Action for the Elimination of the Worst Forms of Child Labour,1999)
2000 年	《卡塔赫纳生物安全议定书》(The Cartagena Protocol on Biosafety,2000)

国际卫生法包括硬性法律(如对成员具有约束力的条约)和软性文件(如各成员协商一致的行为规范)。国际卫生法的渊源是指国际卫生法的规范的表现形式或形成的过程、程序,主要是各类国际卫生条约、协定和有关国际卫生法的宣言与决议。

1. 国际卫生条约或协定

国际卫生条约是国家之间、国家与国际组织之间或国际组织之间缔结的为确定它们之间维护人体健康的权利义务关系而达成的协议,其名称各异,如条约、协定、公约、议定书等。根据缔结主体的个数,国际卫生条约可分为双边条约和多边条约。如《麻醉品单一公约》《国际卫生公约》《联合国禁止非法贩运麻醉药品和精神药物公约》等,表明参加条约的成员都直接受其约束。

2. 国际组织和国际会议的有关决议

国际组织主要是联合国。国际组织的有关决议是指国际组织在其职权范围内做出的涉及国际卫生关系的决定或决议,包括采取"宣言"形式的决议。有时一些有明确主题的国际会议也会通过有关决议,但一般这类决议是建议性质,没有法律拘束力,不构成法律规范。如《儿童生存、保护和发展世界宣言》《阿拉木图宣言》《国际人口与发展行动纲领》等。这些决议虽然是原则性的规定,有待具体化,但仍是不可忽视的国际卫生法渊源。

三、国际卫生法的主要特点

概括起来,国际卫生法除具有一般法律法规的特征外,还呈现出自己独特的特点。

(1) 国际卫生法的主体是国家,有时也包括国际组织。近年来,国际卫生法的参与者大大增多,基本上所有的亚洲国家和大多数的非洲国家都参与到国际卫生治理中来。国际政府组织大量涌现并积极参与国际卫生的治理,成为国际卫生法的重要主体之一。

(2) 国际卫生条约数量剧增,国际卫生法的内容大大扩展,不仅包括传染病控制,而且包括食品、药品标准,妇女、儿童的健康,以及职业病防治、劳工标准、动植物保护、生物武器控制等诸多方面。

(3) 国际卫生法的制定主要是通过成员之间的协议来实现的,国际社会没有专门的立法机关,即使是世界卫生组织也只是倡导和提出建议。国际卫生法的实施依靠国际卫生法主体的承诺遵守,并善意履行。世界卫生组织发布了大量的决议、指南、标准、劝告、建议、意见等国际卫生软法,虽然对成员没有直接的法律约束力,但其现实影响力不容忽视。

（4）尽管国际卫生法与国内卫生法采取不同形式，具有不同的法律效力，但是彼此相互影响。国际卫生法律制度能影响国内卫生法律和政策的制定和形成，而国内卫生法律可有效促进国际卫生法律制度目标的实现。把国际规范引入国内法领域可以帮助克服国际法固有的薄弱的法律遵从性和效率低下性等问题。国际法与国内法具有非常强的依存性。例如，《国际卫生公约》依赖国内的流感大流行预防和合作行动而诞生和推广。但是，该条约的规定较为模糊，在各成员国内部的执行力不够，并且缺少来自富裕国家的财政援助。①

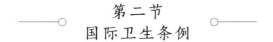

第二节　国际卫生条例

一、《国际卫生条例》的渊源

《国际卫生条例》(International Health Regulations, IHR)是一个国际法律工具，对全球近200个国家（地区）具有约束力，包括世界卫生组织所有会员，旨在帮助国际社会预防和应对那些有可能跨国威胁世界范围人民健康的紧急公共卫生风险。

《国际卫生条例》最早可追溯到19世纪中期，它统一了传染病防控

---

① WHO EB12815 Add. 1, "Implementation of the International Health Regulations 2005: Report of the Review Committee on the Functioning of the International Health Regulations (2005) in Relation to Pandemic (H1N1) 2009: Report by the Director General", May 5, 2011.

的国际法律规则,代表了最初的卫生安全全球战略。1830—1847 年,肆虐欧洲的霍乱促进了频繁的传染病外交和公共卫生方面的多边合作。1851 年第一次国际卫生会议在巴黎召开,目的是制定国际卫生公约,虽然没有成功,但会议的召开标志着国际卫生合作的开始和国际卫生法概念的正式诞生。

1948 年当 61 个会员国中的第 26 个成员签署完 WHO 宪章时,该宪章开始生效,稍后,第一届世界卫生大会在日内瓦举行,世界卫生组织宣告成立,《国际卫生立法汇编》(International Digest of Health Legislation)开始出版并定期更新,推动了国家、地区之间卫生立法的交流与合作。联合国及其有关机构也制定了多项与保护人体健康有关的国际卫生条约,并形成了有关决议和宣言,进一步拓展了国际卫生法的内容。

1951 年第四届世界卫生大会通过《国际卫生条例》,结束了第二次世界大战前多个卫生条约共存的局面,统一了传染病控制的国际规则,规定了防止指定传染病在国际传播的具体措施以及这些疾病的病例报告与通知要求。1969 年,《国际卫生条例(1969)》产生,替代《国际卫生条例(1951)》,在此后的一段时间里,《国际卫生条例(1969)》成为国际卫生领域唯一的国际法律规范,为世界卫生组织所有会员国防控传染病提供了统一的规则与指导。遗憾的是,《国际卫生条例(1969)》仅针对霍乱、鼠疫和黄热病 3 种疾病进行监测,且监测不仅过于依赖官方监测渠道,而且缺乏遏制疾病国际传播的正式国际协调机制,因此其无法保障各成员切实履行传染病防治的国际法义务。

20 世纪 90 年代初,由于一些流行性疾病(如南美洲部分地区的霍乱、印度的鼠疫)的死灰复燃和新传染性疾病(如埃博拉)的出现,加强发现和快速应对传染病威胁和突发事件的能力成为世界卫生组织各会员国的首要任务。2005 年 5 月 23 日,第五十八届世界卫生大会讨论通过了新修订的《国际卫生条例(2005)》,该条例于 2007 年 6 月 15 日正式生效实施。《国际卫生条例(2005)》以世界卫生组织在全球疾病监测、预警和应对方面的独特经验为基础,确立了各国报告公共卫生事件的权利和义务,确定了世界卫生组织在维护全球公共卫生安全工作中必须遵循的一系列程序。在《国际卫生条例(2005)》的基础上,世界卫生组织与各国和合作伙伴密切合作,提供技术指导和支持来调动资源,以便满足有效和及时执行这些规定的需要。

二、《国际卫生条例(2005)》的主要内容

《国际卫生条例(2005)》确立了新的国际卫生规则(表 7-2),是国际卫生法发展的一个重大进步,也是国际法律机制成为全球卫生治理的主要机制的重要标志之一。

表 7-2 《国际卫生条例(2005)》主要内容概览

序号	内容	《国际卫生条例(2005)》条款
1	一般条款(目的、范围、原则、透明度、及时性和非歧视性地执行卫生措施;一般要求)	第 2、3、42、44.1 条
2	国家归口单位和相关主管当局	第 4、22 条,附件 7.2(f)
3	公共卫生突发事件的全球监测体系	第 5.1、5.2、6.1、6.2、7、8、9.2、10.1、10.2、13.1、19(a)、20.1、21、46 条,附件 1
4	公共卫生应对	第 10.3、12、13.1、13.4、13.5、15、17、18、43、46、48、49 条,附件 1

续表

序号	内 容	《国际卫生条例(2005)》条款
5	入境口岸(国际港口、机场、陆路口岸)和国际货物、集装箱、集装箱装卸区	第19—23条、附件1B,第23.1(b)、33—35、41条
6	交通工具和交通工具运营者	第24—29、37—39、41、43条,附件3、4、5、8、9
7	对国际旅行者的特别条款	第23、30—32、35、36、40、43、45条,附件6、7

(一)立法宗旨

《国际卫生条例(2005)》的立法宗旨是针对公共卫生风险,避免对国际交通和贸易造成不必要干扰的适当方式,预防、抵御和控制疾病的国际传播,并提供公共卫生应对措施。这一立法宗旨的确立有助于保护全球所有国家或地区免受疾病国际传播之害。为保持其相关性和实用性,该条例不仅适用于各种新发传染病,也可以适用于其他突发公共卫生事件,例如化学品溢流、泄漏、倾倒或核熔化等。

(二)负责当局

《国际卫生条例(2005)》规定各缔约方应当指定或建立相关对口单位负责执行条例规定的卫生措施,包括对口单位和具体卫生行政主管部门。

对口单位应随时同世界卫生组织《国际卫生条例(2005)》联络点保持联系,其职责主要为在缔约方和联络点之间进行相关信息的沟通联络。同时,世界卫生组织应当指定《国际卫生条例(2005)》联络点负责与缔约方对口单位随时保持联系。

(三)建立公共卫生突发事件的全球监测体系

1. 监测

各缔约国应当尽快发展、加强和维持发现、评估、通报和报告事件的能力建设。世界卫生组织应对缔约国的相关建设提供帮助,应当通过监测活动收集有关事件的信息,并评估事件引起疾病国际传播的潜力和对国际交通的可能干扰。当然,有效地实施新条例的监测目标需要克服技术、资源、管理、法律和政治等方面的阻碍。尽管《国际卫生条例(2005)》制定了一些可以直接克服这些阻碍的规定,但仍需世界卫生组织及缔约国采取积极的行动来加强其国家或地区乃至全球的监测能力。

2. 通报

各缔约国如发生决策文件中规定的有可能引起国际关注的突发公共卫生事件,应当评估和采取相关卫生措施,并以现有最有效的通信方式通过国家归口单位在24小时内向世界卫生组织通报相关信息,并持续及时地向世界卫生组织报告该事件的确切和充分详细的公共卫生信息,这些信息包括病例定义、实验室检测结果、危险的来源和类型、病例数和死亡数、影响疾病传播的情况及所采取的卫生措施;必要时,还应当报告在应对国际关注的潜在突发公共卫生事件时面临的困难和需要的支持。

若发生在缔约国领土的事件不在决策文件规定的需要通报的事件之列,缔约国仍可通过国家归口单位将情况通报给世界卫生组织,可要求世界卫生组织协助评估该缔约国获取的任何流行病学证据,并同世界卫生组织就适宜的卫生措施进行磋商。

对缔约国领土外发生的有可能引起疾病国际传播的公共卫生危害,如输出或输入性人间病例,携带感染或污染的媒介、受污染物品等,缔约国应当在获得证据后的24小时内报告世界卫生组织。

3. 信息共享

《国际卫生条例(2005)》要求缔约国在发生出乎预料或不寻常公共卫生事件期间对相关公共卫生信息进行共享。缔约国如果有证据表明在其领土内存在可能构成国际关注的突发公共卫生事件,不论其起源或来源如何,即应向世界卫生组织提供所有相关的公共卫生信息。

4. 核实

缔约国应按照世界卫生组织的要求对除通报和磋商以外的其他来源的、声称该国正发生可能构成国际关注的突发公共卫生事件的报告进行核实,缔约国需在24小时内对世界卫生组织的要求做出对现有公共卫生基本信息的初步答复或确认。

(四) 公共卫生应对

各缔约国应当发展和加强快速和有效应对公共卫生危害和国际关注的突发公共卫生事件的能力。世界卫生组织应当与缔约国协商发表指导方针以支持缔约国发展公共卫生应对能力。在缔约国的要求下,世界卫生组织应当通过提供技术指导和援助以及通过对所采取的控制措施的有效性评估(包括在必要时调动国际专家组开展现场援助)进行合作,以应对公共卫生危害和其他事件。

(五) 建议

世界卫生组织可对缔约国提出临时建议和长期建议。

缔约国确定正发生国际关注的突发公共卫生事件时,总干事可根据相关程序发布临时建议。临时建议可以包括遭遇国际关注的突发公共卫生事件的缔约国或其他缔约国对人员、行李、货物、集装箱、交通工具、物品和(或)邮包拟采取的卫生措施,其目的在于防止或减少疾病的国际传播和避免对国际交通的不必要干扰。临时建议可随时撤销,并应在公布三个月后自动失效。

世界卫生组织对缔约国提出的长期建议是世界卫生组织提出的关于常规或定期采取适宜卫生措施的建议。缔约国可针对正发生的特定公共卫生危害对人员、行李、货物、集装箱、交通工具、物品和(或)邮包采取以上措施,其目的是防止或减少疾病的国际传播和避免对国际交通的不必要干扰。

(六)其他

《国际卫生条例(2005)》更新和修订了许多技术职能及其他管制职能,包括适用于国际旅行和运输的证书以及国际港口、机场和陆路口岸、国际货物和集装箱装卸区等的要求;同时,还建立了具有强制力的仲裁委员会以解决争端。新建立的争端解决机制可以通过SPS协议与WTO的争端解决机制相联系。

三、《国际卫生条例(2005)》的意义

《国际卫生条例(2005)》的实施有效帮助各缔约国认识、遏制、控制公共健康风险,它对传染病的预防、监测、评估设定了法律框架,设定了在紧急事件发生时进行国际合作与协调的机制。《国际卫生条例(2005)》增加了对各缔约国在公共健康风险防范中的责任,为建立有效的监测和控制制度设定了实现期限,极大地促进了全球公共卫生监测体系的建立,提高了全球应对突发公共卫生事件的能力,尽可能限制

其对国际交通和贸易带来的干扰,同时通过预防疾病的蔓延来保证公共健康。

第三节 美国卫生法律制度

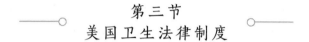

美国是当今世界上经济发达的国家之一,它不仅对世界格局的形成、经济形势的发展产生着巨大的影响,美国卫生法律立法活动和法律制度同样也对国际卫生法和其他国家卫生立法产生着较大的影响。美国并没有统一的卫生法典,通过州、联邦的各类卫生法律和缔结国际卫生条约等形成了多层次的卫生法律制度。美国的卫生法律制度主要包括两个方面:一个是公共卫生法律制度;另一个是医疗卫生法律制度。

一、美国公共卫生法律制度

(一)美国公共卫生立法

事实上,公共卫生是每届美国总统候选人竞选时着重强调的问题之一,特别是在"9·11"事件和炭疽袭击后,美国的公共卫生系统更是得到全面的提升与完善。

1. 持续建设,不断完善

美国公共卫生立法主要是为了提供公共卫生和处理的措施,涉及传染病控制、公共卫生许可和监督、食品药品法律、职业卫生和公共场所安全、环境公害法以及其他公共卫生立法等,其中关系突发公共事件处理的法律数量相当可观,内容十分详尽,主要包括灾害应急处理、紧急状态和反恐三个方面,为应急责任机构职责的履行、人员及资源的调配以及信息的发布和共享提供了有力保障。

1935年,美国国会通过了《社会保障法案》(Social Security Act),建立社会保障管理局(Federal Security Agency, FSA),管理有关卫生、教育和社会保险等。1950年,美国制定了《联邦灾害援助法》,它是美国第一个与应对突发公共事件有关的法律。1953年,美国组建卫生、教育与福利部(Department of Health, Education and Welfare, DHEW)负责指导、监督和协调各州公共卫生工作,并以此建立了联邦政府、州政府和地方政府三级公共卫生体系,为美国公共卫生的发展奠定了基础。1980年,卫生、教育与福利部更名为卫生与公众服务部(Department of Health and Human Services, DHHS),政府开始大量投入经费保证美国公共卫生事业的可持续性发展。1990年,美国出台《国家地震灾害减轻计划法》,规定联邦紧急事务管理署(FEMA)为应对地震灾害的主要责任部门。1992年,美国联邦紧急事务管理署、商务部、国防部等27个部门和美国红十字会共同签署了《联邦紧急反应计划》,综合各联邦机构预防、应对突发紧急事件的措施,为各州和地方政府应对恐怖袭击、灾难事故和其他突发公共事件提供指导。

2. 体系完整,保障高效

经过持续性建设,美国形成了一整套应对突发公共卫生事件的体系,能够保障美国在应对突发公共卫生事件中保持高效率和高效应。这一体系主要包括:全国公共卫生信息系统;全国公共卫生实验室系统;现场流行病学调查控制机动队伍和网络系统;全国大都市医学应急网络系统;全国医药器械应急物品救援快速反应系统;城市应急系统。

(二) 美国全球公共卫生战略

美国的全球公共卫生战略主要通过对外卫生援助法案的制定和推

行来实现。自第二次世界大战结束后,美国政府便意识到传染病的跨国流行将对粮食生产产生巨大的影响,提出了包含跨国传染病流行控制的"第四点计划",并先后提出促进全球公共卫生发展的一系列国家对外政策法规。

1.《对外援助法案》

1961年,美国国会通过《对外援助法案》(Foreign Assistance Act)修正案,其中第104条提出为减缓发展中国家人口增长和促进贫困人口健康、预防疾病提供高达10亿美元的援助,授权总统采取必要的措施推动该法案的实施。此后,美国通过立法和政策不断加强其在全球公共卫生领域的主导地位。

2.《全球疾病监测法案》

2002年,为提升传染病监测和应对能力,降低来自生物安全的威胁,美国国会通过了《全球疾病监测法案》(Global Pathogen Surveillance Act)。美国通过向其他国家提供援助换取其他国家在疾病监测方面的双边合作,实现建立强有力的全球传染病监测体系的目标。法案第四部分规定,任何国家要获得美国所提供的援助必须满足两个条件:允许世界卫生组织和美国疾病控制中心派员调查其国内的传染病暴发事件;必须向美国的相关机构和部门以及国际卫生组织提供病毒检测数据。这些法案的推进有助于扩大公共卫生监测网络范围,促进全球卫生安全。

另外,美国还借助世界卫生组织的框架,不断强化世界卫生组织在全球疾病监测方面的作用。通过支持世界卫生组织对《国际卫生条例》的修改,解决世界卫生组织在全球疾病监测方面的合法性问题,扩大监测覆盖范围,提高监测的合法性和效率。

美国对外卫生援助相关政策法规如表7-3所示。

表 7-3　美国对外卫生援助相关政策法规一览表

时间	政策	内容
1961 年	《对外援助法案》及其修正案第 104 条	对外卫生援助
2002 年	《国家利益中的对外援助》(美国国际开发署(USAID))	美国对外援助的六个重点,包括促进公共卫生的发展
2003 年	《国情咨文》(小布什政府)	总统防治艾滋病紧急救援计划(President's Emergency Plan for AIDS Relief,PEPFAR)
2005 年	美国对外援助"三个战略支柱"	经济发展、农业和贸易;全球卫生;民主、冲突预防和人道主义援助
2007 年	《2007—2012 财政年度战略规划》(美国国务院和美国国际开发署)	对外援助战略目标之一的投资人民的首要优先事项就是促进全球健康
2009 年	全球卫生倡议(Global Health Initiative)	致力于发展一个全面的美国全球卫生战略

二、美国医疗卫生法律制度

在美国的卫生法律研究中,医疗保健法是相当重要的组成部分。其涵盖的内容涉及医疗服务供给面的市场准入、反垄断、医院法人治理,医疗服务需求面的保险人、医疗提供人、患者之间复杂的契约安排,以及同样复杂的政府及行业管制等方面。

（一）医疗保险法律制度

1.《社会保障法案》

美国国会于1935年8月14日通过的《社会保障法案》(Social Security Act)是美国新政时期的重要立法之一，其立法宗旨是增进公共福利，通过建立一种社会保障制度使一些州得以为老人、盲人、未成年人以及残疾儿童提供更为可靠的生活保障，为妇女保健、公共卫生及失业补助做出更为妥善的安排。该法案规定对65岁以上的老年人提供救济金，对未满65岁死亡者提供一笔抚恤金，以作为其家属生活之用；对贫困的被抚养的儿童、残疾儿童及致残者提供救助。该法案还规定建立社会保障管理局，负责社会保障事宜。

1965年美国国会通过了《社会保障法案》修正案，增加了老年人医疗保险，设立了社会医疗保障制度（Medicare制度）[①]和社会医疗救助制度（Medicaid制度）[②]。Medicare制度即社会医疗保障制度，又称老残人医疗保险制度，其经费来自政府征收的工薪税，主要覆盖65岁以上老年人、残疾人和晚期肾衰竭患者，覆盖约14%的人口。Medicaid制度即社会医疗救助制度，又称穷人医疗救助制度，由联邦和州政府大体按照1∶1的比例筹资，主要覆盖政府规定的贫困线以下家庭及符合特定标准的个人与家庭，覆盖约12%的人口。实际上联邦政府规定的贫困者（如老年人、残疾人、孕妇中的贫困者，以及供养子女、母亲中的穷人）中只有40%的人享受到公共医疗补助。此外，还有政府医疗补助项目

---

① 参见 Medicare.gov，https://www.medicare.gov/，访问时间：2019年5月1日。

② 参见 Medicaid.gov，https://www.medicaid.gov/medicaid/index.html，访问时间：2019年5月1日。

(主要为偿付医院无主债务等,覆盖约 1% 的人口)和退伍军人医疗计划。

1976年,作为《社会保障法案》的补充,美国国会通过了《印第安医疗保健改善法案》,以此来加强政府对印第安人和阿拉斯加原住民提供医疗补助服务的力度。2010 年 3 月,奥巴马总统签署了该法案,这成为美国印第安人和阿拉斯加原住民获得医疗保健的基础权威法律。

2. 《患者保护与平价医疗法案》

在美国医疗卫生体系改革中,医疗保险覆盖率是个大问题。长期以来,多任美国总统试图改革美国医疗系统。2010 年 3 月 23 日,奥巴马签署了《患者保护与平价医疗法案》(Patient Protection and Affordable Care Act)(以下简称奥巴马医改法案),于 2014 年 1 月 1 日正式实施。该法案加大政府在维护民众健康中的责任,解决了全民医保覆盖率低的问题,抑制了医疗费用高速增长,其目标是使 95% 以上的美国公民拥有医疗保险。奥巴马医改法案的主要内容还包括:改革支付方式和服务模式,提升医疗服务质量;成立国家预防和健康委员会,统筹做好疾病预防、健康促进和公共卫生工作;设立国家卫生人力资源委员会,专门负责提升医疗服务水平;严厉打击欺诈、滥用医保和医疗服务行为,实行医生支付阳光法案,提高透明度;开拓生物制药(仿制)的新途径以及保障医改支出等。

(二)医疗卫生信息化法律制度

1996 年,美国国家生命与健康委员会开展医疗信息标准化建设,并于 2005 年组建了医疗卫生信息技术标准委员会(HITSP),由其负责设计相关宏观政策、研究制定相关技术标准和实施策略等。国会要求政府推进医疗卫生信息化必须达到"有效应用"的标准,该标准需满足三个原则性要求:①医生将医嘱录入计算机系统;②医院间交换卫生信息数据;③信息系统自动报告医疗服务质量状况等。

2004年,美国总统布什发布第13335号总统令,要求10年内实现全美电子病历。2009年,美国总统奥巴马签署总统令,颁布《American Recovery and Reinvestment Act》,简称ARRA(《美国经济复苏和再投资法案》,ARRA)①,其中包含了《Health Information Technology for Economic and Clinical Health Act》(经济与临床的医疗信息技术法案,HITECHA),HITECHA的提出旨在提高医疗质量、安全性和效率,将医疗信息化作为医疗改革的一部分,在卫生和公众服务部内设立一个国家卫生信息技术协调员办公室,鼓励医院、医生诊所和其他医疗机构实施电子健康档案,并且要求医疗机构证明其使用电子档案属于"有意义的使用"②,才能申请获得政府的奖励。

虽然医疗信息化减少了医疗错误,对提高医疗服务质量起到了一定的作用,但不容忽视的是,医疗信息化也带来了医疗信息泄露、医疗行业信息成本增加、医疗机构时间成本增加等问题。同时,医疗信息化本身也存在电子病历缺乏统一标准的问题,导致各医疗机构系统无法

---

① 参见H. R. 1 - American Recovery and Reinvestment Act of 2009,https://www.congress.gov/bill/111th-congress/house-bill/1,访问日期:2019年5月7日。

② 医疗机构要证明使用电子病历属于"有意义的使用"必须满足美国老年医疗报销中心设定的十个核心指标(使用电子医嘱输入系统,实施药物与药物及药物与过敏反应检查,维护最新的诊断,使用电子用药处方,维护用药明细,维护用药过敏明细等),以及十个选择性指标(实施处方药检查,将临床检验结果包括在电子病历中,可以汇总并列入不同症状的患者,患者可以获得电子病历,可以把相关资料根据法律和实施情况发送到疫苗相关信息系统中等)中的五个,其中一个指标必须是公共卫生相关指标,除此之外,医疗机构还需要汇报三个核心临床质量指标和三个额外的临床指标。

兼容,患者获取医疗信息仍然存在问题,为转院转诊带来麻烦。

(三)医师执业相关法律制度

美国并不存在独立而全国通用的执业医师法,美国医生的执业法规是由联邦和各州立法机构及政府部门所颁布的一系列法规和条令组成的。

1. 医师资格

作为一个联邦制国家,美国医生的执照是由各州政府根据州法律发放和管理的,每个州都有医生职业法规和相关的其他行医法规,例如:加州的医生执业法规是商务和职业法规的一部分。美国医学生是在完成 4 年综合性大学相关专业本科毕业后获取报考资格,通过考试才能进入医学院校。经过 4 年医学院校专业学习并通过美国国家医学联合会和美国国家医学考核委员会主办的 USMLE 三步考试[1]后,继续完成 3 年规范化住院医生培训,通过医患关系沟通与临床实践能力考核后才能成为执业医师。

州医务委员会是各州政府设立的,是向医生发放执照、公布医生信息、接受和调查投诉、惩戒违反执业法规医生的机构。医生在某一州获得执照后,必须定期更新(每年或每 2 年)。在更新时,医生必须证明他们保持了可接受的道德和医疗实践标准,没有不当行为。在大多数州,医生还必须证明他们接受了适当的继续医学教育课程。随着远程医疗的发展和医生流动性的逐渐增强,越来越多的医生需要跨州行医。为

---

[1] USMLE 三步考试包括:第一步一般是在经过 2 年的医学院教育后进行的,评估考生理解和应用对医学实践至关重要的基础科学概念的能力;第二步(临床理论和技能)在医学院毕业前夕进行,评估申请人在监督下运用医学知识的能力和对临床医学的了解程度;第三步通常是在医学院毕业 1 年后进行的,是对即将开始独立执业的医生的最终评估。

适应这一新变化,26个州联合订立了州际医生执照条约,将各州医务委员会连接起来,使医生申请多州医生执照变得容易和快速。

2. 医师执业

医疗服务行业是美国监管较严格的行业之一,医生执业也不例外。美国联邦和各州通过颁布和持续更新各种最新的诊疗规范进行医疗活动管理,这些规范文件是临床诊疗活动中必须遵循的行为规范,全面而复杂,具体而细致。比如法律规定给麻醉药后如果没有做到每5分钟记录患者生命体征就是重大过失;当患者要病历时,医疗机构必须在15天内提供,复印病历每页纸收费不能超过25美分;不接受继续教育要求是违法行为等。

不仅如此,与医疗相关的新法层出不穷,例如,2018年加州新增50个和医疗有关的法律。

三、美国卫生法律面临的主要挑战

虽然美国卫生法律不断完善,医疗保障服务有了较大的发展,但美国在卫生立法方面仍然面临着许多问题。

第一,美国的卫生法律受到政治因素的影响较大,不能保持长期的稳定。例如,美国两党所代表的利益集团的博弈以及政治主张和追求的差异性导致医改法案的实施举步维艰。2013年10月,共和党要求医改法案延迟实施,而奥巴马政府坚决反对,致使医改预算案搁浅。2017年,美国总统特朗普执政后,为最终推动国会废除奥巴马医改法案,签署了一份放宽小企业提供医保计划相关规则,以及有关短期医疗保险计划的注册登记规则的行政命令,美国人获得全民医保的目标迟迟未能实现。

第二,联邦体制影响着卫生法律的实施。虽然美国在卫生法律制度的立法方面有着较高的实用性，但作为一个联邦制国家，美国各州在立法上享受高度自治权，不同政党执政的州政府观点不同，就会导致卫生法律在制定和实施方面出现州际的差异性，不利于统一和有效地实施法律。

第四节 法国卫生法律制度

法国被世界卫生组织看作是拥有高效卫生体系的国家，这得益于法国完善的卫生法律制度。

一、法国公共卫生立法概况

法国对公共卫生实施依法管理。法国卫生行政部门设有卫生立法专门机构，卫生部门所制定的一切卫生法规都以国家制定的有关法律为准则。政府认为卫生立法是贯彻实施国家提出的卫生方针政策，实施卫生领域重大战略目标的重要手段，并将卫生法律看作是国际和国家卫生措施的重要组成部分。无论是环境卫生、劳动卫生、学校卫生、食品卫生，还是传染病管理等都有明确的法律规定，所有的人都要遵守，卫生部门只在法律规定的范围内进行管理。

一个多世纪以来，法国卫生立法工作不断发展，法律数量大幅度增加，法律内容也在不断增加，主要的卫生法律内容涉及公共卫生、初级卫生保健、传染病控制、国境卫生检疫、食品卫生、结核病防治、精神病、医院、开业医生、卫生保健、卫生发展计划、药品、急救、输血等。卫生法律分两类，一类是国家制定颁布的法律，一类是由省一级制定颁布的法律或为贯彻执行国家卫生法律所制定的实施细则。法国已经基本建立起一个较为完善的卫生法律体系。

1953年法国颁布了《公共卫生法典》,对涉及公共医疗卫生的相关法律进行了系统的编撰和论述。该法典关注医疗行为的专业特殊性和医疗水平的快速变化,将公共医疗卫生与人权法密切联系,跨越公法、私法和国际法的内容,贴近公共医疗的具体情况,对相关行为进行法律规范。该法典分为法律和规章两个部分,通过对相关权利和管辖的综合规定,确立公共卫生的层级关系,以利于在面对突发医疗卫生事件的时候能够快速反应,加以应对。

二、法国医疗卫生立法概况

(一)医疗保障法律制度

法国高效的卫生体系得益于其所建立的一系列不断发展完善的医疗保障法律制度。早在16世纪,法国就建立了类似健康保险性质的济贫事务所等社会共济组织。1604年亨利四世颁布法令救助伤残病的矿工。1794年,有关社会风险保障基金的条款在法国大革命时期被列入政府的文件之中,为现代社会保障制度的建立奠定了基础。1910年,法国就"老年、残疾和死亡"等社会保险领域的问题进行了立法。1928年和1930年出台的社会保险法律中明确规定,工商界的工薪人员达到一定工资水平,就可以享受疾病医疗保险,这是现代社会保障制度的雏形。1945年法国政府进一步制定了普遍的医疗保险制度,其覆盖面也逐步扩大,从农业从业人员、非农业部门的非工薪人员到首次失业的失业工人。1956年法国政府颁布《社会保障法案》,通过立法建立了法国疾病社会保险制度。法国疾病社会保险制度包括基本医疗保险和补充保险两种,其中基本医疗保险隶属于法国就业与互济部管理,覆盖了99%的法国民众，内容涵盖了平常生活中需要的大部分医疗领域，比如门诊费、药费、住院费用等。

20世纪80年代后期，法国实现了全民医疗保险。2000年1月法国通过《普惠制医疗保险法案》，实行全民医疗保险制，公共医疗保险保障几乎覆盖所有法国人，实现了治病权利的平等，使占人口十分之一的贫民普遍受惠。

(二) 医疗卫生改革法案

在实践中，法国政府还针对不断出现的问题进行立法改革，并努力完善。20世纪末到21世纪初，为应对医疗保障带来的持续性巨额财政赤字，法国先后进行了四次较大规模的医疗卫生改革性立法活动。

第一次医改法案：1997年初，法国政府为降低医疗保险对政府财政的压力，出台了一项医疗改革法案，提出将全年医疗保险预算分配到各地区医院，对医生的诊疗行为进行限制，但该法案终因各方的反对而搁浅。

第二次医改法案：2000年，法国进一步扩大了公共医疗保险的覆盖范围，除对没法享受基础医疗保险的法国公民（如失业者或低收入家庭等）启用了疾病统保计划，保障其享受免费的医疗服务之外，法国还针对在法国不间断居住超过三个月的非法国居民制订了国家医疗救助计划，这类人群只要证明自己收入在某个层次之下，就可以申请国家医疗救助。通过一系列相关法案的推行，法国终于实现了全民医保，但也带来了巨大的财政负担。为了避免更大的财政压力，法国卫生部2003年曾宣布采取一系列紧急措施，如设定最低报销起付线、增加相关医疗费用的收费标准等。2004年，法国医改法案推出医疗活动证书化、职业评价、在临床医疗行为中推行实践指南和临床路径、按病种付费等政策。

第三次医改法案：2016年1月，法国颁布《医疗保健法案》[①]，这项法案的三大改革目标为加强疾病预防、提高日常医疗的效能、巩固发扬现有医疗制度优势，从而保障医疗真正切实地惠及全民，改变弱势群体因经济拮据而放弃就医的现象。该项法案提出第三者承付制[②]、毒品注射室、器官捐献自动摘取[③]、即刻人流（取消流产思考期）、健康数据查询等一系列措施，其中第三者承付制引发了法国医护人员大规模的抗议活动。

第四次医改法案：2018年9月，法国总统马克龙提出"我的健康2022"计划，希望应对当前人口老龄化、慢性疾病增加等问题，保证法国各地人员可以更好地享受医疗服务。该计划承诺，政府通过法令政令形式推行涉及医院分布的几项重要规定，到2022年将现有3000家医院中的500~600家医院转型为社区医院，同时政府计划修改手术、急诊以及相关设备的认证规则。该计划的标志性措施为取消医学院入学人数限制和取消现行医学院一年级年末选拔考试，以此促进医学院学生人数的增加，同时放宽对非欧盟毕业医生在法从业的限制，政府将在设立医疗数字平台、发展远程治疗方面投入更多资金。2019年3月

---

① 参见《医疗保健法案》，https://www.gouvernement.fr/action/la-loi-de-sante，访问时间：2019年5月5日。
② 法案规定：到2017年，所有人无论在医院还是在私人诊所就诊，都无须当场向医生支付任何费用。医生的报酬将由患者投保的保险机构日后汇入医生的账户中。
③ 法案规定：除非死者生前明确表示拒绝将个人器官捐献，并已登记在"全国拒绝捐献人"名册上，否则医生不必再征得家属同意，即可摘除死者身上的器官。其目的是改变法国严重缺乏可供移植器官的现状。

法国国会正式对该医疗改革法案开启审议。

法国历次医改法案的重心都是不断强化医疗服务监管,引导医院进行内部管理革新,让"以患者为中心"的理念真正落地。

三、法国医疗法律制度存在的问题

法国虽然被认为拥有世界上高效的卫生体系,是世界上医疗保健健全的国家,但法国的医疗保险法律在实施过程中也遇到了一些困难和问题。

第一,医疗保险费用支出持续增长,高福利带来了保险费滥用、药物滥用、检查滥用等医疗过度服务,医疗资源的有效利用率偏低的现象,政府负荷过重。

第二,医疗保险法律制度不够完善,缺乏竞争和利益约束。例如:法国的医疗保险法制尚未完全统一,行业保险制度受行业发展和社会老龄化的影响较大,参保人员的医疗保障受到影响。

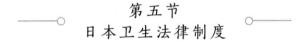

第五节 日本卫生法律制度

一、日本医疗卫生状况概述

依据日本政府的统计数据,2017 年日本新生儿死亡率为世界最低,女性的平均寿命为 87.26 岁,男性的平均寿命为 81.09 岁,分别更新了以前的最高纪录,名列世界前茅。① 在2016年的《世界卫生报告》中,世界卫生组织从"医疗水平""接受医疗服务的难度""医药费负担公平性"等方面对世界各国的医疗体系进行了综合比较,日本因"高品质的医疗服务""医疗负担的平等程度""国民平均寿命高"等评价要素,在排行榜中再次获得第一。日本拥有世界上较高的综合医疗水平,特别是在微创治疗癌症、重离子治疗、生物再造技术等方面位居世界第一,是重大疾病患者治疗的首选之地。

20世纪60年代起,日本就建立了覆盖全体国民的医疗保险制度。加入了医疗保险的日本国民只需缴纳少量的保险费用,就诊时只需支付30%的医药费,支付的额度相对于收入来说也并不高。即使是不幸患上重疾的患者,依照日本高额疗养费返还制度,自付超过一定额度后的费用还可以获得全额返还。因此,尽管日本没有像一些欧洲国家那样向国民提供近乎免费的医疗服务,但普通人也能以较低费用享受到世界上较为高端的医疗服务。因此,在日本一般见不到"看病难"或"看病贵"的现象。此外,日本医务人员整体素质较高,媒体的监督能力较强,几乎不会发生医生收受贿赂之事。日本的医疗卫生服务之所以有这么大的成就,离不开日本拥有相对完善的医疗卫生法律制度。

二、日本卫生法制的发展历史

日本近代医疗制度的建立始于140多年前的《医制》。《医制》制定于1874年,首次对日本的卫生制度进行了简单的框架性规定,以法律

---

① 参见日本厚生劳动省网站统计资料《平成29年简易生命表的概况》,载于https://www.mhlw.go.jp/toukei/saikin/hw/life/life17/index.html,访问时间:2018年12月30日。

的形式对医务人员的执业要件以及开设医疗机构的要求进行了规定。1942年,为了适应战争时期的社会变化,日本政府制定了《国民医疗法》。此后,日本的卫生法制进入快速发展期,依据医疗卫生领域主干法律《医疗法》的制定和修改,大致可把日本的卫生法制发展分为四个发展阶段。[①]

(一) 第一期:量的积累

在第二次世界大战结束时,日本整个国家的医疗资源处于极度荒芜状态。不过经过战后的3年混乱期后,社会逐渐趋于稳定,于是日本政府在1948年废除了《国民医疗法》,制定公布了《医疗法》,由此形成了日本现代医疗卫生法律规制的框架。1948年,日本全国一共仅有645家医院,31766张病床。[②] 因此,《医疗法》的立法目标就是尽最大努力尽快增加医疗机构的数量。因当时财政预算有限,无法顾及私立医疗机构,主要通过国库补助制度大力发展并扩建公立医疗机构。此外,日本政府还制定了针对医院和诊所的广告制度。1950年,为促进私立医疗机构的发展,日本通过修改法律创设了医疗法人制度,为私立医疗机构的发展壮大奠定了法律基础。

(二) 第二期:量变转向质变

之后30多年,刚好碰上战后经济的高速发展期,至1985年,日本实现了扩充医疗机构数量的目标,于是,开始转变为追求医疗卫生服务质量的提高。1985年,日本对《医疗法》进行了第一次修改。修改的内

---

① 参见山口悟:《实践医事法——医疗的法律系统》,东京:信山社2012年版,第17-27页。

② 参见川渕孝一:《进化之中的医院管理》,东京:医学书院2004年版,第40页。

容主要有四点。

(1) 导入病床规制。1955 年日本共有医院 5119 家,诊所 51349 家,共有病床约 63 万张。1985 年日本医院增至 9608 家,诊所增至 78927 家,病床总数已经达到 150 万张。医院的数量差不多增加了 1 倍,病床数增加了 1 倍多。其主要原因在于经济好转,中央及地方政府加大了对医疗的投入。1973 年开始的老年人医疗免费制度更是促使各医院病床激增。但各地区发展不平衡、差异性大,整体状况比较混乱。为了改变这种状况,日本修改了《医疗法》,规定各地政府应通过制定适合本地的医疗规划(设置病床上限,兼顾地域平衡)来限制之前的自由开业制。虽然之后由于老年人医疗免费化而导致出现病床再度一时增加的现象,但到 1992 年,经过 7 年的努力,日本基本抑制了医疗机构病床无序增多的趋势,并且通过地域协作,各地逐步实现构建相对完整的医疗服务体系的目标,逐步解决了地域发展不平衡的问题。

(2) 强化对医疗法人的指导监督。1980 年日本发生富士见产妇医院事件[1],为了避免类似医疗事故的发生,进一步提高医疗服务质量,本次修改加强了对医疗法人的指导和监督体制。为了避免不具有医学专业知识的人管理经营而导致的各种问题,本次修改以增加法条的方式,规定了医疗机构的理事长原则上必须为医师。同时,针对医疗法人设立了强制检查权、业务改善命令权、劝告辞退职员权等。

(3) 创设了一人医师法人制。以前,日本法律规定诊所要成为医疗法人,必须要有三人以上的常勤医师或牙科医师。随着社会的发展,

---

[1] 不具有医师资格的医院理事长给女性看病,因误诊进行了不必要的摘除子宫手术。对此,东京地方裁判所判决认定"富士见产妇医院的诊疗实态属于乱诊乱疗,已经不能称之为'医疗',且程度严重,难以获得社会原谅"。

从诊所经营现代化以及合理化的角度考虑,有必要让只有一人医师勤务的小型诊所也能实现法人化。通过此次法律修改,日本开始允许只有一人或两人全职医师或牙科医师的小诊所也能成为法人。经过多年的发展,现今,日本一人诊所的医疗法人已经有4万多,大约占所有医疗法人的83%。

(4) 开始限制医师的数量。与上述限制病床的动向相关联,此阶段也出现了限制医师人数的动向。1961年,医学部的入学名额只有2840人,随着医疗需求的增加,招生人数逐年增加,随着"一县一医大"政策①(1973年的内阁决议)的实施,至1984年,医科大学的入学人数达到峰值,增加到8280人。随后,日本厚生省(现厚生劳动省)设立的"将来医师需求研讨委员会"通过调研认为,日本的医师人数在将来大约会剩余10%,建议至1995年应减少10%。随后,日本每年新增医师的数量逐渐降低,该趋势一直持续到2008年。2008年以后医师数量则呈现出微增长的趋势。

(三) 第三期:医疗提供体制的再完善

进入20世纪90年代,日本社会出现以下几点变化。一是逐渐出现的少子高龄化倾向,增大了医疗和护理的需求,且需求呈现出多样化的趋势。二是疾病结构逐渐变化为以慢性病为主。三是国民大众提高了对医疗质量和医疗安全的关注。四是大家希望医疗机构能够积极提供医疗信息。五是医疗技术的快速进步导致医疗朝进一步的专业化方向发展。六是日本的经济发展进入低增长期。为了适应以上的社会发展与变化,日本进行了第三期的卫生法制变革。在此期间,《医疗法》共

---

① 地方各县至少要有一所医科大学。

进行了三次修改,主要修改内容有两点:一是医疗功能的体系化建设;二是积极推进医疗信息的管理与应用。

1992年,日本对《医疗法》进行了第二次修改,其主要目的在于完善国家的看护体系。修改内容主要有以下三点。①开始推动医疗服务体系化。为了更好地提供医疗服务,有必要使各类医院明确分工并紧密合作。通过立法将大学附属医院定位为特定功能医院,配备较高水准的人员及硬件设施,以提供较为尖端的医疗服务。此外,单独设立疗养性医院以及配备老年人保健设施,专门提供疗养型病床服务以及老年人保健服务。②医疗透明化。此次修改规定了医疗机构的院内公示义务,修改了相关医疗广告的规制,积极推动医疗机构对外提供医疗信息。③医疗理念明确化。以新增法条的形式,首次明确规定《医疗法》的理念在于"实现优质医疗",而且依据此理念,增设了医师等医务人员的责任和义务。

1997年,日本对《医疗法》进行了第三次修改。此次修改的主要内容如下。①进一步推动医疗服务体系化。随着人口老龄化的持续发展,需要介护的老龄人口数量逐年增多,为了适应这一变化,日本通过立法允许诊所也可像医院那样设立和提供疗养病床服务。除此之外,日本将综合医院变更为地域医疗支援医院,其目的在于通过交流与合作,利用这些医院较为先进的软硬件条件,帮助地方的医疗机构提供高质量的医疗服务,以实现医疗机构服务的体系化。②明文确定知情同意原则。所谓知情同意是指医师在提供医疗服务时,应当充分履行说明义务,并在此基础之上获得患者的理解与同意。此次修改,规定医疗应当建立在医务人员充分说明和患者理解的基础之上。此条文虽然还未能明确规定医疗需要患者同意,存在一定的局限性,但作为第一次明文涉及知情同意,意义重大。③创设特别医疗法人。所谓特别医疗法人,是指符合公开运营的要件,能够从事营利业务的医疗法人。但遗憾的是,特别医疗法人之后未能得以普及,后来在第五次《医疗法》修改时被废除。

2000年,日本对《医疗法》进行了第四次修改。修改的社会背景是日本泡沫经济破碎后10年经济发展停滞期,伴随着人口老龄化、国民的医疗费用持续增长,给医疗财政造成了非常大的影响。2000年改革的目的是希望通过完善诊疗的报酬体系,进一步提高医疗服务质量,从而实现医疗提供体制的效率化。修改的主要内容如下。①变更了病床的类别。为了更有针对性地为患者提供医疗服务,此次改革把病床分为精神病病床、感染症病床、结核病病床、疗养病床以及一般病床5种类型,并分别规定了其设备和人员的配备标准。②扩大广告内容的范围。为了给患者提供更多的医疗信息,帮助患者更好地进行自由选择,此次修改增设条文,允许医疗机构可以对外宣传具有客观性的事实信息,扩大了医疗机构可以广告的内容范围。③医师临床研修的必修化。日本的临床研修制度始于1946年,规定大学医学院的毕业生,必须经过1年以上的实习才能获得参加国家医师考试的资格。后来改为医学院毕业生可以先参加医师考试,合格后再进行为期2年的临床研修。由于未明确规定研修的内容,在实际运用上出现了大多数学生都是在学校的附属医疗机构研修,研修的领域都相对较窄,欠缺专业之外的基础知识和技能,还存在不善于和患者进行沟通等问题。因此,此次修改规定了新的临床研修制度,要求通过医师考试的医学院毕业生必须要在大学附属医院进行为期2年以上的临床研修,才能成为医师以及医疗机构的管理人员。研修目的侧重于提高医师的全面人格素养以及培养必要的全科诊疗能力。此措施切实有力地提高了医师的资质,但同时也逐渐带来了医师供给不足的问题。

(四) 第四期：新《医疗法》的实施

为了适应时代的发展，2006年，日本对医事法进行了大幅修改。本次改革的规模很大，涉及医疗机构改革、医疗提供体制、医疗保险制度以及预防生活习惯病等内容，是日本创设国民健康保险制度以来的最大改革，致使修改后的《医疗法》被称为新《医疗法》。其明确规定的基本原则有以下三项。

(1) 高品质的医疗。新《医疗法》规定，该法的立法宗旨是确保能够提供高品质医疗的体制。规定医疗应当以患者为中心，为了最大限度地保护患者的利益，医疗机构和医务人员应充分尊重患者本人的意见。此外，专设新章，增设了不少用来确保医疗安全的条文，比之前更为重视医疗安全。为了确保国民对医疗安全的信赖，规定受了处分的医务人员必须参加再教育研修。

(2) 高透明的医疗。为了让患者可以更加自由地选择医疗机构，此次改革创设了日本都道府县各地方政府必须及时向本辖区内居民提供相关医疗信息的制度，进一步从制度层面落实知情同意原则。此外，创设了新型医疗法人，即社会医疗法人。其目的是贯彻医疗服务的非营利性，提高民间医疗机构的公益性，推动其成为地方医疗的重要组成部分。这些措施有利于提高医疗机构运营的透明性，从而确保医疗机构能够获得来自地方居民的信赖。

(3) 高效率的医疗。确保能够向国民提供高效医疗的制度建设也是此次医疗改革的目标之一。新《医疗法》规定，提供医疗服务应当与社会福祉制度等进行紧密配合，各地的医疗规划应当考虑辖区内各医疗机构的统筹分工与功能的相互协作。为了解决偏远地区医师不足的问题，新《医疗法》还规定都道府县各地方政府应设立地域医疗对策协议会以确保各地方医师的人员配置。

2011年之后,伴随着地方分权改革的推进,日本对新《医疗法》也进行了2次修改。修改的内容不多,主要是允许都道府县各地方政府可以根据自身的地方特点,制定新《医疗法》施行细则,为各地方居民提供符合地方实际状况的医疗服务。

三、日本卫生法律规制体系

日本的卫生法律体系性较强,构造也相对比较复杂。其包括一般法、医事特别法、行政命令、行政方针或通知、地方条例、判例、团体学会的自主规制行业规范等。根据表现形式,法律可分为不成文法与成文法。不成文法主要指判例;成文法根据制定的主体还可以分为国家法与自治体法。虽然在法理层面日本国家法与自治体法属于并列关系,但是根据《日本国宪法》第九十四条的规定,法律的效力要高于条例且条例的内容不得与法律相抵触。

(一)《日本国宪法》的最高准则

《日本国宪法》是日本规定基本人权保障和国家统治构造的最高法规。其第二十五条规定:全体国民都享有维持最低限度的健康和文化的生活权利。国家必须在生活的一切方面为提高和增进社会福利、社会保障以及公共卫生而努力。这就是《日本国宪法》关于"生存权和国家社会性使命"的规定。其中,公共卫生就涉及国民的健康。因此,本条奠定了日本整个卫生法律体系的基础和方向。

(二)《日本民法典》与《日本刑法典》的相关规定

在日本,与医疗卫生关联最紧密的民事法规定是《日本民法典》中的第415条和第709条。第415条规定:债务人未按其债务本旨履行或债务的履行陷入不能时,债权人可以请求由此产生的损害的赔偿。但该债务的不履行依照契约及其他债务发生原因与社会通常观念属不能归责于债务人的事由引起时,不在此限。在依上述规定可以请求损害赔偿的情形下,债权人于下述情况,能够以损害赔偿请求代替债务的履行:①债务的履行陷入不能时;②债务人明确表示拒绝履行其债务的意思时;③在债务基于契约而产生的情形下,该契约被解除,或依债务不履行发生契约的解除权时。第709条规定:因故意或过失侵害他人权利或受法律保护的利益之人,对因此产生的损害负赔偿责任。依据这2个法条,如果患者在就医的过程中相关权益被侵害,患者可以侵权或违约为由,要求医疗机构和医师等相关医务人员进行损害赔偿。

《日本刑法典》中与医疗关联性最强的条文当属业务过失致死伤罪。《日本刑法典》第211条规定:懈怠业务上的必要注意,因而致人死伤的,处5年以下惩役、监禁或者50万元以下罚金;因重大过失致人死伤的,亦同。当然,日本与我国不同,除《日本刑法典》之外还存在大量特殊刑法,与医事有关的犯罪规定还分布在不少特别法之中,例如,《克隆法》《关于器官移植的法律》等均含有刑事处罚的相关规定。

(三)行政卫生法

日本行政卫生法里面最为重要的就是前文所提及的《医疗法》。该法在日本整个卫生法律体系中占核心地位,是一部为了确保国家向国民提供医疗服务体制的行政法。该法系统性地规定了国家医疗保障的基本架构以及实施医疗的基本原则。在其统领之下,针对具体事宜,日本制定了大量医疗卫生法。根据内容,行政卫生法可以分为一般卫生法和特殊卫生法。一般卫生法适用于全体国民,而特殊卫生法仅适用于特殊的情况。

一般卫生法还可分为公众卫生法、医务卫生法及药务卫生法。

公众卫生法是指那些为了维持国民健康生活而规定了各种保障制度的法规。公众卫生法有为社会弱者提供支援和保护的保健卫生法规,比如《地区保健法》《母体保健法》《儿童福祉法》《老人保健法》等;有为了预防传染病的预防卫生法,比如《传染病预防法》《预防接种法》等;还有为了维持健康而进行环境保护的环境卫生法,比如《食品卫生法》《水道法》等。

医务卫生法是指规定了国民在受伤或生病之际,社会如何提供治疗帮助其恢复健康等各种制度的法规。医务卫生法既包括《医师法》《药师法》等针对医务工作者的法规;也包括针对医疗设施的相关法规;还包括《死体解剖保存法》等规定了支持保障制度的法规。

药务卫生法是指规定了如何有效管理和利用药品、毒品以及麻药等会对人体产生较大影响物质的各项制度的法规。药务卫生法既包括《药事法》《药剂师法》等规制药品制造、流通和管理的一般法规,也包括《毒物、剧毒物管理法》等规制毒物和剧毒物制造、流通和管理的法规,还包括《麻药及精神药取缔法》《大麻取缔法》等规制麻药及毒品的法规。

当然,除了上述的主要法律和法规之外,围绕医疗与卫生,日本有不少各地方制定的卫生条例和规则。中央和地方政府制定的行政指针和相关团体学会制定的行业规范也大量存在,虽然行政指针和民间团体的行业规范对医疗机构和国民并不具有强制性的拘束力,但日本人有较强的遵守规则的意识,因此,在整个卫生法律体系中,这些指针和行业规范对正式的法律法规能够起到很大的补充作用。正是这些法律、法规、条例以及指针和行业规范的有机结合,才共同保障了日本医疗卫生服务的高效运转。

四、日本卫生立法对我国的启示

综上，日本用法律体系强有力地规定了国家以及地方政府为国民提供医疗服务的义务，从而使得医疗机构和医务人员可以维持较高的医疗服务水准，患者可以自由享受到包括高端医疗机构在内的所有医疗机构的医疗服务。卫生法制对医务人员的规制主要集中在从业资格等方面，而对于医疗内容以及医患关系，则体现出重视医务人员的专业裁量权、行政尽量避免过多干涉的特点。此外，日本医疗制度之所以能够保持较高水准，得益于其拥有十分完善的医疗保险制度。正是这一点保证了日本国民不用担心因经济原因而导致有病看不起或因病致贫。①

中国的医疗保障在新中国成立后取得了长足的进步，但当下医患关系依旧紧张，医患纠纷多发，甚至有伤医事件的发生。他山之石可以攻玉，适当借鉴日本卫生法律规制的成功之处，可以获得以下几点启示。

第一，高水准的医疗服务离不开国家的大力投入。国家的卫生总投入费用是衡量一个国家卫生状况的有效途径之一。2016年中国卫生事业总投入占GDP的比重为6.2%，而日本政府多年来持续增加投入，在2014年就已达到GDP的10.2%。② 因此，我国应当进一步加大财政投入，提高医疗机构的硬件设施，促进高水平的医学科研，并进一步完善健康保险制度，进一步降低国民在医疗中的个人支付负担。

---

① 参见米村滋人：《医事法讲义》，东京：日本评论社2016年版，第31-32页。
② 参见《中国卫生总费用占GDP的比重上升至6.2%》，载腾讯健康网 http://health.qq.com/a/20170822/012876.htm，2018年12月30日访问。

第二,高水准的医疗服务离不开高素质的医务人员。整体而言,日本的医务人员专业水平高、服务态度好,这得益于日本的医学教育体系。日本是亚洲最先系统地建立现代医学教育体系的国家,医学院学制6年,教育质量高,在世界范围内享有盛誉。学生们入学竞争力大,但毕业执业后,即可成为社会的精英阶层,收入高且受人尊敬。因此,日本通过这种医学教育体制可以为国家源源不断地输送高素质医务人才。我国也应当适度提高医务人员的整体待遇,改善其工作环境,这样才能够吸引到优秀的年轻人从事医疗服务行业。

第三,高水准的医疗服务离不开完善的卫生法制。日本从1874年开始,就启动了卫生体制的法制化,经过多年的发展,已形成以《日本国宪法》第25条为引领,以《民法典》《刑法典》为两翼,以《医疗法》为主体,以其他法律、法规、条例以及指针和行业规范为补充的较为完善的法律保障体系。因此,我国应进一步加大医疗卫生的法制建设,尽量平衡好患者的医疗利益(以生命、健康权益为中心)、医疗决定的程序利益、医务专业人士的义务履行以及社会整体的一般利益。

(邓虹　高丽萍　刘建利)

主要参考文献

[1] 刘丽娜,邱家学. 浅谈美国突发公共卫生事件应急反应体系及启示[J]. 上海医药,2006,27(8):377-379.

[2] 黄建始. 从美国没有SARS大流行看美国的突发公共卫生事件应对体系[J]. 中华医学杂志,2003,83(19):1641-1643.

[3] 涂譞. 突发公共卫生事件应急管理体系研究:美国经验的审视[J]. 改革与开放,2011(4):88.

[4] 刘晓,俞志元.美国医院和区域卫生信息化发展及其对中国的借鉴[J].医学信息学杂志,2010,31(5):8-11.

[5] 贺蕾,徐玲,胡建平.基于HIMSS年会主题分析美国卫生信息化发展趋势及其对我国卫生信息化发展的启示[J].中国卫生信息管理杂志,2016,13(6):576-578.

[6] 高晋生,李囿松,王怀安,等.从美国医疗卫生现状探讨中国医疗改革[J].智慧健康,2018,4(12):12-13.

[7] 李琴,赵鹏飞,庞慧,等.NCCN指南在肿瘤学临床教学过程中的应用及临床价值研究[J].中国高等医学教育,2015(9):67-68,94.

[8] 谢斌.法国区域卫生规划模式[J].中国医院院长,2011(6):53.

[9] 岳颂东.法国医疗保险制度及其启示[J].管理世界,2000(4):44-48.

[10] 季英凯.日本应对突发公共卫生事件的经验及启示[J].群众,2015(3):79-80.

[11] 邓利君,吴俊,叶冬青.美国《大都市卫生法案》推动者:斯蒂芬·史密斯[J].中华疾病控制杂志,2019,23(3):369-372.

[12] 樊丽平,赵庆华.美国、日本突发公共卫生事件应急管理体系现状及其启示[J].护理研究,2011,25(3A):569-571.

[13] 赵霖,冯振翼,安建民.美国突发公共卫生事件应急管理体系一瞥[J].继续医学教育,2007,21(30):7-9.

[14] 淳于淼泠,程永明,骆兰.日本政府应对突发公共卫生事件的组织创新[J].现代预防医学,2007,34(13):2405-2406,2409.

[15] 张倩,陈英耀,应晓华.法国、德国、荷兰卫生技术评估发展历程及思考[J].中国卫生质量管理,2011,18(1):4-7.

[16] 邹长青,孙海涛,吴华章,等.法国大区卫生局行政体制改革研究[J].医学与哲学,2012,33(10A):51-53.

[17] 许涛,杨波,裘娜娜,等.法国卫生与社会保障制度与欧盟公共卫生政策[J].昆明医学院学报,2008(2B):286-290.

[18] 李枞.政治舞台的构建:法国公共卫生法案[J].医学与哲学,2012,33(10A):81.

[19] 伍凤兰.日本全民医疗保障制度的启示[J].卫生经济研究,2008(1):24-26.

[20] 钱永峰.日本医疗保障模式对完善我国医疗保障制度的启示[J].现代医院管理,2012,10(2):24-26.

[21] 张暄.全民皆保险:日本医疗保障制度探析[J].劳动保障世界,2017(26):9-10.

[22] 何佳馨.法、美健康保险法之模式及中国的借鉴[J].政治与法律,2009(12):138-144.

第八章

健康中国与卫生法展望

第八章

健康中国与
卫生法展望

第一节
健康中国的解读

习近平总书记在党的十九大报告中做出了"中国特色社会主义进入新时代"的重要论断以及实施健康中国战略的重要部署,这充分体现了以习近平同志为核心的党中央对健康中国建设的高度重视,为我们在新时代推动健康中国建设指明了方向。新时代健康中国战略是习近平新时代中国特色社会主义思想的有机构成,是马克思主义中国化的最新成果,是我们实现当代健康中国伟大战略过程中的有力的卫生法治思想武器。

一、健康中国建设上升为国家新战略

国民健康是国家可持续发展能力的重要标志,健康日益成为国际社会的重要议题。党的十八大以来,以习近平同志为核心的党中央将全民健康作为全面小康的基石,突出全民健康在实现全面建设小康社会过程中的战略地位,把发展卫生健康事业纳入"五位一体"总体布局和"四个全面"战略布局之中,全面深入实施健康中国伟大战略。十八届五中全会审议通过了《中共中央关于制定国民经济和社会发展第十三个五年规划的建议》,立足于维护全民健康和实现长远发展,树立了加快建设健康中国的新标杆,为更有效地满足人民群众的健康需求设计了创新型制度,彰显了党中央、国务院对健康中国战略的极度重视和坚定不移的信念。2016年8月19—20日,全国卫生与健康大会在北京召开。中共中央总书记、国家主席习近平在会上强调"没有全民健康,就没有全面小康",并总结概括了指导当代卫生与全民健康工作的

新 38 字方针,即"以基层为重点,以改革创新为动力,预防为主,中西医并重,将健康融入所有政策,人民共建共享。"2016 年 10 月 25 日,中共中央、国务院发布《"健康中国 2030"规划纲要》(以下简称《纲要》)。《纲要》围绕总体健康水平、健康影响因素、健康服务与健康保障、健康产业、促进健康的制度体系等方面设置了若干量化指标。据此,《纲要》提出了健康中国"三步走"的目标,即"2020 年,主要健康指标居于中高收入国家前列","2030 年,主要健康指标进入高收入国家行列"的战略目标,并展望 2050 年,提出"建成与社会主义现代化国家相适应的健康国家"的长远目标。《纲要》不仅明确了指导原则,还细致地阐述了战略重点、主要任务及保障措施。从"健康中国"概念首次提出,到上升为国家战略,再到《"健康中国 2030"规划纲要》落地,可以看到"健康中国"逐渐从抽象的概念变成清晰的行动指南。国家在上层建筑层面描绘了建设健康中国的宏伟蓝图,加快供给侧和需求侧的改革步伐,兼顾国家、个人和社会三个层面,形成政府统筹安排、个人享受健康权利及履行健康义务以及社会广泛参加的新局面,真正落实"将健康融入所有政策"这一目标。

二、党的十九大明确了健康中国战略

2017 年 10 月 18 日,习近平同志在党的十九大报告中提出实施健康中国战略,这是以习近平同志为核心的党中央从长远发展和时代前沿出发,坚持和发展新时代中国特色社会主义的一项重要战略安排,必将为全面建成小康社会和把我国建成富强民主文明和谐美丽的社会主义现代化强国打下坚实健康的根基。党的十九大对实施健康中国战略进行了全面、系统、周密的部署。党的十九大报告指出,人民健康是民族昌盛和国家富强的重要标志。要完善国民健康政策,为人民群众提供全方位全周期健康服务。深化医药卫生体制改革,全面建立中国特色基本医疗卫生制度、医疗保障制度和优质高效的医疗卫生服务体系,健全现代医院管理制度。加强基层医疗卫生服务体系和全科医生队伍建设。全面取消以药养医,健全药品供应保障制度。坚持预防为主,深入开展爱国卫生运动,倡导健康文明生活方式,预防控制重大疾病。实施食品安全战略,让人民吃得放心。坚持中西医并重,传承发展中医药事业。支持社会办医,发展健康产业。促进生育政策和相关经济社会政策配套衔接,加强人口发展战略研究。积极应对人口老龄化,构建养老、孝老、敬老政策体系和社会环境,推进医养结合,加快老龄事业和产业发展。把人民健康放在优先发展的战略位置是实施健康中国战略的根本要求。"大卫生、大健康"理念是实施健康中国战略的行动引领。新时代党的卫生健康工作方针是实施健康中国战略的基本遵循原则。中国特色卫生健康发展道路是实施健康中国战略的必由之路。

习近平总书记关于推进健康中国建设,增进人民健康福祉的系列重要论述,深刻回答了事关卫生健康事业长远发展的根本性、方向性问题,将维护国民健康同我们党全心全意为人民服务的根本宗旨、实现国家昌盛和民族复兴的宏伟目标、巩固长期执政基础紧密联系在一起,标志着我们党对人民健康重大价值和重要作用的认识达到了新高度,成为习近平新时代中国特色社会主义思想的重要组成部分。我们要把习近平总书记关于卫生健康工作的重要论述作为卫生健康工作的基本原则和行动指南予以长期坚持。

第二节 现行卫生法的特点

一、现行卫生法的立法特点

（一）立法立规促改革，卫生法律法规不断完善细化

随着卫生法律体系的逐步完善，卫生法逐渐发展成为社会主义法律体系中重要的部门法律。卫生法围绕维护公民健康权益这一核心内容，具有较强的专业性、科学性和技术性。卫生法立法工作与时俱进，根据医疗卫生事业发展的需要、经济社会发展形势创制法律规范，立法形式灵活务实，包括了立、改、废、释各种形式。第十二届全国人民代表大会常务委员会第十四次会议高票表决通过《中华人民共和国食品安全法（修订草案）》，该法于2015年10月1日起正式生效施行。该法突出了标准最严谨、监管最严格、处罚最严厉等特点，从源头上化解食品安全治理难题。第十二届全国人民代表大会常务委员会第十四次会议决定对《中华人民共和国药品管理法》做如下修改：删去第七条第一款中的"凭药品生产许可证到工商行政管理部门办理登记注册"；删去第十四条第一款中的"凭药品经营许可证到工商行政管理部门办理登记注册"；删去第五十五条；将第八十九条改为第八十八条，并删去其中的第五十七条；删去第一百条。[①] 2016年3月，国务院总理李克强签署第

[①] 参见《全国人民代表大会常务委员会关于修改〈中华人民共和国药品管理法〉的决定》。

666号国务院令,公布《国务院关于修改部分行政法规的决定》(以下简称《决定》),该《决定》第三十条对《中华人民共和国药品管理法实施条例》的多项条款进行了大幅度修改,不仅删除了药品生产、经营行政许可前置程序的要求,而且删除了关于药品价格的强制性条款,并基于简政放权的原则要求,及时修订了有关企业生产、销售药品实施 GSP 认证的内容。上述法律的修订也体现了"重大改革于法有据""立法要主动适应改革"的新时代法治精神。2019 年 12 月 28 日,第十三届全国人民代表大会常务委员会第十五次会议通过了《基本医疗卫生与健康促进法》,并于 2020 年 6 月 1 日实施。作为卫生与健康领域第一部基础性、综合性法律,该法旨在落实宪法关于国家发展医疗卫生事业、保护人民健康的规定。

(二)问题导向型制度完善成为卫生法治运行趋势新特点

盘点近十年的卫生法律制度建设进程,可以发现,随着我国卫生法律体系的完善,卫生法律行政法规层面的制度趋于稳定。卫生法的实施,以及基于实施形成的问题,反馈带动的修法乃至立法成为医药法律制度建设的主要议题。例如:为积极响应国务院深化简政放权的要求、推进"放管服"改革的步伐,原国家食品药品监督管理总局对涉及医药卫生行政审批制度等有关规章进行了清查,分别对《食品生产许可管理办法》《食品经营许可管理办法》《医疗器械生产监督管理办法》《医疗器械经营监督管理办法》《药品经营许可证管理办法》《互联网药品信息服务管理办法》《药品生产监督管理办法》《蛋白同化制剂和肽类激素进出口管理办法》8 部规章中与国务院行政审批制度改革中不一致的条款予以及时修改[①]。2017 年,为深入推进政府职能转变和行政审批制

[①] 参见《国家食品药品监督管理总局关于修改部分规章的决定》。

度改革,深化"放管服"改革,切实维护法制统一,依据国务院对于行政规章清查任务的要求,国家卫计委对现行有效的部门规章进行了全面清查,《医疗机构设置规划指导原则》等6个文件被清查。吉林长春长生公司问题疫苗案件是中国近十几年来在医药领域发生的极具影响的重大案件之一。此次药品管理法修改着重针对疫苗问题暴露出的漏洞、药品上市许可持有人制度和加快行政审批体制机制改革等问题进行规定解决,并积极反馈公众关心的民生问题。疫苗管理立法属于应急性立法,所以《疫苗管理法(草案)》将尚未体系化的有关疫苗的规定予以系统化和具体化,对研发、生产、运输、预防接种、不良反应反馈机制、损害救济机制、运行监管、法律责任等内容进行全面而完整的规定,增强了应对疫苗问题时的指向性、有效性和现实性,为我国的疫苗质量安全奠定了基石。

(三)中医药法治取得重大进展

2016年是中医药发展史上具有里程碑意义的一年。2016年2月,国务院印发了《中医药发展战略规划纲要(2016—2030年)》,其中把发展传统中医药提升到国家发展战略的层面,同时对我国传统中医药事业的现代化发展做出了明文规定。2016年8月,国务院批复同意建立中医药工作部际联席会议制度,由刘延东副总理亲自担任召集人。在新中国开启中医药高等教育60周年之际,国务院主持召开了中医药高等教育改革与发展大会,并评选表彰了60名中医药高等学校教学名师。2016年12月6日,国务院新闻办公室第一次发布了《中国的中医药》白皮书,系统阐述了我国对于传统中医药发展的相关政策内容及成果,揭示了传统中医药的文化底蕴和实用价值,展示了党和国家对发展传统中医药的高度重视,表达了矢志不渝发展传统中医药的信念和决断。2016年12月25日,全国人大常委会第二十五次会议审议表决通过了《中华人民共和国中医药法》(以下简称《中医药法》),并于2017年7月1日施行。配套制度建设是推动《中医药法》有效实施的重要保障。2017年12月实施的《中医诊所备案管理暂行办法》和《中医医术确有专长人员医师资格考核注册管理暂行办法》使得《中医药法》的配套行政规章生根发芽,有利于《中医药法》的贯彻落实,推动了传统中医药事业的蓬勃发展,使传统中医药服务释放出强大的生命力,有效保障了人民群众的健康。

二、现行卫生法的执法特点

(一) 卫生法的实施体现出鲜明的政策性色彩

在卫生法实施的各具体领域,体现出鲜明的政策化特征。不仅各种具体措施是以政策形式发布的,而且总体规划和专项行动均以政策方式落实。2016年12月26日,国务院医改办、国家卫生计生委等8部门联合印发了《关于在公立医疗机构药品采购中推行"两票制"的实施意见(试行)》,并在全国推行,2017年1月9日,国务院发布了《"十三五"深化医药卫生体制改革规划》,旨在全面深化医药卫生体制改革,推进健康中国建设。2017年1月10日,国务院发布了《"十三五"卫生与健康规划》(以下简称《规划》),《规划》提出,到2020年,覆盖城乡居民的基本医疗卫生制度基本建立,实现人人享有基本医疗卫生服务。2017年2月9日,国务院办公厅发布了《关于进一步改革完善药品生产流通使用政策的若干意见》,该意见对于药品生产、流通、使用三个环节提出了指导建议,对加快医药产业结构转型升级具有较高的参考价值。《关于加强公立医院党的建设工作的意见》的主要内涵是建立健全现代化的医院管理制度,落实新时代卫生与健康工作方针,推动健康中国战略的实现;《国务院办公厅关于促进"互联网+医疗健康"发展的意见》勾画了"互联网+医疗健康"的复合型发展模式,并且提出了两者交互发展的一系列展望;《医疗卫生领域中央与地方财政事权和支出责任划分改革方案》则从公共卫生、医疗保障、计划生育、能力建设四个方面规定了在卫生领域中央与地方财政事权和支出责任。

(二) 卫生法在实施中落实于标准体系上

医疗卫生标准是中国卫生政策法规的重要组成部分,是医疗和公共卫生实践的政策指引。医疗卫生标准由临床医疗技术规范和国家卫生标准两个部分组成,是标准和技术类政策主体。在制度的细化过程中,卫生标准、卫生规范的制定成为卫生法实施的一个重要表现形式。为了强化卫生标准设立,健全卫生标准机制,推动卫生标准执行,2014年《国家卫计委办公厅关于印发卫生标准工作五年规划(2014—2018年)的通知》(国卫办法制发〔2014〕40号),重点制定信息标准、职业卫生标准、放射卫生标准、医疗机构管理标准、医疗服务标准、医院感染控制标准、护理标准、临床检验标准、血液标准、营养标准、消毒卫生标准等项目。例如,2014年先后发布了《国家卫生计生委关于发布〈慢性病监测信息系统基本功能规范〉》(国卫通〔2014〕1号)、《关于发布推荐性卫生行业标准〈从业人员预防性健康检查沙门菌、志贺菌检验方法〉的通告》(国卫通〔2014〕3号)、《关于发布〈电子病历基本数据集第1部分:病例概要〉等20项卫生行业标准的通告》(国卫通〔2014〕5号)、《国家卫生计生委关于发布〈医疗机构患者活动场所及坐卧设施安全要求 第1部分:活动场所〉等2项强制性卫生行业标准的通告》(国卫通〔2014〕6号)等多项标准。

(三)食品药品监管法治建设稳步推进

《关于全面加强食品药品监管系统法治建设的实施意见》的印发,确立了全系统法治建设的总体目标;《全国食品药品监管系统法治宣传教育第七个五年规划(2016—2020年)》的出台,对系统法治宣传教育工作进行了全面部署;《疫苗流通和预防接种管理条例》的修订,建立了疫苗全程追溯法律制度;《网络食品安全违法行为查处办法》的发布,明晰了网络食品违法行为查处的职责和要求。过去的数年间,相关监管部门认真贯彻落实党中央、国务院工作要求和改革部署,以信息公开为突破口,增大和加快食品药品检查、抽样检验的范围和频率,严厉查处食品药品领域的违法犯罪行为,在第一时间公开抽检结果、公开检查结果、公开案件查处结果,维护消费者权益,震慑违法犯罪者,约束执法者的行为,促进社会诚信体系的建设。2018年药品审评审批制度继续深化改革,多种新药获批上市销售,仿制药品质与效果得到进一步的保障,药品上市许可持有人制度试点工作初见成效;现场检查力度不断加大,有效发挥了药品监督抽检和风险监测作用,药品安全风险防控关口进一步前移;妥善处理长春长生疫苗案件,对45家疫苗生产企业全面排查风险,推进完善疫苗监管长效机制;国家药监局成功当选国际人用药品注册技术协调会(ICH)管理委员会成员,药品监管国际话语权不断提升。

(四)医药领域反垄断不断升级

药品和医疗器械是特殊商品,关系到人民群众的生命与健康。国家发改委针对医药健康领域屡禁不止的价格横向垄断问题,加大行政执法工作力度,督促医药健康领域建立公平合理的竞争秩序,有效保障消费者的正当权益。2016年以来,国家发改委价监局共公布三起药品和医疗器械领域反垄断执法案件,重点督查药品和医疗器械领域。从2016年1月依法查处别嘌醇片垄断协议案,到2016年7月依法查处艾司唑仑垄断案,再到2016年12月依法查处美敦力价格垄断案。另外,2016年12月12日,国家工商总局发布2016年12号竞争执法公告,重庆西南制药二厂有限责任公司因原料药垄断,被立案调查,没收违法所得,并处2015年度销售收入1%的罚款。2017年12月25日,国家发改委网站集中发布了9起地方政府部门纠正滥用行政权力排除、限制竞争行为的案件,其中有3起就是与医药销售领域密切关联的。在这3起案件中,地方政府部门均接受了发改委的反垄断调查,且均被认定涉嫌违反《中华人民共和国反垄断法》,并承担相应的行政责任。2018年1月发布的《国家卫生计生委办公厅关于征求我委现行政策措施文件排除限制竞争情况意见的函》,表示国家卫生计生委清理曾经制定的含有地方保护、指定交易、市场壁垒等内容的相关政策。2018年,新组建的国家市场监督管理总局频频发力,惩处原料药垄断行为,旨在净化医药市场,保证药品正常供应。成都华邑药用辅料制造有限责任公司、四川金山制药有限公司、广东台山新宁制药有限责任公司三家冰醋酸原料药生产企业也因共同实施价格垄断,抬高原料药销售价格,被依法处罚,罚没共计1283.38万元。

(五)积极构建食品药品行政执法与刑事司法衔接工作机制

2015年12月,为深化食品药品行政执法工作与刑事犯罪司法审判工作的有效结合,加大食品药品领域内违法犯罪的打击力度,维护好广大人民群众生命健康与安全,按照中央深化改革相关工作安排,2016年,国家食品药品监督管理总局、公安部、最高人民法院、最高人民检察院、国务院食品安全委员会办公室共同研究制定了《食品药品行政执法与刑事司法衔接工作办法》。该办法适用范围包括各级行政主体办理的食品（含食品添加剂）、药品、医疗器械、化妆品等诸多领域内涉嫌的违法犯罪案件。为进一步完善卫生计生领域行政执法与刑事司法衔接工作机制，2017年1月四川省检察院、公安厅、卫计委联合印发了《四川省卫生计生行政执法涉嫌犯罪案件移送标准》。该标准对医疗事故罪、非法行医罪、故意伤害罪、组织出卖人体器官罪等14个涉嫌犯罪罪名，根据违法行为、行政处罚相关规定、移送标准、移送依据四个方面进行梳理，将行政执法中出现的违法情形、处罚依据和标准与《刑法》《刑事案件立案追诉标准》等相关司法解释一一对应，形成普遍适用、操作性强的"两法衔接"工作指引，为及时移送、规范移送提供了依据，有助于更加有效地打击违法犯罪行为。

三、现行卫生法的司法特点

（一）司法解释让相关法律更具指引性

2014年3月15日实施的《最高人民法院关于审理食品药品纠纷案件适用法律若干问题的规定》共18条，主要规定了如下几个方面的内容：知假买假者仍可以获得赔偿；对于赠品瑕疵，食品、药品生产者、销售者亦须承担责任；在违约情况下，消费者对因果关系初步证明的规则；食品、药品瑕疵认定规则；开办者、出租者、举办者责任；网络交易平台提供者责任；广告经营者、发布者、广告中推荐人的连带责任规则；认证机构虚假认证责任；民事赔偿责任优先规则；损害赔偿请求权与惩罚性损害赔偿请求权并存规定；格式条款内容无效规则；消费者协会提起公益诉讼规则。

2014年12月1日颁布的《最高人民法院、最高人民检察院关于办理危害药品安全刑事案件适用法律若干问题的解释》共17条,主要规定了以下几个方面的内容:对现实中长发、频发且社会危害性较为严重的生产、销售假药的行为类型予以细化和归纳,确定了应当酌情从重处罚的情形;明确了从生产、销售假药罪的构成要件上来认定的"其他严重情节"和"特别严重情节";明确了生产、销售假药、劣药罪中"生产"的含义以及"生产、销售金额"的认定标准;确定了对医疗机构及其工作人员等具有特殊身份主体的从严惩处;明确了非法经营行为中经营危害药品的定罪量刑标准以及生产、销售伪劣产品罪、诈骗罪等罪名在危害药品安全领域中的法律适用问题。

2017年12月14日施行的《最高人民法院关于审理医疗损害责任纠纷案件适用法律若干问题的解释》,是最高人民法院深入贯彻落实党中央和习近平总书记重要讲话精神内涵,加快新时代健康中国战略建设,积极构建和谐医患关系和医疗机构,维护好广大人民群众身心健康的有力抓手。该解释共26条,分别对医疗损害责任的适用范围、诉讼主体、证据与举证责任、医疗损害鉴定、不能取得患者近亲属意见的具体情形、惩罚性赔偿的适用、残疾赔偿金与死亡赔偿金等问题,做出了详细的规定。该解释的最大亮点就是科学地协调了权益保护与自由维护的关系,具有很强的可操作性,解决了医疗损害责任案件审理中的争议性问题,充分贯彻落实了党的十九大报告提出的"保护人民人身权、财产权、人格权"的要求。

为依法惩治药品、医疗器械注册过程中申请材料造假等犯罪行为,2017年8月14日出台的《最高人民法院、最高人民检察院关于办理药品、医疗器械注册申请材料造假刑事案件适用法律若干问题的解释》能有效打击注册申请过程中的造假违法犯罪行为,保障药品、医疗器械的质量与使用性能;同时按照规定,药物研发的工作人员,故意提供虚假的药物非临床研究报告、药物临床试验报告及相关材料的,应当认定为触犯了《刑法》第二百二十九条,即提供虚假证明文件的规定。

（二）司法机关严厉打击食品药品违法犯罪

《刑法修正案（九）》规定：聚众扰乱社会秩序,情节严重,致使工作、生产、营业和教学、科研、医疗无法进行,造成严重损失的,对首要分子,处三年以上七年以下有期徒刑;对其他积极参加的,处三年以下有期徒刑、拘役、管制或者剥夺政治权利。2016年9月29日,最高人民检察院印发了《关于全面履行检察职能为推进健康中国建设提供有力司法保障的意见》。该意见强调要大力打击涉医违法犯罪行为,已经明文规定利用互联网等媒体诽谤、侮辱、陷害医务工作者的行为已经是触犯刑法的行为,依法需要承担刑事责任,从而保障正常医疗秩序和医务人员人身安全。此外为进一步依法惩处非法行医等行为,保障公民身心健康和生命财产安全,2016年12月12日最高人民法院审判委员会第1703次会议通过《最高人民法院关于修改〈关于审理非法行医刑事案件具体应用法律若干问题的解释〉的决定》的修正案。为保障医务人员人身安全,维护人民群众合法权益,营造安全有序的诊疗环境,最高人民法院、国家卫计委等9部门决定自2016年7月起,在全国范围内开展为期一年的严厉打击涉医违法犯罪专项行动,坚决遏制涉医违法犯罪案件多发势头。2017年6月,国家卫生计生委、公安部、国家中医药管理局制定了《严密防控涉医违法犯罪维护正常医疗秩序的意见》,其目的在于保障正常诊疗活动,严厉打击涉医违法犯罪活动,保护医务工作者的生命健康安全,构建良好的诊疗环境,方便广大人民群众就医。在审判工作中,人民法院始终坚持对暴力杀医、伤医等严重涉医犯罪行为依法从严惩处。2017年2月23日,最高人民法院、国家卫计委联合召开新闻发布会,通报人民法院审理涉医违法犯罪活动、保障正常诊疗行为的有关内容,同时公布5起涉医犯罪典型案例,分别是卢德坤故意杀人案、贺正平故意杀人案、王兴臣故意杀人案、向冰豪等故意伤害案、宋全喜等聚众扰乱社会秩序案。2018年9月,国家发展改革委、人民银行等多个部门联合签署了《关于对严重危害正常医疗秩序的失信行为责任人实施联合惩戒合作备忘录》,明文规定:因组织或实施涉医违法犯罪行为的,或是因为此类行为被公安机关处以行政拘留以上处罚的,以及因严重危害正常医疗秩序而被司法机关追究刑事责任的个人将被予以联合处罚。由此可知,创立制度化、常态化追责机制,加快医疗纠纷预警与应对机制的建设,将更有利于打击涉医违法犯罪活动。

(三)司法机关重视典型案例判决的导向作用

(1) 2014年人民法院十大民事案件之一:无锡市已故夫妻冷冻胚胎权属纠纷案。2014年9月17日,江苏省无锡市中级人民法院对我国首例已故夫妻冷冻胚胎权属纠纷案做出终审判决,即撤销了原一审法院判决,支持了上诉人一审原告的诉求(获得去世儿子、儿媳冷冻胚胎的监管权和处置权的诉求)。这是一个标志着人情与伦理胜诉的典型案例。在本案中,一审判决认定该受精胚胎属于具有潜在发展为生命的特殊之物,不能像一般物品一样任意转让或继承,所以不能成为继承标的,二审判决支持当事人的关于血缘传承的身份利益主张,否定卫生行政管理部门有关规范的强制效力,具有重要的理论意义和实践价值。

(2) 2014年人民法院十大刑事案件之一:浙江温岭杀医案。在2014年的刑事案件中,浙江温岭杀医案无疑是一起令人心情最为沉重的案件。2013年10月25日,被告人连恩青因对治疗效果不满意,闯入温岭市第一人民医院持刀行凶,致一死一重伤。2014年4月1日,浙江省高级人民法院对浙江温岭杀医案进行了二审并且公开宣判,判决驳回被告人连恩青的上诉请求,维持原一审死刑判决,并依法报请最高人民法院核准死刑判决。被告人的杀人行为危害后果不限于已造成一死一重伤的严重的直接后果,而且还造成极其严重的间接后果,即给成千上万的医生、护士及其家庭造成严重的心理恐惧,打击了医务工作者的工作积极性。

(3) 2015年最高人民法院首次发布十大行政不作为典型案例,其中一例就是艾立仁诉沈阳市卫生和计划生育委员会行政不作为案。本案中,市卫计委经过细致调查发现该涉案医院并没有按照规定实行手术分级诊疗的制度,遂应当责令其立即纠正,并及时采取相应的补救措施,但却对当事人的申请做出涉案医院不存在违规行为的答复,这显然违反了有关行政法律法规,因此人民法院判决其重新做出具体行政行为,合法合理。本案二审判决对法院处理类似案件有示范作用。本案典型意义在于:通过对卫生行政主管部门处理医患纠纷的法定职责进行司法审查,对依法保障患者权益有积极作用。

(4) 2017年人民法院十大刑事案件之一:山东非法疫苗案。在缓刑中的被告人庞某,在不具备经营条件的情况下,再次非法经营疫苗等药品,向国内多地销售;被告人孙某在明知非法的情况下参与销售相关疫苗。济南市中级人民法院以非法经营罪判处庞某有期徒刑十九年,没收个人全部财产;对孙某判处有期徒刑六年,没收个人财产共计743万元。山东省高级人民法院二审裁定维持原判。人民法院依法认定庞某犯非法经营罪,并对其顶格判刑,与其前罪刑罚有期徒刑六年并罚,决定执行有期徒刑十九年,表明了司法机关严惩此类犯罪的坚强决心,对于遏制此类犯罪的滋生蔓延有标本意义。刑法具有谦抑性,其不能像行政法那样及时起到惩罚犯罪、保障人权的作用,因此要积极构建事前预防犯罪的相应机制,方能实现刑法的规制作用。

2018年4月,司法部发布三个司法鉴定指导案例,分别为同卵双胞胎的DNA鉴定、医疗损害责任纠纷鉴定和法医精神病鉴定,属于常见但相对疑难复杂且易引起争议的鉴定事项,用于指导医疗损害责任纠纷等鉴定。2018年12月25日,最高人民检察院发布十大公益诉讼典型案例,用来指导食品药品领域的公益诉讼案件。其中有四起隶属于食品药品领域,包括宁夏回族自治区中宁县校园周边食品安全公益诉讼案、北京市海淀区网络餐饮服务第三方平台食品安全公益诉讼案、湖南省湘阴县虚假医药广告整治公益诉讼案、福建省闽侯县食用油虚假非转基因标识公益诉讼案。2018年11月16日,最高人民法院公布了2008—2018年中国法院十大反垄断民事诉讼案件,其中,北京锐邦涌和科贸有限公司诉强生(上海)医疗器材有限公司、强生(中国)医疗器材有限公司纵向垄断协议纠纷上诉案涉及医药领域的反垄断诉讼,审判相关反垄断案件时可供参考。

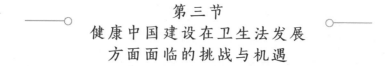

第三节 健康中国建设在卫生法发展方面面临的挑战与机遇

一、健康中国建设在卫生法发展方面面临的挑战

在目前卫生法律体系初步完备的情况下,卫生法治建设面临的问题主要体现在卫生法律的实施过程中,但根源还是立法质量的问题。

(一) 卫生立法的碎片化,导致卫生法难具有权威性

卫生立法工作较为被动,缺乏应有的前瞻性,一些重要立法呈现应急性、临时性的特征;立法缺乏系统性和协调性,不同部门的相关立法甚至相互冲突。我国卫生立法是在"成熟一个、制定一个"的方针指导下制定出来的,法律之间不可避免地存在诸多不自洽的情况,尤其是缺少一部卫生基本法;卫生体制的改革与完善、卫生行政监管机制、政府卫生财政支出等重要内容均缺乏规定。在立法指导思想层面上,当前实行的多部门共管原则尚存,"多头立法"现象屡禁不止,这导致相应的卫生法律法规内容空泛,条文逻辑结构混乱,各项规定又不甚严密,为卫生行政执法工作带来了不小的困难。此外,在卫生法律法规与实施细则之间、原则规定和具体措施之间没有配套。由于欠缺法律所具有的体系性,频频出现的法律漏洞以及法律冲突导致执法的困惑难以解决。

(二) 卫生法治建设面临许多新问题和新挑战

法治进步离不开观念更新,卫生法治理念尚需要适应新的社会形势;实现卫生治理体系和治理能力现代化的任务还很艰巨。现存的卫生执法领域尚未树立保障公民身心健康的终极目标,卫生法律关系中公民的权利与义务尚未明确,社会化卫生行政监督机制尚未确立。在国内立法层面,我国的健康权研究尚未形成体系。世界首例免疫艾滋病的基因编辑婴儿事件引发全球科学界对基因编辑婴儿及科学伦理的关注与讨论。权健保健帝国纠纷和2018年初的鸿茅药酒所在地警方抓捕质疑鸿茅药酒疗效谭秦东医生等事件,再次暴露出保健品生产销售的乱象,再现了社会健康管理软肋。经济发展进入新常态,互联网等新兴信息技术快速发展,要求卫生与健康领域加快转变发展方式,创新

服务模式和管理方式。此外,制约卫生与健康事业改革发展的内部结构性问题依然存在。

(三)卫生法实施凸显空洞性

纵观近年的卫生法实施情况,各种具体措施以政策形式发布,总体规划和专项行动均以政策方式落实,突击性和短视性明显,莽动一阵过后往往故态复萌、依然故我。法律规定在实施中则凸显空洞性,指导性强而约束性弱,难操作,难落地,权威性不高。魏则西事件揭开医疗信息搜索黑幕,虚假医疗宣传监管亟须补位;罗尔事件暴露互联网慈善灰色地带,善良不该被消费;各地校园频现"毒跑道",国家标准要与时俱进;"丢肾门""纱布门"一再破坏医患关系,涉医失实报道何时休。另外,在容易细化和规范化的方面,卫生法在实施中体现出相反的特征,即成熟制度的法化趋势明显,低位阶法律规范文件替代高位阶法也是突出的表现。

(四)严格执法与执法机关能力之间的矛盾

卫生立法工作的发展使我国卫生社会关系领域主要的、基本的方面已经有法可依了,但总体上卫生法律法规的执行情况不尽理想,其中的重要原因之一是执法机关的状况不适应执法工作的需要,主要表现为财政保障不到位、执法体制不顺、执法手段落后、执法力量严重不足。当前医药卫生执法领域的需求与建设社会主义经济、政治、文化、社会、生态文明之间以及落实全面依法治国的实际需求之间尚存在较大差异,尤其是基层食品药品安全监管执法体制变化频繁,"N合一"后对人心稳定有一定影响,执法的专业化素质难以保证,执法效果有待科学评估。随着行政审批制度改革的进一步深化,将有越来越多的行政审批事项被取消或者下放。取消行政审批后如何实行后续监管,如何防止出现"一放就乱"等现象都是基层监管部门面临和需要解决的问题。

（五）公民卫生法律意识较为淡薄

从表面上看，卫生事业中存在的问题是因为法制不健全，其实在更深层次上，反映出我国公民在对待卫生法律的态度上存在问题，由于缺乏相关法律法规的指引作用，使公民在面对这一类问题时会感到迷茫和难以抉择。如果相关法律法规以及配套制度得到建立与完善，并且公民都自觉知法、守法、用法，维护法律的权威，那么这必将有利于公民卫生法律意识的进一步加强。目前，日益紧张的医患关系产生的原因之一就是公民卫生法律意识尚未确立，还没有适应积极利用法律工具来保障自身合法权利，并且尚不能领会十八届四中全会推出的"全面依法治国"的核心内涵，转换自身的传统思维方式。于是就产生了形形色色的暴力伤医、杀医案件，如此一来就不能体现"法治中国"对于提升公民法律素质的要求。

二、健康中国建设在卫生法发展方面面临的机遇

（一）健康权是实施健康中国建设的法治基础理论

目前，国际社会普遍认同健康权是公民的一项基本人权，并且该项权益应得到大多数国家的尊重、保护和实现。自从世界卫生组织宪章首次规定公民健康权后，健康权的相关内容就在《世界人权宣言》《儿童权利公约》《经济、社会和文化权利国际公约》《清除一切形式种族歧视公约》等各种国际性人权文件中得到了具体体现。在国际人权法中，《经济、社会和文化权利国际公约》（以下简称《公约》）的有关条款全面地规定了健康权，根据经济社会和文化权利委员会第14号一般性意见对健康权的解释，可知健康权是一种客观上可提供、实际上可获得、文

化上可接受的并与公民身心健康有关的设施、物品、条件和服务以及健康的内在决定因素的无歧视性的基本权益。基于世界卫生组织宪章和《公约》的规定,健康权主要涉及两大部分:一是卫生条件领域,包括职业卫生、足够的卫生设施、干净的饮用水、足够的食品、免受歧视、职业健康教育和防护等;二是医药卫生保健领域,包括食品卫生保健、传染病的预防接种、医药保健、母婴卫生保健、基本药物保障等。依据《公约》第十二条的规定,各个缔约国要能够有效保证每个公民在患病时可获得最基本的治疗,维护公民的身心健康。我国宪法已经明确将健康权规定为一项基本人权,例如,公民在患病时有权从国家和社会获得医疗照护、医疗救助、物质给付和其他服务等。2019年12月28日通过的《中华人民共和国基本医疗卫生和健康促进法》的立法宗旨就在于为公民健康权提供全面的法治保障,实现全民健康。该法第四条明确规定:国家和社会尊重、保护公民的健康权。该法第五条规定:公民依法享有从国家和社会获得基本医疗卫生服务的权利。上述规定是我国宪法原则性规定在健康法治领域的发展和升华,为健康中国战略提供了一个基础性的法律概念,具有重要的理论价值和现实意义。

(二)健康中国建设须以医疗卫生法治化为制度保障

医疗卫生事业只有得到国家层面的法律保障才能够持续健康发展。当前,既然健康中国战略已成为国家重要战略,在法律制度方面应当有相应的顶层设计。然而,目前几乎所有主要的医疗体制改革措施都停留在国家方针政策层面,基本医疗卫生法律制度的缺位,使得宪法确定的公民健康权无从落实。医疗卫生体制改革与发展需要卫生法律体系作支撑,需要把医疗卫生改革与发展的方针政策法律化,域外经验也成功表明德国、英国、法国、日本等许多国家相继采取立法的形式将基本医疗卫生等社会保障制度法律化、体系化、规范化,并通过法律推行相应的卫生改革,以健全的法制为基础,建立和完善国家医疗卫生福利制度。在法治中国和健康中国建设中,上述经验值得借鉴,我国新医改政策也应当通过相应的法律供给来推进医疗体制改革持续、稳定、纵深发展,使基本医疗卫生制度法律化、体系化、规范化,推动全国基本医疗卫生服务保障的健康发展。

就目前而言,随着健康中国战略的出台,应当依据宪法的有关条款,通过顶层设计全面规划建设医药卫生领域的法律。事实上,新医改为《中华人民共和国基本医疗卫生和健康促进法》(以下简称《基本医疗卫生和健康促进法》)的出台提供了新的契机,实现全民医保、落实基本药物保障供应系统、完善各级分级诊疗制度、建立现代化医疗机构管理体制机制等内容正在如火如荼地进行中,所以深化医疗卫生体制改革急需《基本医疗卫生和健康促进法》为其添砖加瓦。《基本医疗卫生和健康促进法》是公民健康保障的基本法律,能够在推进医药卫生领域法制建设中起到根基性、综合性的作用。

第四节 卫生法的展望与建议

如何以法治思维明晰医疗卫生改革发展思路,如何以法治手段保障医疗卫生事业健康发展是健康中国建设面临的一项重要时代命题。我们要始终贯彻习近平新时代中国特色社会主义思想,深入领会新时代健康中国战略法治思想精神实质,进一步理清发展思路、完善发展举措,为健康中国战略的实施提供法治保障。

一、中国卫生法发展的展望

（一）把人民健康放在优先发展的战略地位

习近平总书记关于健康中国战略、健康、人民健康权益等健康中国战略的重要论述，是健康中国战略的重要指导思想。习近平新时代健康中国战略重要论述的核心要义是以人民为中心，以健康为根本，把人民健康放在优先发展的战略地位，完善国民健康政策，全方位、全周期地保障全民健康，为实现中华民族伟大的"中国梦"奠定坚实的健康根基。习近平总书记强调"以提高人民健康水平为核心""没有全民健康，就没有全面小康"的论述，是对健康权是一种基本人权的高度概括，认为促进健康、增进人民的健康权益是实现小康社会的基础。习近平总书记指出的"要把人民健康放在优先发展的战略地位"具有深刻的法理底蕴。健康权作为一项复合型权利，既有自由权的一面，也有公法权的一面，还有社会权的一面。由于健康权具有潜在的社会化属性，所以《基本医疗卫生和健康促进法》的精髓就是明确公民健康权的合理范围以及恰当确定国家和政府在提供基本医疗卫生服务方面的基本义务，从而保障好公民固有的健康权利并且实现健康中国的伟大战略。推进健康中国建设，既要提升全民健康的公平性与可及性，维护好全体人民的基本健康权益，又要提高全民健康的水平和质量，让更多的人民群众分享到医疗卫生改革发展的新成果。健康权是实施健康中国建设的法治基础理论，同时健康权的法律保障要根据社会、经济和科技发展而不断提高。为了保障公民健康权的实现，国家要在医疗费用、医疗设施、药品保障、医疗人力、公共卫生等方面履行一系列积极义务。人民健康优先原则要落地生根，还需要通过法律途径实施，从制度上保证将健康纳入所有重大决策。在做出经济社会重大决策时要经过健康评估程序，而这些评估程序、评估制度要有相应的法律程序和法律制度予以保障。

（二）应健全卫生法律体系

卫生立法要与医疗卫生事业的发展相适应，力争基础理论术研究扎实，基本核心问题形成正确的共识。例如，《基本医疗卫生与健康促进法》规定了国家和各级政府为实现公民健康权应承担的职责和义务。在此基础上，致力于卫生法的废、改、立进程。由于前一阶段中国还没有卫生基本法律，所以各类卫生法律、法规之间缺乏合理的连接机制。随着《基本医疗卫生与健康促进法》的颁布实施，必将提高执法依据的权威性。此外，2019年修订的《中华人民共和国药品管理法》联系了现阶段医疗卫生、医药器械领域的运营现状，领会了国务院"放管服"改革的精神内涵，重视各项法律制度在药品监管改革过程中的推动和保障作用；完善了药品注册法规标准体系，加快推进了《药品注册管理办法》等一系列规章制度的制订和修订；针对药品标准、标签和说明书、检查、行政处罚、召回、信用治理、行业禁入等，出台相关的规章或规范性文件；推动了《全国人大常委会授权开展部分药品专利期补偿制度试点和探索建立药品专利链接制度的决定》的出台。要全方位推动《中华人民共和国中医药法》（以下简称《中医药法》）的实施，在全国范围内实行中医药传统知识保护条例、中医药学术传承项目以及中医药传承人制度等。

（三）加强卫生行政执法，维护群众合法权益

要及时促进政府职能的转变，加快医药卫生事业发展监管模式的改革，提升医药卫生领域的行政监管能力，建立法治化和规范化监管体

制机制，积极促进权责分工明确、操作规范、运行高效的多元化长期监管机制的建立和健全。加强医疗卫生服务行业秩序监管；加强健康产业监管，建立健全覆盖健康产业全链条、全流程的包容、审慎、有效监管机制。药监系统要加强依法行政，努力实现药品的严格监管。强化疫苗的监管，推动行政执法队伍的素质以及能力建设，强化疫苗生产研发批号审批制度，加强对疫苗生产、运输、注射单位的常规化检查，多个行政部门之间要联合办案，加大对疫苗类违法犯罪行为的查处以及审判力度，将此类违法犯罪的行为扼杀于萌芽状态，并且把执法工作和司法审判工作紧密地联系起来，将追究违法犯罪的责任落实到个人，使违法犯罪者必须依法承担相应的法律责任。注重药品监管法规政策与市场监管法规政策、医药产业法规政策、卫生法规政策的联动；注重体现从监管向治理的转型，着力夯实企业主体责任。

（四）培养公众的卫生法治理念

卫生法律意识是卫生法实施的基础，也是影响卫生执法的重要因素。法律的生命力在于实施，法律的权威也在于实施，因此一旦医药卫生领域的相关法律法规已经出台，就需要各级行政机关通过各种形式进行广泛的宣传，加大相关领域的普法力度和宣传教育，提升公民遵纪守法的意识。相关行政人员需要认真接受卫生法律法规的培训，领会卫生法律法规的精神内涵，将思想寓于行动之中，积极学法、用法、守法，成为卫生法领域内学法、守法、用法的主力军。在此基础上，促进公众形成自觉守法的意识、主动维护法律的观念，以及履行健康保障权利和义务的实际行动，并使其成为卫生法律实施的基础和根本动力。

二、对中国卫生法发展的建议

我们要重视医疗卫生法治工作与深化改革工作之间的内在联系，

积极推动法规和制度的修订完善,做到重大改革于法有据,确保在正确的健康法治轨道上进一步推进改革大业。在今后一段时期,我们应贯彻实施《基本医疗卫生与健康促进法》,为卫生改革与发展保驾护航。

(一)应坚持走中国特色卫生与健康发展道路

第一,遵循正确的卫生与健康工作方针。医疗卫生事业方针在不同时期都有变化,具有较强的政策性。这些方针都经过较长时期的实践,也反映了我国医疗卫生事业的发展规律和新时期的工作重点,如农村(基层)为重点、预防为主、防治结合、中西医并重等。新时代我们要坚持"以基层为重点,以改革创新为动力,预防为主,中西医并重,将健康融入所有政策,人民共建共享"的方针。新时代的卫生与健康工作方针既与我们党长期以来的卫生工作方针一脉相承,又反映了我国医疗卫生事业发展的规律,体现了新时代卫生与健康工作重点。该方针认为卫生与健康是等量齐观的,彰显了当代中国医药卫生工作的必然要求与终极目标,并且也拓宽了该方针的适用领域,所以将之作为中国新时代医药卫生工作的指导方针。

第二,遵循大健康发展新理念。健康中国战略是在新的历史时期和社会条件下出台的,具有全新的健康理念——大健康理念。大健康理念是在总结历史经验教训,基于现代医学理论发展而形成的新健康理念。大健康理念是实施健康中国战略的行动引领。新时代医疗卫生事业的发展要积极推进卫生与健康发展模式的转型,建构大健康、大卫生、大社会等发展新理念,从"以治病为中心"转型到"以健康为中心",贯彻实施《基本医疗卫生与健康促进法》,通过法律手段确立大健康新理念,从法律上明确个人、社会、国家各自的职责,为全方位全周期维护人民健康提供法制保障。

第三,遵循卫生与健康事业公益性的特点。习近平总书记指出:要毫不动摇把公益性写在医疗卫生事业的旗帜上,不能走全盘市场化、商业化的路子。卫生与健康事业是维护生命、预防和治疗疾病、促进健康的有组织的社会活动,具有公益性质。新时代下,遵循卫生与健康事业公益性的特点是我们党在卫生与健康领域落实全心全意为人民服务宗旨的具体体现。

(二)建构有中国特色的基本医疗卫生制度

十九大为"新医改"描绘了新的发展蓝图,着眼于基本医疗卫生制度性建设。习近平总书记明确指出:要深化医药卫生体制改革,全面建立中国特色基本医疗卫生制度。为了加快全面推动中国特色基本医疗卫生制度体系建立与完善的步伐,应通过法律手段明确规定中国特色的基本医疗卫生制度,并且将一些已经成熟的医改措施在法律法规中予以体现。

第一,加快分级诊疗制度建构。建构中国特色的分级诊疗制度应通过法律的强制引导和相关制度的强制规定,逐步建立基层首诊、科学转诊的体制机制。因此,要从制度上做到强基层,加强基层医疗卫生服务体系和全科医生队伍建设,建构严格、规范、全面的分级诊疗社区首诊制,规范家庭医生签约服务的形式与内容,科学划定基本医疗卫生服务包,落实分级诊疗制。

第二,加快现代医院管理制度建构。现代医院管理制度是当前医改最难破解的难题。应将现代医院管理并入法制化的轨道,运用法律手段推动公立医院改革,明确其法律地位,落实政府办医职责,发挥公立医院党委领导的核心作用,形成治理完善、权责清晰、管理科学、运行高效、监督有力的现代医院管理制度,破除公立医院逐利机制。

第三,改革全民医保制度。当前,深化全民医保制度改革应当重点做好医保支付方式改革,发挥基本医疗保险支付标准和方式的激励、约束作用。抓好医保支付方式改革可以有效地带动医联体建设、分级诊疗、药品流通等各项改革。通过《中华人民共和国社会保险法》的修订,建立管办分离的医保管理机制,明确规定医疗保险经办业务由第三方社会保险经办机构承办,并确立社会保险经办机构为公益性独立法人。

第四,实施药品供应保障制度改革。通过修订后的《中华人民共和国药品管理法》来完善药品供应保障制度;积极实施药品上市许可人制度;推动仿制药质量有效性反馈机制;抓好稀缺药品的稳定供应保障机制;建立和完善药品信息追溯体系,加强药品监管,保障药品质量。

第五,健全综合监管制度。医疗卫生行业事关人民生命安全,必须严格监管。为了加快推进医药卫生事业发展,必须建构以卫生行政部门为主导、医药卫生机构自身监管、第三方医药卫生行业协会参与和以社会化民主监督为补充的医疗卫生综合监管制度。从过去的前置性审批程序监管转移到注重动态的全过程风险监管,通过信息化手段实现过程监管、信用监管。习近平总书记在全国卫生与健康大会上指出,在推进健康中国建设的过程中,我们要坚持走有中国特色的卫生与健康发展道路。走有中国特色的卫生与健康发展道路,应从法律上明确医疗卫生事业的发展方向。

(三)强化预防保健,建构健康促进机制

医疗卫生服务、遗传基因、生活方式、生活环境等很多因素影响民众的生老病死。落实健康中国战略,既要深化医疗卫生体制改革,又要加大国家干预力度,用社会治理"大处方"将健康理念积极融入相关政策,建构公民健康促进新机制。习近平总书记指出:要坚持预防为主,

深入开展爱国卫生运动,倡导健康文明生活方式,预防控制重大疾病。建构健康促进机制,要从法律上明确政府和社会在健康社会构建方面的职责。

第一,坚持"预防"为主的方针。为实现"健康中国"伟大战略,需要将关口前移,强化预防保健工作,推动公共卫生服务制度的建立健全,构建疾病和健康危险因素监测、调查、风险评估制度与健康绩效评估制度,利用法律手段把疾病治疗与疾病预防和培养健康生活方式衔接起来,通过已经建立的健康教育制度和平台,传播健康科学知识和科学就医理念,敦促公民形成健康文明的生活方式。

第二,重视重大疾病的防治。我国当前面临着慢性疾病和重大传染病的多重挑战。各级政府要落实好重大疾病防控规划,强化联防联控工作,优化防治策略,坚决管理控制好糖尿病、高血压、心脑血管等重大疾病,坚决遏制结核病、艾滋病、非典、流感等重点传染病的流行与传播,同时应尽量避免重大公共卫生事件的发生。

第三,重视重点人群卫生工作。要保障妇幼健康,强化老年人健康管理,重视并维护好残疾人等特殊人群的健康权益。"因病致贫、因病返贫"是全民健康、全面小康的拦路虎。在医疗卫生与健康事业发展中各级政府的主要责任就是确保人人享有基本医疗卫生服务,保基本、补短板,防止"病根"变"穷根"。

第四,强化爱国卫生运动。爱国卫生运动是我们党和人民政府把群众路线成功运用于保障人民健康的伟大举措。为维护国民健康,各级政府要大力实施城乡环境卫生综合整治,深入开展农村"改水、改厕"工程,积极创建健康城市与健康村镇,建设健康社区、健康家庭。

(四)中西医并重,传承发展中医药事业

党的十九大报告做出"坚持中西医并重,传承发展中医药事业"的

重要部署,形成了习近平总书记关于发展中医药事业的新思想、新论断、新要求。"坚持中西医并重"就是要在满足人民群众医疗需求方面将中医和西医摆在同等重要的位置,要充分发挥出传统中医药的特色,使人民群众对传统中医药有获得感和满足感。传承与创新是中医药发展的两大基本支柱,传承是创新的基础与保障,创新对传承又具有推动作用,两者之间相互促进,共同推动中医药事业的发展。因此,在健康中国战略背景下,我们要推进中医药在助力深化"医改"中发挥的独特卫生优势,激活中医药卫生、经济、科技、文化、生态五种资源的潜力和活力,健全中医药服务体系,促进中医药服务发展,贯彻落实好《中医药发展战略规划纲要(2016—2030年)》和《中医药法》,切实把中医药这一祖先留给我们的宝贵财富传承好、利用好、发展好。推动《中医药法》实施是贯彻落实十九大精神,坚定不移走中国特色社会主义法治道路的有力行动。我们应以推动《中医药法》实施落地为重要抓手,进一步加强中医药制度体系的建设,深入推进中医药治理体系和治理能力的现代化。

(五)支持社会办医,发展健康产业

大健康产业是与国计民生紧密相连的朝阳产业。我国人口众多,拥有广阔的市场,极有可能培育出具有市场前景的大健康产业。发展大健康产业,政府的主要职责是保基本、强基层、建机制、利创新,非基本医疗服务应充分发挥市场机制的功能来满足多样化健康需要,并结合"放管服"改革,简化行政审批,加强事中、事后监管,为人民提供更加安全、多元、高品质的健康服务。要鼓励社会办医,满足居民个性化健康需求。通过法律手段明确社会办医的目标在于提升整体服务能力,满足多样化需求。明确社会办医的支持重点为非营利机构。社会办医疗机构在社会保险安排、重点领域建设、评定职称、学术能力建设、等级划分、政策准入、申报立项等方面与公立医疗机构享有同等政策和支持。国家和社会要积极应对人口老龄化问题,加快各级医疗卫生行政机构与各类养老机构合作机制的构建,鼓励利用社会资源缓解养老问题,加快老龄化事业和产业发展。通过"互联网＋大健康"模式,促进大健康与互联网、大数据、旅游、养生保健等产业统筹协调发展,促进健康新模式、新产业、新形势等发展壮大。

(六)积极参与全球健康治理与合作

全球化是人类经济社会发展的必然趋势。落实新时代健康中国战略法治思想也是我国更好顺应全球健康治理社会变革以及履行国际责任的必然要求。党的十八大以来,以习近平同志为核心的党中央,积极推动着人类命运共同体的建设,深入参与全球健康治理与合作的各项事务,完美地展示了我国负责任大国的形象,并受到了国际社会广泛赞誉。我们要从新时代的历史高度,全面认识和理解积极参与全球健康治理与合作在建构人类命运共同体中的重大历史使命。健康中国的建设与全球健康密不可分,中国作为负责任大国,在全球卫生治理中应发挥重要作用,要主动参与全球卫生与健康领域国际协议、指南的研究、谈判、制定、执行,加强与世界卫生组织之间的法律合作,为全球健康治理贡献中国方案。另外,要建立健全我国参与全球特大公共卫生突发事件应对的紧急援外工作机制,把卫生与健康工作作为我国参与国际社会与"一带一路"沿线国家建设的重要内容,打造"健康丝绸之路",使我国成为全球健康治理的典范。

(岳远雷)

主要参考文献

[1] 马晓伟:《以人民健康为中心 实施健康中国战略》,载人民网,http://theory.people.com.cn/n1/2018/1016/c40531-30344212.html,最后访问日期:2018年10月28日。

[2] 李斌:《人民日报:实施健康中国战略》,载人民网,http://opinion.people.com.cn/n1/2018/0112/c1003-29760063.html,最后访问日期:2018年2月.

[3] 《习近平提出,提高保障和改善民生水平,加强和创新社会治理》,载中国政府网,http://www.gov.cn/zhuanti/2017-10/18/content_5232656.htm,最后访问日期:2018年2月20日。

[4] 董文勇.我国卫生法治三十年之检视:1978—2008[J].中国医院管理,2008,28(10):1-3.

[5] 《毕井泉出席国新办新闻发布会》,载国务院新闻办网,http://www.scio.gov.cn/xwfbh/xwbfbh/wqfbh/33978/34253/index.htm,最后访问日期:2018年3月1日。

[6] 《两家原料药企业实施垄断被处罚1243万元!》,载制药网,http://www.zyzhan.com/news/Detail/72990.html,最后访问日期:2019年2月25日。

[7] 《为构建和谐医患关系推进健康中国建设提供司法保障》,载人民法院报网,http://rmfyb.chinacourt.org/paper/html/2017-12/14/content_133205.htm,最后访问日期:2018年2月23日。

[8] 《2017年度最高人民法院十大司法政策》,载中国法院网,http://www.chinacourt.org/article/detail/2018/02/id/3197207.shtml,最后访问日期:2018年2月23日。

[9] 《最高法与卫计委公布五起涉医犯罪典型案例》,载新华网,http://www.xinhuanet.com/politics/2017-02/23/c_129493918.htm,最后访问日期:2018年2月20日。

[10] 《2017年度人民法院十大刑事案件之八:山东非法疫苗案》,载中国法院网,http://www.chinacourt.org/article/detail/2018/01/id/3148427.shtml,最后访问日期:2018年2月24日。

[11] 宋大平,任静.法治视域下的卫生改革与发展[J].卫生经济研究,2017(5):3-6.

[12] 石悦,王安富,陶然,等.中国医疗卫生法治的历史、现状与走向——中国医疗卫生法治30年之评析[J].中国社会医学杂志,2009,26(3):137-139.

[13] 李显朋,兰迎春.论法治视野中的卫生管理法制化建设[J].中国农村卫生事业管理,2008,28(11):862-864.

[14] 杨宇冠.联合国人权公约机构与经典要义[M].北京:中国人民公安大学出版社,2005.

[15] 焦洪昌.论作为基本权利的健康权[J].中国政法大学学报,2010(1):12-19,158.

[16] 孙静,金平阅,张春瑜,等.卫生立法的国际经验对我国的启示[J].中国卫生政策研究,2016,9(10):66-71.

[17] 胡鞍钢,王洪川.习近平健康思想与优先发展健康生产力研究[J].北京师范大学学报(社会科学版),2018(2):5-12.

[18] 马婷,唐贤兴.健康障碍的消除与人民幸福生活的实现:习近平人民健康思想研究[J].毛泽东邓小平理论研究,2018(6):6-12,107.

[19] 陈云良.基本医疗卫生立法基本问题研究——兼评我国《基本医

疗卫生与健康促进法（草案）》[J].政治与法律,2018(5):100-110.

[20] 黄清华.基本医疗卫生立法忌思想僵化——评"卫生立法需直面五个矛盾"[J].医学与哲学,2017,38(3A):66-70.

[21] 高红梅.法律制度创新与药品监管改革：《药品管理法》立法回顾与前瞻[J].中国食品药品监管,2019(1):16-23.

[22] 《2018年中医药工作出炉,明确6大要点》,载搜狐网,http://www.sohu.com/a/220605712_467288,最后访问日期:2019年2月20日。

[23] 姚力.卫生工作方针的演进与健康中国战略[J].当代中国史研究,2018,25(3):35-43,125.

[24] 王晨光,苏玉菊.健康中国战略的法制建构——卫生法观念与体制更新[J].中国卫生法制,2018,26(4):1-11.